翔安掌故 二

香山文化丛书 | 第二辑

厦门市翔安区文化和旅游局 编

陈炳南　洪水乾　编

厦门大学出版社　国家一级出版社
XIAMEN UNIVERSITY PRESS　全国百佳图书出版单位

图书在版编目（CIP）数据

翔安掌故. 二 / 陈炳南，洪水乾编. -- 厦
门：厦门大学出版社，2022.10
（香山文化丛书. 第二辑）
ISBN 978-7-5615-7547-5

Ⅰ. ①翔⋯ Ⅱ. ①陈⋯ ②洪⋯ Ⅲ. ①区（城市）－地
方史－掌故－厦门 Ⅳ. ①K295.74

中国版本图书馆CIP数据核字(2020)第271343号

出 版 人　郑文礼
责任编辑　王鹭鹏
美术编辑　张雨秋
技术编辑　朱　楷

出版发行　厦门大学出版社
社　　　址　厦门市软件园二期望海路39号
邮政编码　361008
总　　　机　0592-2181111　0592-2181406(传真)
营销中心　0592-2184458　0592-2181365
网　　　址　http://www.xmupress.com
邮　　　箱　xmup@xmupress.com
印　　　刷　厦门市竞成印刷有限公司

开本　720 mm×1 000 mm　1/16
印张　20.75
字数　240 千字
版次　2022 年 10 月第 1 版
印次　2022 年 10 月第 1 次印刷
定价　70.00 元

厦门大学出版社
微信二维码

厦门大学出版社
微博二维码

翔安掌故二

编委会

丛书编委会

顾　　问：陈佳锻

策　　划：颜莉莉

总 主 编：郭　敏

副总主编：张世强　洪炳举　吴国强

执行主编：潘志坚

本书编委会

主　　编：陈炳南　洪水乾

编　　委：颜立水　蔡鹤影　蒋大营　蒋才培　蒋承志

　　　　　郭金树　邱奕清　许其裕　陈常德　郑水忠

　　　　　洪天轮　张神保　洪神扶　陈其园　潘再团

　　　　　王志鲲　蔡伟璇　陈　艳　庄绵绵　刘　婧

版式设计：潘志坚

执行机构：厦门市翔安区文化馆

　　翔安区地处福建省东南沿海,扼闽南金三角要冲,历史文化悠久,与海峡对岸有"五缘"之亲。

　　翔安虽是新区,却历史悠久,因"紫阳过化"而得"海滨邹鲁之乡,声名文物之邦"美誉,具有深厚的文化底蕴。翔安丰厚的历史文化资源是厦门文化发展的沃土,翔安的民间文学成为重要的文化遗产,是发展文化创意产业的重要资源。

　　翔安区委区政府十分重视文化创意产业,近几年来,为了推动文化遗产的保护与利用,彰显翔安的人文,文化部门以"以文促旅,以旅彰文"为发展目标,投入相当的人力物力,对境内的民俗文化、民间艺术、文物古迹进行发掘与整理,期望藉由丰富的文化遗产促动翔安与外界的交流发展,促进翔安历史文化的繁荣昌盛。

　　在翔安区委、区政府的重视与支持下,区文化部门编辑出版了"香山文化丛书"第一辑五册,获得良好的社会反响,受此鼓励,又采录编撰"香山文化丛书"第二辑,包含《翔安非遗》《翔安古厝》《翔安掌故二》《翔安地名》《翔安古志——马巷厅志》《翔安名人——林希元研究》等六册。

　　其中,《翔安非遗》集民间艺术、工艺、制作、工具、童玩、美食等非遗文化为一体,记录当地的非物质文化遗产,这些遗产既有闽南非物质文化遗产的共同特征,又有翔安独特的历史遗传,内容精萃,涉猎甚广,瑰丽传承,能留住乡愁。

　　《翔安古厝》则用十一个章节详述翔安古民居、宗庙、寺院等古建筑营造规模的形制与布局、技艺与特征,全书近二十万字,图片六百余幅,图文并茂。

　　《翔安掌故二》在《翔安掌故》一书的基础上,用《戏曲人生》《古风遗训》《豆棚闲间》《溯本追源》四个章节整理续录一百余则掌故、趣闻,风格独特,语含机锋,亦庄亦谐,散发泥土芳香。

　　《翔安地名》全书共分八章,虽然重心放在阐释地名由来,但有独特的编辑角度,着力探究其内涵,挖掘、传承、吸纳和弘扬传统文化,以丰厚文化内涵融史料性、知识性和故事性于一炉,增强趣味性与可读性,读者可从中明了翔安古代的历史、地理。

　　《翔安古志——马巷厅志》第一部分于乾隆四十一年由万友正编纂,清光绪十九年黄家鼎接着编纂第二部分。观览厅志,可知地理之变迁,经济之盛衰,政治之得失,文化之发展,鉴古察今,继往开来,惠及后昆。但由于修志的时间久远,现代人阅读已有较大障碍,方便大众阅读,丛书编辑委员会请专人本着求真务实的精神,以科学态度加以校注。

　　《翔安名人——林希元研究》文集,是对我区新店街道垵山社区山头村林希元这一明代理学名宦和廉直诤臣,福建历史文化名人的学术思想,对其执政为民,刚正不阿人生轨范研究成果的结晶。此书的出版对于深化林希元的学术研究,推进厦门地方文化建设,廉政建设,弘扬传统文化,促进两岸和海内外文化交流有积极意义。

"香山文化丛书"第二辑付梓,值得庆贺。这是文化强区之举,整理出的珍贵文化遗产可供后人学习与借鉴。

我们期待传统文化的传承更加有序,期盼民间艺术在翔安这块沃土上得到更良好的发展,祝愿"香山文化丛书"越出越好,思想性与艺术性结合得更加完美。

是为序!

中共厦门市翔安区委常委、宣传部部长

二〇二二年六月

　　《翔安掌故二》里的文稿，笔墨涵盖民国之前本邑发生过的并在作者心灵上留下深刻烙印的人物事物、生活方式、乡风民情和趣闻轶事，乃至稗史传闻，作者描摹演绎得真切感人，妙趣横生。作者选取乡邻故旧等上辈人物中的典型，精心刻画，还其原型，或是状传统农民的憨态可掬、可敬可爱，或是写其沾染劣性恶习、可恶可怜。凡此种种，在现代人看来不过是如烟往事、陈年旧账，作者却倾注才情，极力挖掘风情物态，借以忠实记录昔日百姓生活的原生状态，一是把今日乡村已告绝迹的历史真相、经验教训长留给子孙后代；二是将其作为祭挽，为已经结束并为新现实所取代的旧农村的一切生活，过世的前辈们的苦乐悲欢，经历者的故乡情结和悲悯之心，留下追思和纪念，吟唱一曲永诀长别之后的祭辞挽歌。

本书创作上也拥有自己的风格和个性特色，取得可喜的成绩，收录的文章篇幅精悍，蕴含厚重，节奏明快，淳朴平易。铺陈描写中，有的意足辞健，揭弊亮丑，语含机锋，诙谐有趣；有的详解细说，明白晓畅。语言风格带着农民之子的心声口气，散发着泥土的香味，朴实自然，亦俗亦雅，亦庄亦谐，笔到意随，娓娓道来。叙述中有描写，议论中有抒情，说明中有理趣。多用比喻、俗语、谚语、轶闻故事，多有精妙典型的场面描写和细节刻画，让读者真切地体会到旧日农村生活的真情实景，领略其原汁原味，感受农村社会彼时彼境的兴衰存亡和历史变迁，在其基础上获得审美的乐趣。

《翔安掌故二》是翔安古代传奇故事的续写和补充。编委会索序于我，由于阅读时间有限，草书几句。是为序。

厦门市翔安区人民政府 副区长

二〇二二年六月于厦门翔安

戏曲人生

古风遗训

溯本追源

戏曲人生

翔安

足踏金狮，弦管绕梁，

畅言南曲早登风雅殿宇；

手弄傀儡，乾坤驰骋，

喜看嘉礼遍布锦绣翔安。

贤哲逸事，野老清谈，

善行义举尽是可歌可泣；

高甲戏情，老生舞动，

说白唱腔随机应变不难。

以艺会友传佳话

南音又称南管、南乐、南曲。翔安新店后村社区共有六个自然村——后村、汪厝、港尾、下家、竹浦、海头。历史上，后村、汪厝盛行南音，曾出现两村设有六个南音馆的辉煌时期，被誉为"曲窝子"。现今的翔安区与金门县，在清乾隆四十年（1775）同属马巷厅辖。后村、汪厝原属翔风里十四都，由于地缘关系，与同属翔风里的金门岛隔海相望，两地百姓交往频繁，情同一家。后村、汪厝的民间南音艺人，崇尚以艺会友，与金门的弦友来往密切。

清光绪年间，汪厝的郭乙茂应金门弦友之邀，赴金门演示南音。《金门县志》记载："民间岁时令节，业余娱乐，多唱南管，每见村肆街巷，老少杂坐，引吭而歌，轻弦慢板，其乐陶陶。时或搭扎锦棚，登台献唱，声音清越，通宵达旦。"这天，郭乙茂一行人带上拍板、琵琶、洞箫、二弦、三弦，乘上帆船，沿途风帆满挂，顺风顺水，船如离弦之箭一般，直向金门岛驶去。帆船尚未靠岸，远远就看到金门弦友早在海岸边等候。

郭乙茂一行下船登岸，和主人寒暄几句后，一起往目的地徐徐而去。一路上，番薯叶绿油油一片映入眼帘，远处高粱吐花孕浆随风起舞，太武山已在眼前。

来到下榻之处，分宾主入座，主人吩咐奉上清茶一盏，稍歇片刻,交流正式开始。南音演奏技艺非同寻常,主要由指、谱、曲三大类组成。"指"是有词有谱和注明琵琶指法的大曲;"谱"是无词而有琵琶指法的器乐演奏谱;"曲"即散曲,有唱词用来演唱。仅指、谱、曲之一的指套,郭乙茂就演示了七天,令金门弦友大饱耳福。金门弦友当然也拿出自家的看家本领——虽说切磋技艺,但谁不想把自己平生所学尽情使出,以让对方折服。几天下来,宾主"一个半斤,一个八两",不分上下,整个金门岛沸沸扬扬,大家都在等待最后的较技。

到了最后一个晚上,郭乙茂心想,此时再不使出撒手锏,更待何时?只见他手抱琵琶先行上台入座,正了正上身,右脚轻轻搭在左脚膝盖上,横抱琵琶,左手轻按琴弦,右手五指抡动起来,指法令人眼花缭乱,开始《棉搭絮》倒弹演奏。这可不是如敦煌壁画的飞天那样,反弹琵琶,而是把整个曲谱从末向首倒弹,其技法之难,非功底深厚者不能驾驭。郭乙茂一曲倒弹琵琶奏完,一时掌声四起,倾倒金门听众。主人站起作揖:"郭师傅出神入化,艺惊天人!在下佩服!佩服!"郭乙茂载誉而归,一百多年来,一直传为佳话。

正是——

　　一曲琵琶惊四座,妙音自从妙指出。

院内嘉礼戏^①

清同治年间，同安民安里蓬莱保院内人梁汀屡试不第，年纪也一大把了，心想，长此以往功名一路沉浸下去，难有出头之日。自己苦读诗书几十年，经历乡试四五场，空有满腹演义故事，能说会道，脑筋灵活，榜示下来总是名落孙山。全然抛弃"之乎者也"又心有不忍，自己手无缚鸡之力，还是把命运托给仙公吧。

在万分不得已的情形之下，梁汀选定黄道吉日，起程到北辰山仙宫圆梦，求卜仕途，仙公示梦偈语"功名自手出"。梁汀熟读经书，出口成章，但想考场上文辞清丽科、博学通艺科哪一科不是"自手出"？梁汀越想越茫然无绪，倒不如趁机到泉州府游历，既可散散心，又可会会文友，磋商磋商学艺。打定主意后，梁汀不走回头路，直接改道从古宅十八弯翻越大帽山，往泉州府城走去。

沿途走走停停，一路拜访学友，不知不觉来到泉州府。这天，梁汀来到城里的一个去处，被"隆咚锵！叮儿啷当……"一阵声音吸引住。梁汀定睛一看，在一个角落里，三五条帐布虚掩着一个五六尺见方的小戏台，几个小人物

---

① 嘉礼（gā lè），又称布袋戏、傀儡戏。一种戏剧剧种。用木头雕刻成中空的人头，偶身躯干与四肢都用布料做成；演出时主要靠手指操纵木偶的头、手，做出各种动作。

在台上腾云驾雾,装腔作势,牵诗拔调①,样子滑稽;台下,大人小孩围了个水泄不通,都踮起脚观看,时时叫好。原来恰逢社日,正上演嘉礼戏《薛平贵》。

唐朝宰相王允的三女儿王宝钏,爱慕在家里做苦力的薛平贵。彩楼抛绣球,她选中薛平贵。王允爱富嫌贫,坚决不允,父女击掌三下断绝关系。薛平贵从军征战,远赴西凉,王宝钏独守寒窑,苦苦等待。薛平贵当上西凉国王,十八年后寒窑聚首,正宫皇后王宝钏享受十八天后轰然薨逝。

这些动人故事,梁汀早就了然于胸,此时才恍然大悟,原来荣华富贵只如过眼烟云。不过,这人人都奢望的大富大贵,不是也可以出自嘉礼师傅的口和手吗?梁汀打定主意学艺,问清嘉礼师傅大名后,趁大戏谢幕整担之际,梁汀突然跪倒于泉州布袋戏鼻祖梁炳麟膝前叩请收为徒弟。梁炳麟看着远从同安乡下而来,真心想学艺,又与自己同姓的梁汀,答应收他为徒。梁汀聪明颖慧,富有艺术天赋,浸淫孔门十几年,虽非满腹经纶,也可称得上学识渊博。

梁汀想,仙公梦示"功名自手出",手上功夫自然是要苦学而成,于是他勤学苦练。每日五指分别套入嘉礼的头、双臂,努力做到头正,臂直,活动自如。梁汀用嘉礼模仿人的动作进行夸张的特技表演,时而翻江倒海,飞檐走壁;时而手掩粉脸,含羞默默;时而脱帽扶椅,耍枪弄棒;时而院前洒扫,拈花惹草。所谓"四仙嘉礼,胜似千军万马"②,大动作粗

---

①牵诗拔调(kān xī buǐ diǎo):又作牵丝拔调。意思是拉长语音,抑扬语调,装腔作势,结合曲牌故意做作。

②四仙(xì xiān):数量单位,四个的意思,有神秘感。闽南语中数蚕、神像等一般用"仙"不用"只",小孩子说蚕称"只"不好养。

犷,小动作细腻,既要突出人物的动作特征,也要刻画人物的喜怒哀乐。特别是操弄"蛤目仔""翘嘴仔""大头仔"这些丑角①,更要触类旁通吸收借鉴高甲戏官丑、佳婆丑、公子丑、破衫丑这些丑角的表演艺术,刻画细腻,做到诙谐有趣,令人捧腹。

看来仙公梦示"功名自手出"只说对了一半,光有动作,没有唱腔也演不来。艺人上场任务繁重,既要说白,又要表演,有时还分饰两角,时而男声,时而女腔。唱高甲戏更是要五更起床练腔,什么《相思引》《慢头》《将水》《双闺》《福马》,什么《三千两金》《短相思》,嗓子沙哑了练到不沙哑,何况沙哑了也有沙哑的韵味。光靠五指套嘉礼,没有那张能把死人说活的嘴,又有何用,"物食凭嘴讲"②。

三年已到,梁汀已学会师傅手中的"十八般武艺",也有自己的创新,就恳求师傅让自己抄剧目戏文。梁炳麟看着眼前弟子,青出于蓝而胜于蓝,可以自立门户打天下,不会侮辱师门,就赠送部分道具,让梁汀回院内开馆授徒去了。

正所谓——

> 功名自手出,物食凭嘴讲。
> 掌中百万兵,大人囝仔爽。③

---

①蛤目仔、翘嘴仔、大头仔(hām vǎr ǎ、kiào cuì ǎ、duǎ tǎo ǎ):嘉礼戏中的丑角。蛤目仔,眼睑夸张浮肿的丑角;翘嘴仔,噘嘴的木偶丑角;大头仔,如大头吉仔,夸张头部的丑角。

②物食(mǐng jià):食物。泛指演戏所得报酬。

③囝仔(ggìn ǎ):小孩子。

许厝面粿包窖菜

　　七月十五日中元节，是翔安传统习俗的"鬼节"，这一天，翔安各地村民都要做"普度"。普度，顾名思义，普度众生。也不知是谁定下的规矩，除了中元节之外，还有七月初一"普度头"，七月廿九、三十"普度尾"的"众普"。这三天，是"众普"，自然是家家都过的，万一有谁在这一天闲逛到他人家里，会引起不吉，以为是"鬼上门"，一时成为禁忌，就像同安城里正月初三不兴串门一样，不要自讨没趣。虽说是普度，但也有不少村人，依仗前人的一点功德，在整个七月里，空腹赴请，这又是大家习以为常的，不用见怪，是前人福荫，不用做普度。

　　大概是人生在世，七月是一年中最繁忙的月令，一年辛辛苦苦，夏收有点来头，手中有点余粮，便生出互相聚集，大家你吃我，我吃你，假托鬼神，就是一生吝啬不出一点儿血的，在这一天也不敢得罪众亲朋。

　　节前，家家户户的主人都要蒸糕缚粽炸枣，即日，全村男女老少要成群结队敬神拜佛，宴请嘉宾；还要请著名剧团在饭后演上几出戏供大家娱乐娱乐。戏团必须在夕阳还未下山之前，先加演"半晡戏"①，亲朋好友的孩子与自家的孩子成群结队，趁机在戏场台前玩闹。这是一段最美好的

───────────

①半晡戏（bunà bô hǐ）：半晡，指午后五六时加演的戏。

时光。虽然当时经济非常困难,但孩子们少不了要带些糕、枣到戏台前吃,互相比品①,有吃有玩有闹,台下不输台上,玩得忘乎所以。这样的习俗引出一个真实的故事。

有一年,与以往一样,翔安的许厝村邀请马巷市头高甲戏班来表演,戏目是早已说好的《穆桂英挂帅》。下午,锣鼓喧天,人山人海,"半晡戏"开始了。依惯例,古戏上演之前,生、旦、丑都得逐个上台报名,观众方知张三、李四各扮演什么角色。再说,按扮演角色主次,分先后、戏服、化装、艺具,各异而论,应该是第一个角色从戏台左侧的幕后入场,报完所扮演的角色名之后,几个筋斗,几个亮相,几个鬼脸,逗得台下欢呼直笑,然后向观众鞠个躬,从右侧的幕角下场,依次一个回合。

这时,第一个角色扮演者化装打扮,在锣鼓声中耀武登场,威风凛凛地喝道:"啊哈,孟良!"大家戏看多了,一看就知道这是杨六郎的先锋将孟良,不用猜测,下一个出场的肯定是他的老搭档焦赞了。孟良报完角色后,几下拳打脚踢,等着焦赞上场后,他好下场吃咸糜去。好不容易盼到焦赞乜斜着眼,猫着腰,碎步登场,来到台上只亮相几下,就如着了定身咒一般,两眼直勾勾地往台下盯着,也不报上名来,弄得自己不好下场。孟良再次喝道:"啊哈,孟良!"焦赞依旧一动不动,看着台下孩子们细口品着糕、枣,困难关头,空腹上演,馋虫直在肚子里翻滚,口水不知不觉顺着嘴角垂了下来。孟良转身几圈来到焦赞身旁,望着焦赞关心的方向,全明白了,一时怒火中烧,脱口喊道:"啊哈!孟良,焦赞!"

---

①比品(bǐ pìn):互相比较质地的优劣。

焦赞回过神来,本想喊一声"啊哈,焦赞",好让孟良下场,但已经被孟良给报了。焦赞急中生智,就地打几个滚,灰溜溜地走到孟良跟前,自创说白:"许厝面粿包窖菜。"①孟良接口问道:"汝因何那会知?"②焦赞回话:"嗯信换汝去看觑。"③孟良听到此句如获至宝,立马翻腾几下下场去了。

扮演焦赞者演戏时失态,临时窜改说白,与孟良巧妙对答,引起台下观众的热烈掌声,演戏接着开始,戏班击鼓敲锣,随后一个个报上名来。观众评论说:"搬戏喙,胡累累!"④

---

①许厝面粿包窖菜(kô cǔ mǐ gè bāo jiāo cǎi):面粿,面粉做成的粿品。窖菜,地窖里腌制的酸菜。

②汝因何那会知(l-ì yīn hó ná ěi zāi):你是怎么知道的?

③嗯信换汝去看觑(xìn wnǎ l-ì k-ì kunà vǎi):不信换你去看看。

④搬戏喙,胡累累(bunā hì cuǐ,hô luì luǐ):演戏的经常会不按说白胡说八道。

二斩奸臣

农历七月，翔安几乎每个村庄社里都轮流做普度，因七月是"鬼节"。从七月初一开始，百姓为了祈求平安，家家户户都要备办供品祭奠七月半阴间的孤魂野鬼，此俗劳民伤财，大家勉强为之。

且说，二十世纪四五十年代，六七月间，大暑过后，农事除了收割稻子，拔花生，还有小收成——剥洋麻。洋麻是一年生或多年生草本植物，高可达两三米，茎直立，无毛。茎皮纤维柔软，韧度大，富弹性，是供织麻袋、麻布、渔网，供搓绳索的上好原料。洋麻皮剥下来后，两人合作，一人坐于椅上把洋麻皮表皮朝上放置于椅上的脚底上，用菜刀口压着；一人站在对面，分两次拉出刀口下的洋麻，刣去表皮晾干①。七月缚粽要用到洋麻。剥掉皮的洋麻杆子色白，质脆，纤维细腻，常常整捆竖着晒干。那年代纸张紧缺，把洋麻杆切开，是上厕所擦屁股的上好材料，比瓦片好用多了。

轮到刘五店普度的那一天，乡里老大②邀请了厦门金莲升高甲戏团来演戏。村民们把家里的长椅子和大门扇拆下来，搬到龙腾宫门口的大埕上，搭起戏台。由于房子大小有别，大门扇有长有短，有厚有薄，戏台面难免高低不平，缝隙不少。戏台是戏班自己搭的，只要捆个结实，自己放心，将

---

①刣去（kāo k—ǐ）：用刀削去表皮。

②老大（lǎo duā）：主事的人。

就点还应付得过去。就差那缝隙是无法填堵的，难免台上演戏疏忽走光，男女演员习以为常，都不避这个嫌。

晚上八时，应邀前来的宾客吃罢盛宴，纷纷扛着椅子来到露天戏场观看演出。条件限制，设施简陋，连演员的化妆室也是用洋麻杆围成一圈，将就遮羞。

几个调皮的刘五店囝仔东张西望，走西蹿东，怀着好奇心时时扒开洋麻杆，总想看个究竟，把堆放在龙腾宫边的洋麻杆折腾得四分五裂。

俗语说，姑娘爱花，小子爱炮——各有所好。

说时慢，那时快，戏剧表演了将近两个时辰，快接近尾声，戏台上正要亮相的是最后一出《皇帝审"奸臣"》，只要"皇帝"审完"奸臣"，把"奸臣"推出午门斩首，就可整理戏笼，吃咸糜，回家。由于七月天气炎热，这天又偏偏是个"回南天"①，底下观众都赤身光膊坐着观看，还拼命扇着扇子。金莲升演员在台上上蹿下跳，还要身着冬装戏服，自然大汗淋漓，极不好受，内裤湿透了也就暂且脱下晾着。这个化妆过程早已被刘五店囝仔透过洋麻杆细缝看得一清二楚。几个捣蛋鬼相约钻进戏台下，在"皇帝"面前一字蹲开，相准②"奸臣"下跪的位置，手拿洋麻杆靠在门扇的缝隙边等候着。

锣鼓响起，"奸臣"被押上台来，到了"皇帝"面前，"奸臣"甩开长袍双脚跪下，刘五店囝仔用洋麻杆朝"奸臣"脱光的屁股捅去，捂着嘴跑开。"奸臣"大吃一惊，连忙站起来。

按戏规，"奸臣"受审时，哪怕被苍蝇或蚊子叮住不放，痛痒难受也要纹丝不动，否则算违规。遇到挑剔的乡里老

---

①回南天(hě nǎm tnī)：潮湿南风气候，闷热难受，犹如蒸笼。

②相准(xiòng zùn)：对准方向。

大计较起来不给钱,也只能摸着鼻子走人。怎么办呢?这时,稳坐龙椅的"皇帝"急中生智,为了扭转局面,就自编自演,拿起案桌上的圣旨牌朝桌面"噼啪"一敲,说:"啊——哈! 大胆'奸臣',汝因何来跳起?""奸臣"及时跪下机灵地回:"皇上! 刘五店团仔挥策仔挞'甲子'。"①"皇帝"站起身来,踱到"奸臣"的跟前指着他的脑袋讥骂:"是汝裤不穿,扎死无赖人命!"扮演"皇帝"和"奸臣"的两个演员脑筋急转弯,对答如流,顿时台下观众掌声如雷,赢得乡里老大的嘉奖。

正是——

台上套路遵口白,急中生智显机灵。

前面的戏规到底是说什么,只有乡里老大和戏班头家清楚,大概也就是戏怎么演,不要误了村里的喜事,按谱照搬没人责怪就好了。

几天以后,沟西家庙奠安庆典,照习俗是要演几天高甲戏,以示吉庆。沟东和沟西就隔一条沟,一千年前是同一祖宗,虽然各有家庙,姓氏也不相同,但老祖宗发迹的地方却是一样的。沟西家庙奠安,免不了要请沟东的远房族亲。

话分两头,沟西为家庙典礼,到底要请哪个高甲戏团,特别召开了一个长老会。长老在会上各抒己见,有的说,前天刘五店请的高甲戏团,演艺高超且能随机应变;有的说,这次是家庙奠安,丝毫马虎不得,应该请数一数二的戏团才说得过去;有的说,金莲升高甲戏团在同安一带是数一数二

---

① 挥策仔(giǎ cě à):举起小棍子。挞"甲子"(tà gǎ jǐ):挞,戳;甲子,在此为押韵,特指屁股。

的了,不过应该和他们先定下规矩,偷工减料可不好……最后,决定就请金莲升前来演戏助兴。

族长和金莲升班头说好了,家庙庆典非同一般,阖族兴旺,丁财贵、福禄寿,大吉大利的戏多演一些,只要没差错,到时不仅银两照付,还会准备几桌宴席多多感谢,否则的话……金莲升班头惯于此道,久经沙场,经验丰富,满口答应了下来,且请族长放心,戏演不好,一分银两不要,立马挑担走人。两边说好了,就听下回分解。

临到奠安之日,族长又阖众聚议,把和戏班班头定下的规矩和众长老说了。长老认可族长的决定,只有几个较为年轻的在一边交头接耳。会后既忙族里的公事,也忙各自的私事,都要宴请亲朋旧友,奠安之日客人越多,家族越旺,福气越大,大家何乐而不为。

夜幕降临,富丽堂皇的家庙里张灯结彩,热闹非常,沟东的五位长老身着淡蓝色长袍、大红马褂,头戴大毡帽赶来赴宴。五位长老都上了年纪,今天特别赴宴,不敢马虎,都把边幅修得整整齐齐,本来就聪明透顶的脑袋瓜犹如五盏磅灯①闪闪发光。正好沟西这边五位长老也和沟东那边一样的打扮,就如一个模子印出来的。大家不用寒暄,直接把酒痛饮,虽说上了年纪,但宝刀未老,一听高甲戏也即将到尾声,十个长老不约而同地来到戏台前专门准备的老檀木靠背椅上,端坐欣赏。长老们看到新布置的戏台木板真材实料、整齐划一,都心满意足。

"皇帝"审"奸臣"开场了,只见"奸臣"被带到"皇帝"面

---

①磅灯(bǒng dīng):煤油汽灯。

前双膝跪下，"皇帝"一声："大胆……"口白还没说完，十位长老齐刷刷站了起来，取下头上的毡帽，想看看到底"奸臣"如何下跪，有没有破绽，十颗光头一时照亮整个戏台。"皇帝"面对台下，看到这突如其来的一幕大笑起来："大胆……呵呵呵！哈哈，哈哈！大胆……"

坏了，几天的努力白费了，"皇帝"心想，审"奸臣"大笑本来就有违规矩，对着十位长老连说"大胆"，这钱还要得来吗？索性破罐子破摔，喝道："大胆'奸臣'！"

"奸臣"道："皇上饶命！"

"嗯——哼——啊！朕若不笑，汝还有一条狗命。""皇帝"镇定下来："朕是笑里藏刀，来人啊！把这狗奴才拉下去斩了！"

斩了"奸臣"大吉大利，阖族击掌，族长对班头说："明天接着开演！"

正是——

一斩"奸臣"两出戏，戏内功夫戏外精。

"昭君"招亲结良缘

清光绪年间的一个正月十五元宵佳节，泉州府城元宵夜，踩街，游灯，赏花灯，看大戏，精彩异常，同安新店有"鼓锣迎珍珠"美称的寺庙更是喜气洋洋，迎来打扮得婀娜多姿的华侨女子和富户千金，她们与普通民众一起前来欣赏"结锦棚"的传统南音演唱。

石厝村有个二十岁的俊美男子郭坑，貌若潘安，自小苦练南音旦角，鸡鸣五更便早起练嗓，练就了一副迷人心智的嗓音；饰成旦角站在台上，一对勾人魂魄的杏眼配合苗条身材，如弱不禁风的临风杨柳，不知倾倒多少风流少年。

今天的南音演唱是少不了郭坑登台演艺的，他男扮女装拿出自己的绝活《出汉关》，沉鱼落雁，风姿百态，可谓色艺双绝。想必大家对《昭君出塞》的故事是熟悉的，郭坑横抱琵琶自弹自唱，举手投足，楚楚动人，委婉清丽的唱腔："出了汉关……"一开口，余韵未了，就吸引了台下众多红颜，伴随着"大珠小珠落玉盘"的琵琶声，紧接着："来到雁门关……"续吟更是风情万种。

台下，许多少女瞪大眼睛，屏住呼吸，任由撩人心弦的旋律牵着自己的魂儿。这时，新店典当铺东家的掌上明珠小月，年方十八，情窦初开。她深情地盯住台上的郭坑，心中感叹道："何其丽也！何其伟也！"

自从庙会后，那位俊美的"昭君"影一般地钻入小月心中,抹不了,擦不掉,时时浮现在她的脑海深处……她终日默默寡言,倚栏杆,凝眸处,尽是"昭君郎",心中唯有一愿——这辈子非"昭君"不嫁!她茶不思,饭不想,举手投足日见反常,这一切到底被父母看出来了。可是,石厝与新店近在咫尺,那位"昭君郎"一贫如洗,不用媒人打听,父母都心中有数,但如何劝解小月都无济于事。眼看着小月日渐清瘦,父母百般无奈,不过,这小月的双亲还不是十分古板的人物,不会一味地往门当户对的牛角尖里钻,他们亦爱好南音。夫妻俩仔细思忖,郭坑虽然家徒四壁,但也是一位人才,只凭一身技艺,不怕没有一口饭吃,两老不想让女儿成为第二个祝英台,害了女儿幸福,还是让媒人到"昭君郎"家提亲。

"多谢东家美意,我家贫困,岂敢高攀。"郭坑如是说,"请回东家,我一个旦角整天四海为家,恐误了小姐的终身。"媒人又上门了,郭坑得知小月为他如此痴情,内心大为感动,当然很快就有情人终成眷属。婚后两人相敬如宾。

郭坑常常与南音导师马巷的琵琶高手朱补、坤老,汪厝的二弦妙手郭乙茂,茂林村的黑山等外出演唱南音。既富且贵的小月开始不懂得理家务,但邻里经常送来饭菜,郭坑虽然不在家,小月同样感到一股大家庭的温暖,并逐渐适应了郭坑外出演艺的生活。两情若是久长时,又岂在朝朝暮暮,由于两情相悦,他们两人携手耄耋,共叙百年。

老咸伯连夜赶戏

老咸伯看戏着了迷,一有风吹草动就以为是邻村又在演戏,赶紧把碗里的几口饭扒完起身赶去。一个夏天的夜晚,老咸伯一吃完晚饭,一天劳累,身体都要散架了,早早爬上砖坪①歇息,在似梦非梦中仿佛听到不远处传来锣鼓声,马上从木楼梯走下来,往村外赶去,直到听不到声音,才失望地回到砖坪上休息。老咸伯侧躺在砖坪的竹席上,一阵风儿吹来,又似乎响起哀怨的洞箫声,伴随着低沉的大冇胡②声,老咸伯从砖坪上下到天井,声音又停了。他并不像刚才那样急着往外跑,而是回到砖坪,坐在竹席上静心等候。又一阵风吹来,锣鼓声、洞箫声……时近时远,根本无法断定方向。这回老咸伯学乖了,站在竹席上倾听,原来声音是从身旁的夜壶里发出来的,老咸伯哈哈大笑,自我解嘲地说:"迷了,入迷了!"说完,美美地躺在凉席上一觉睡到天亮。

老咸伯学乖了,那是笑话。一个明月高照的晚上,老咸伯想起有人说今晚石店村演戏,一阵声响又引起老咸伯的兴趣。夜很静,他转过茂密的相思林,穿过辽阔的田野,跨过一条条沟壑。也许是他走快了,耳畔响起轰轰隆隆的锣鼓声,他的口里也随着脚步的节拍哼起高甲戏的曲儿。也

①砖坪(zng bní):用红砖铺成的平顶屋面,可用来晒谷物。
②大冇胡(duǎ pnà ô):高甲戏中使用的一种拉弦乐器。

许是心急,也许是走路匆忙,全身热了起来,汗水直往下淌。老咸伯干脆脱掉外衣,甩到肩上,袒露着胸膛,眼看前边的石店村已经模糊可见,但却听不见锣鼓声和演员委婉的唱腔。老咸伯开始怀疑,难道是自己的耳朵出了毛病,或是戏演到半场停下来休息?老咸伯心里想:快点儿走,去看个究竟。他一阵小跑来到石店村,赶忙朝戏台走去。戏台一片漆黑,空荡荡的,连个人影也没有。老咸伯举着马灯朝戏台周围一照,有一个人在戏台高处躺着歇凉。老咸伯只觉得迷惑,他在家里明明听到锣鼓声是从这个方向传来的,到了这里却看不到演戏的动静。他爬上戏台,问了那个歇凉的人。那人一侧身耳朵贴近地面模糊地说"锣鼓声,是从那边传来的",指了指西北方向。老咸伯侧耳一听,果真有模模糊糊的锣鼓声。他又来劲了,双眼一闪,也许是离这儿五六里路的马巷市头村。想着,他的双脚又朝西北方向迈去。

老咸伯离开石店村,急匆匆往前赶,心想不是自己耳朵出了毛病,而是自己方向判断失误。走了不久,来到日月冈。这日月冈两旁长满茂密的树,整个山冈坟墓遍布,经常有虫兽出没,加上人们常谈论这里鬼怪的可怕,老咸伯不禁毛骨悚然,望着眼前黑压压的树林,胸口扑通扑通直跳。他真想往回走,可又想已经走了八里来路,再走二三里就到市头村,那戏也正好达到高潮,打退堂鼓多可惜。老咸伯定了定神,耳边似乎是锣鼓声在召唤着,自言自语地说:"怕什么,我只管走过去。如果有什么鬼怪的话,我大不了咬一下指头,向它甩几滴血就没事了。"闽南有这样的传说,鬼怪最怕血,要是碰上了鬼,用人血就可以让它销声匿迹。老咸伯拍了拍胸膛,举着马灯快步进冈。虽然他不断为自己壮胆,

但内心还是怕怕的。两旁的树林似乎不停地向自己压过来,他大气不敢出一声,胸口闷得难受,浑身起了一层鸡皮疙瘩,只好哆嗦着唱起武松打虎的段子曲调,给自己壮胆。

老咸伯过了冈,走了一段平路,就来到市头村旁。这一回他站在村口,往村子一望,整个村子静悄悄又黑洞洞的,找不到一丝光亮。要是村子演戏,一定热闹非凡,灯火辉煌。然而老咸伯又失望了,他深深地叹了口气,为自己走这么多路而看不到戏十分懊丧。他的劲儿全松懈下来,疲惫的虫子似乎钻进身子的每个角落。他正想往回走,可远处的锣鼓声又阵阵传来,而且这回锣鼓声似乎比家里的、石店村的更响,眼前似乎看到戏场,看到演员打斗场面。老咸伯的精神为之一振,提起马灯又上路了。

这一回,老咸伯不像刚才那样走得急,而是一边走一边哼着曲儿,时而侧着耳朵听听锣鼓声传来的方向,时而停下来辨认一下周围的村庄。他顺着锣鼓声传来的方向走着,路旁草尖上滚动着的露珠把他的裤脚湿透了,裤子沉甸甸的;头上的星星,伴随着脚步不停地变换着位置。不知是夜深还是疲劳,老咸伯觉得眼睛发涩,眼睑沉重,步子也放慢了。突然,老咸伯的脚被杂草绊了一下,整个身子像一堵墙塌下来似的重重地倒在路旁的草丛中。他真想好好地躺着睡一觉,可远处虎狼的长啸声令他不敢在旷野上逗留。他马上爬了起来,揉了揉睡眼,定了定神,还好,他倒下去时,马灯没摔坏,还在路旁闪亮着呢。他走上前去,提起马灯磕磕绊绊地朝前走。

他又走了一程,来到离家二十来里的曾林村,几条狗在村口朝他狂吠,凶猛地向他扑来,吓得他往后直退,冷汗把汗衫都湿透了。他在池塘旁捧了几捧水,洗了洗脸,迎着深夜的丝丝凉风,感觉精神多了。这时锣鼓声从北边飘来,那声音更清晰了,显然演戏的地方离这儿已经不远了。大概是在新圩吧? 老咸伯马上想起几天前戏班的花旦说,他们要到新圩演戏,可自己却忘记了。在阵阵锣鼓声中,老咸伯仿佛看到演员挥动着宝刀,在台上不停地翻着跟斗,花旦半遮半露,羞羞答答地使着媚眼,又来劲了,直奔新圩而去。锣鼓声一阵紧似一阵,他一会儿小跑,一会儿狂奔,爬过了白石岭。

到了,到了,新圩到了。老咸伯眼前一亮,不远处灯火辉煌,把村子照得通亮,那锣鼓声、对白声、喧闹声、欢呼声交织在一起,突然"狂且! 狂且! 狂狂狂狂且"声起,演员谢幕了,好戏刚刚结束,观众开始散场,演员正在卸妆。他"哎呀"一声,浑身像散了架似的,一屁股重重地坐在地上,眼睛直直地望着戏台,直摇头:"晚了,晚了,来晚了。"

村里的公鸡"喔喔"啼鸣了。一个刚卸完妆的花旦走下戏台,发现有人还坐在地上,走近一瞧,原来是戏班的老友,便热情地招呼:"老咸伯,谢谢捧场了!"老咸伯戏也没看一眼,委屈地说:"我来晚了,一幕也没看到。""啊?"花旦及时告诉戏班伙计,大伙儿都为之感动,在一阵锣鼓声中,一场加演小戏又开演了,退了场的观众又跑了回来,他们认识了戏迷老咸伯,激动得陪着他一直到天亮。

断弦辞客显风度

《马巷厅志》卷十载："鼓锣岩寺在翔风里十四都，其神为古押衙官，有功德于民者，故岁时伏腊，乡民报赛不衰。"唐贾公彦《周礼注疏》云："求福谓之祷，报赛谓之祠。"鲁迅《集外集拾遗补编·破恶声论》："农人耕稼，岁几无休时，递得余闲，则有报赛，举酒自劳，洁牲酬神，精神体质，两愉悦也。"

翔安各村各里报赛，以前是只增不减，本来每年的普度是免不了的，兼有各姓挡境佛的神诞日，每村每年总要有两三次宴请活动。后来，你信一仙，我信一仙地增加，也有多至四五次的。报赛如果只为吃喝玩乐，可想而知，是一种负担，一种危险。假使是喝喝茶，看看戏，听听"哼大曲"①，演高甲，弄嘉礼，搬演芗剧、歌仔戏消遣消遣，也是一种解脱，一种休闲，一种享受。

这种想法不是子虚乌有，很早以前，报赛也讲究简易，清茶素菜敬敬神佛就好了，并不提倡奢侈，就是想奢侈也奢侈不起。昔日，同安鼓锣岩"开闽王"庙会就盛行举办南音演唱会。

一百多年前的一个正月初十的庙会，鼓锣岩举办南音演唱，同安翔风里汪厝南音社在庙会上展示了精湛艺术，让

①哼大曲(hài duǎ kìr)：吟唱南音。

赶庙会的广大民众津津乐道。汪厝南音社的高超演艺早已遐迩闻名。当时，同安县有不少南音社，大家之间都是弦友，但有人倾慕，也有人不服。在这次鼓锣岩庙会上，弦友们有幸见面，虽然各自表面上谦虚应付，暗地里却是各尽所能，较起劲来。众目睽睽之下，汪厝南音还是技高一筹，不服的也得服了。

报赛仪式过后，远近善信各有所好，该回家干活的，对南音不感兴趣的，都回去了。汪厝南音社周围依旧人群挤挤，郭乙茂的琵琶演奏一直是"大珠小珠落玉盘"，时而如急雨，时而窃窃如私语，看着弦友和信众在自己的琵琶声中如痴如醉，有人瞪大眼睛偷偷学艺，有人闭目倾听摇头晃脑，真不忍心停下来。

眼看日近晌午，郭乙茂无奈立起身来，边奏《昭君出塞》，边走下鼓锣岩。汪厝一行人不约而同地站起来，一路向汪厝走去。边弹边走，郭乙茂本想可以轻轻松松地回到家里，哪知身后脚步声窸窸窣窣地跟了上来，有的企盼目睹郭师傅拿出绝活的风采，有的则希望随其登门同磋技艺。

虽是鼓锣岩报赛，但汪厝却不在分内。郭师傅边弹边想，这帮人马一到家里，不要说家里一点准备也没有，就是有准备，"四交五月"①困难时期，一时也难以应付，这可让崇尚以艺会友的汪厝南音艺人相当为难。

这时，众人已跟到村口，郭乙茂急中生智取过二弦，回转身来向众人鞠了一躬："想不到大家如此捧场，难为大家了！"于是，他端坐在大榕树下拉起南音"指套"名曲《记相

---

①四交五月（xì gáo ggô ggè）：一年当中最难过日子的月份。

逢》。此曲寓意弦友相逢，难分难舍，缘分难得，意境深远，但演奏难度大，一般艺人不敢轻易碰手。郭乙茂演奏起来得心应手，旋律萦回，乍慕乍诉，妙音袅袅，如入云霄。曲至高潮处，郭乙茂顺势震断二弦之弦，演奏戛然而止，洗练而又明快，令众人叹为观止。郭乙茂起身向众人施礼道："弦已断，改日再相逢。"郭师傅独具匠心，尊崇礼乐，谦逊君子，十分得体。

真是：

清音辞客谈何易，无奈二弦追慕心。

半曲神歆记相逢，一根琴弦各东西。

成功兴建六间厝

在翔安香山北麓,过珩溪,有一个宋朝就有的村庄,叫许厝村。许厝村所在地由鸿渐山发脉,蜿蜒而来,至珩溪戛然而止,形成南北走向,中间隆起,东西两坡面的窄长丘陵。村落前,左鸿渐山,右鹊山,两侧拱卫,珩溪自东向西犹如银带,迂回环绕,有山有水,实在是不可多得的宜居之地,路过的堪舆师无不暗自称道——"好一个棺材穴"。"棺材穴"似乎不那么好听,但"棺"通"官","材"通"财",有官有财当然好,无官有财也好。"官"自不必去说它,就说这个"财"字,"财"有勤劳发家致富之财,有天上掉下来的横财,有贪污受贿、拦路抢劫、藏污纳垢之财……下面这个"财"字懒得去说它,就单说上面那两个"财"字。

买杉险丢银

俗语说"人为财死,鸟为食亡",一个家庭的成员说到底也不必真的为财去死。别人家高枕无忧,躺在家里睡大觉,而你早起下地干活,多攒点他人攒不到的血汗钱,不要怕天知道;开动脑筋,想出了别人家想不出来的生财之道,就只管安心地发财,也不必怕天知道,这就是第一个"财"字。至于第二个"财"字,是不费吹灰之力,偶尔发了大财,这当然属于横财。横财,只要不是横人的,抢人的,一不杀人,二不放火,光靠自己的一点儿运气、福气得到了,也无可厚非。究其原因,"君子爱财,取之有道",总在"义"与"不义"。但这横财也有不劳而获之嫌,而为君子所不齿。正因横财有褒有贬,因此,也就"仁者见仁,智者见智"。

清康熙年间,许厝村出了一个了不起的人物,叫许成功。许成功出生于富而勤的家庭里,从小受祖父、父辈辛苦劳作、省吃俭用、勤俭持家作风的熏陶,平时不修边幅,衣着随便,一心只惦记着田里的春夏秋冬。农闲时节,他要带着兄弟远出,帮忙料理溪东的两片小盐店;一有空,他还要帮着把收购来的素布收拾好,漂、染、披、晾……功夫不负有心人,日子长了,许成功攒下不少银两,他觉得兄弟已长大成人,祖孙三辈辛辛苦苦积累的财富,足够营造一座十一架出步大厝,到了盖房子的时候了。

一天,许成功早早起床,向父亲禀明想法,征得同意后,他把购买杉木的银两缝在平时所穿的旧棉袄夹心和腰带里,匆匆上路,准备到安海杉行采购杉木。一路上风霜刺骨,许成功感到小腹里一阵不适,急急解下腰带,顺手挂在路边的树桩上,就地方便。一会儿,许成功如释重负,抄起裤头,又满怀欢喜地上路。

走着,走着,"怎么走快了,裤子就直往下掉"?许成功心想:"是不是急着上路,早餐没吃饱,肚子饿了?"许成功伸手一摸腰间,顿时吓出一身冷汗。"腰带呢,我那装满银两的腰带呢?"许成功飞也似的往回跑。

路上行人寥寥,大家都埋着头急急赶路。同村的许阿六也起了个大早,挑着五谷杂粮匆忙赶圩,看到许成功没头没脑地往家里跑,就问:"成功啊!跑什么?那边树头盘着一条大蟒蛇,你可要当心啊!"

许成功也顾不得回应,三步并作两步,气喘吁吁的。近了,近了!不远处仿佛有一条大蟒蛇盘踞在树桩之间。

"一朝被蛇咬，十年怕井绳"，但许成功根本顾不上这个，他要找回自己的腰带。近了，近了！腰带还在，银子还在，哪里是什么蟒蛇。

许成功毕竟是有福气的人，他拾起沉沉的腰带，急忙检查，幸好银两分文不减。他把腰带里的银两收藏得更加隐秘。

人不可貌相

许成功庆幸地来到安海杉行，放眼四望，但见尾径近尺的杉木成堆地堆在洁白的沙滩上，满满的，他打心底里称赞杉行老板经营有方。只见几个杉行伙计在海滩上跑来跑去，忙着招呼顾客。许成功拉住一个伙计的袖子，指了指长一丈八、直径一尺有余的杉木问道："伙计，这杉木怎么卖？"

杉行伙计正忙着招呼其他顾客，被他这一拉，只得停下，抬头一看，许成功一头杂乱的头发，一身褪色的破袄，脚穿一双破草鞋，心想：这个人衣着褴褛，是从哪里冒出来的，莫非是乞丐，到这里揩油？就没好声色地回答："有什么事，没看到我正忙着？"

许成功吞吞吐吐地说："我想买几根杉木，回去建一座大厝。"

"买杉木建大厝？"伙计不耐烦地说，"建什么大厝，你以为这杉木很便宜？"

许成功说："我要建那种'皇宫起'的十一架出步大厝。"①

---

① 皇宫起(hǒng giōng kì)：仿宫殿式的闽南燕尾脊建筑，人字形屋面用琉璃筒瓦、瓦当、滴水。十一架出步大厝(zàm yìd gê cùd bô duǎ cù)：古厝前后二进，后进用十一根椽仔，巷廊立有一根步柱。

伙计仔细打量着许成功,越看越不像是来买杉木的,心想:"好大的口气! 十一架出步大厝是你这种人建的? 顶多建一座卵石为基、夯土为墙、毛竹为架、稻草为顶的五架厝罢了。"伙计琢磨着,再仔细端详着来人,又觉得此人也仪表堂堂,只得说:"你先等着,我去禀报掌柜。"

伙计把稀奇事一五一十地向老板汇报。老板从杉行里踱了出来,看着眼前的许成功,也打心底里瞧不起,问道:"你说要买杉木建十一架出步'皇宫起'大厝?"

"是的,我刚才也跟伙计说了。"

老板说:"这样吧,建大厝可不是闹着玩的,大厝规模越大,所用杉木也越大越多,备办石料、红砖瓦料、泥灰料等方面也要开支,没有一定的本钱是建不来的。"

许成功说:"掌柜的,是我要建大厝,又不是你要建大厝,你操太多心了。"

杉行老板从上到下打量着许成功:"你先买几根较小的杉木,回去建一座五架或七架厝,顶多建一座九架,能建好也就够你受了。"

许成功说:"不瞒掌柜的,家父生我兄弟二人,又收养了一个儿子。现在都到了娶亲成家的年庚,一座五架或者七架厝根本容纳不下我们父子兄弟,就是起个九架大厝,明年又得再建大厝!"

"好吧,你跟我来。"老板有点不耐烦地把许成功带到海边沙滩边角,用树枝划出外围的几根杉木说:"这些足够营造一座十一架出步大厝,带够银两的话,这处杉木就是你的,我也不会多赚你的银两。"说罢,他头也不回地向杉行走去。

许成功看着够建一座大厝的杉木,跟杉行老板说:"掌柜的,怎样叫作带够银两?"

老板指着跟前的案几说:"不用很多,只要把案几面摆满,就算带够银两,你可以把那范围里的杉木搬走。"

许成功不慌不忙脱下破袄,解开腰带,把银两堆在老板的案几上。老板一看,真是人不可貌相,虽然觉得自己有点儿亏,赚不了几个银两,但许成功所带的银两,确实足够买下那堆杉木,也就一诺千金。许成功雇来木船,把一根根杉木搬到船上。

运好成富翁

话说安海的杉行之所以选择在海边的沙滩上经营,是因为当时建房所需的福杉都是从深山老林里伐来的。山上的杉民们把砍伐下来的杉木一根根滚入深深的山涧,顺流放到较为开阔的溪道,三两根、四五根杉木用钩钉并联成排,沿溪涧放到近海,这个过程就叫作放杉排。一到近海,风浪大了,小杉排吃水面积小,放排不稳,于是又用铁钩钉把小排的杉木连成十几根拼合在一起的大排,沿海岸一直撑到杉行,集中堆在海滩上。一日复一日,堆放在沙滩上的杉木,一批批卖出去,又一批批堆进来,杉行的生意越做越大,海滩上的福杉也越积越多,老板虽有进出货清单,但具体的数目很难弄清楚。

许成功搬完沙滩上的杉木,正准备吩咐船老大起航,不经意一脚踩到一条坎,差点摔了一跤。他回转身来,蹲下身子,伸手往沙里一拨,这一拨可不得了,浅浅的沙凹里露出一块粗糙的赤褐色杉木皮。许成功迅速拨开周围的细沙,一根完整的杉木露了出来。

"这根杉木也是我的!"许成功俯下身子,继续往沙子里挖,海沙里竟然全是杉木,"这些杉木都是我的……"许成功大喜过望,蹦跳起来,欢呼雀跃。

此时此刻,杉行老板听到海滩上的呼声,急匆匆从杉行里跑出来,看着还在沙滩上继续往下、往外挖的许成功,一时目瞪口呆,两腿一软,似乎就要瘫倒在沙滩上,所幸被闻声赶来的伙计急忙扶住。他哆嗦着双手:"这,这……"

许成功从沙坑里站起来,顾不得挥去满头满脸的沙子,说:"掌柜的! 我们可是说好了,这些杉木都是我的!"原来杉行经营日久,那范围内的杉木到底有多少,老板心中也没个数。这时,周围的顾客都围了过来,不住赞叹许成功的福气。

老板干着急也没办法,想想刚才还瞧不起人家,真是狗眼看人低。所谓一言既出,驷马难追,老板马上镇定下来,还是自己道行不深,怨不得人家,如果反悔,今后生意可怎么做,倒不如做个顺水人情:"唉! 想不到你这小子还挺有福气的。这样吧,如果你今天要把这些杉木都运走,我可以帮你多物色几条船,多雇几个帮手;如果你想分几趟过来运走,我也会免费为你看顾,不会收你一分银子,不会拿你一根杉木。"

"掌柜的! 说哪里话,我感激还来不及,哪敢再劳您的大驾。"许成功抬头望了望天,天色已不早,心想还是先把这船杉木装满运回去再说,于是开口辞行:"掌柜的! 有劳您了。"

满载着杉木的帆船缓缓驶出杉行码头,沿着海湾顺风顺水地驶进吕塘董水湾,驶进九溪入海口,过通利桥迎着溪流逆流而上，往东北方向划去。一会儿工夫，帆船已驶入珩溪溪域，许厝就在眼前。

许成功把载回来的杉木堆放在溪岸上，看这一大堆杉木，足够营建两座十一架出步双护龙大厝，满心欢喜自不必说，来帮忙的乡亲也都高兴得手舞足蹈。

许成功连夜叫上兄弟，带着几个乡亲乘上货船赶回杉行。天刚蒙蒙亮，他走近一看，沙坑里的杉木一根也不少，他深深地佩服杉行老板的经商、为人之道。许成功带着乡亲辛苦地劳作了一天，几条装满杉木的木船扬帆起程，船后还拖拉着几排用铁钩钉钉成的杉木排，高高兴兴地回到许厝村。

也许你会认为这是胡说，翔安九溪溪床浮浅，哪容得下木帆船自由驶进驶出？那你就孤陋寡闻了。清朝以前，山林茂密，水土不大流失，翔安九溪溪面宽阔，溪流平缓，清可见底，确实容得下木帆船进进出出。许厝村有一俗语："溪深出富翁，溪浅种田公。"[1]说的就是深深的九溪水让许成功这个富翁把一船船杉木运回到许厝村口，省了许多人力物力。

营造六大厝

现在的翔安是古同安的东界三里，东北面与南安毗邻，南面有较长的海岸线。明朝时期，倭寇频频侵扰东南沿海，加上朝廷禁海迁界，百姓居无定所，建房都不大讲究，往往就地取材，草草搭起五架、七架大厝，只求有栖身之所。清

---

①溪深出富翁，溪浅种田公(kuē qīm cùd bù ōng, kuē kìn zò cǎn gōng)：溪流深时出过富翁，到了溪流浅了，只好都种田去了。

朝康熙、乾隆年间,虽然是满人当朝,但汉人的地位在逐步提高。生活在满人的屋檐底下,汉人不再一味抱着抵触情绪,文人武士纷纷出来考取功名,入朝为官,安溪的李光地,马巷的林君陞、李长庚都是当时的佼佼者。随着施琅攻陷澎湖,台湾郑氏遗孤向清廷投降,东南沿海结束几十年的战乱,逐渐趋于平静。许成功就生活在这样一个时代里。

许成功用购买一座十一架出步大厝杉木的银两运回足够营建十座十一架出步大厝的杉木。这买杉致富的消息一传十,十传百,一时传得沸沸扬扬,直传到京城皇帝的耳朵里。皇帝想看看许成功到底是不是有三头六臂,或是有什么过人之处,传旨下来让许成功入朝觐见。许成功如何风餐露宿匆忙进京,在此不多饶舌。

且说皇帝看着眼前的许成功衣着朴素,却也一表人才,又能对答如流,不是一般人物。正当广揽天下英才的时节,不如留他在朝为官,掌管朝廷财路,皇帝心里想着,金口一开:"许成功,朕许你在朝为官如何?"

许成功把父亲在家如何居住于破漏如筛的房子里,兄弟又如何已到婚娶年龄仍旧说媒不成的事一一向皇帝禀报。皇帝被许成功的孝心和兄弟亲情打动了,说:"难得你一片孝心和手足之情,既然你不想在朝为官,朕也就不勉强了,回去把屋子建得堂皇一点儿,让你父亲安度晚年。"许成功谢过皇上,日夜兼程赶回许厝村谋划着营建大厝。

自从东北角十一架出步大厝兴建以后,许成功家里的生意也越做越红火。溪东那两爿小盐店已不再小。有了皇帝的恩赐,从董水、珩厝、彭厝等沿海运来的海盐,一经手就源源不断地销往大江南北,一路畅通无阻;家里的蓝花布由于做功精细，漂染得法，一时也成了炙手可热的畅销货，销往海内外。心中一直盘算着光有杉木，没有银两建不了大厝的许成功，此时终于释怀。

许成功开始为父亲营建十一架出步双边护龙大厝，他请来堪舆先生为父亲的新居择地。堪舆先生带着许成功走遍许厝村各个角落，最终回到新建的大厝旁边，摇头晃脑地说："走遍了你们许厝村，再没有比这更好的阳居宝地了，你看鸿渐脉从北来，北高南低，到这边又稍稍隆起，丁财也在此蕴聚；东坡向阳，有西南高坡的环护，又有溪流自东向西在前汇聚，真是一档的聚财旺丁发家之地。不过，财主准备建几座大厝？"

许成功说："家父年岁也大了，我打算先为家父建一座大厝，再为自己建一座。考虑到运回的杉木是用不完了，再为兄弟各建一座。"

"很好！"堪舆先生说，"财主有这个心最好，看这块地周围宽敞，足够你再建五座十一架出步大厝，我一并为你看来。"

堪舆先生说："令尊老大人的大厝可以建在这座新厝后面，一来可以借前面新厝阻挡东北寒风；二来十一架出步还要双边护龙才够气派。你的大厝也要双边护龙，就建在令尊大人后面，也是令尊大人的靠山。你兄弟的大厝可以在南面一列排开，不要再双边护龙了，虎砂①护龙补缺就好。整体往南偏移一点更好。这样两列前、中、后六座大厝，在同安县范围里没得比了。"

---

① 虎砂（hô sa）：闽南古厝右边的护厝及地势，左边称龙砂右边称虎砂。

堪舆先生又说："依我看,财主不只要建这六座大厝。"

许成功谦虚地说："先生说哪里话,这六座大厝能建好就够我受了。"

先生打住话题,笑而不言,心里想道,你以后还用得着我。

许成功精心地为父亲营建新居,大厝内外石雕、木雕、砖雕无不以"寿"字装饰,以表一片孝心。虽然许成功已是同安地界的大财主,但营建六座十一架出步大厝时还是处处精打细算,一切以牢固为主旨,不追求奢华装饰。他自己居住的大厝,也仅在镜面墙上增饰几堵精美的砖雕而已。

不管是东西南北、远近邻村的人们走进许厝村,看到那六座大厝群都赞不绝口,异口同声地说："成功,你真成功!"

直到如今,六座大厝排列有序,清一色"皇宫起"的红色筒瓦,尤其显得富丽堂皇,历经三百余年风霜雨露的洗礼,依然矗立在许厝村。

林希元兵征安南

　　明朝理学名宦林希元,曾任广东按察司金事,分巡海北兼管珠池兵备。时遇安南莫登庸废主自立,入侵我国西南沿海,对渔民烧杀掳掠,国土受侵,百姓叫苦,边境告急,朝廷下旨抗侵。便有奸佞禀奏皇上,指派文官林希元带兵征讨,意欲置林希元于绝地。林希元心知肚明,但由于皇上已下圣旨,派兵部尚书毛伯温率军出征,林希元也受命到福建招募骁勇。林希元不敢抗旨,遂领旨率兵,直往粤、桂、滇三省前线。

　　时值深秋,天气寒冷,汛期高涨,风浪大作,细雨蒙蒙。到前线后,林希元亲自到沿海察看地形,了解军情,由于他出生于同安沿海,深知潮汛,心中暗思:海上交战,最为残酷,须知水性,兵部尚书毛伯温所带兵马都是旱鸭子,不知水性。自己虽在沿海招募些兵勇,但兵力不足,又没海船战舰,如要退敌,应以智取为上策。林希元认为,安南军兵侵我国土必是有备而来,军士熟知水性,船舰高大,装备精良,盲目开战,必败无疑。于是,经过数天的深思熟虑,一条妙计在林希元心中慢慢形成,趋于成熟。

　　林希元命士兵深挖战壕,高筑工事,发动百姓,砍柴劈竹,支援抗击安南。军中不知其用意,砍柴劈竹有何妙用?经过数天准备,林希元命地方巧匠配合军中士兵制作高跷,制作大刀、长枪、长矛、弓箭等木兵器,每支长度都在一丈五尺以上,漆得如真刀真枪一样。然后把这些刀、枪摆在战壕里的掩体处,故意露出刀刃与枪头,在海面上就能看得见。林希元命士兵腿绑高跷,头戴大斗笠,手持木兵器,在战壕里来回走动,让外围的敌人看到战壕里的人个个高大无比,如天兵天将。他们还故意搞出几样士兵的大便及几件真实的铁兵器,丢于战壕外敌人容易发现的地方,以迷惑敌兵。兵士们天天在战壕内踩着高跷,舞着刀枪,周围军旗飘飘,杀声震天。战壕里如同演戏一样,战壕外却感到威震如山,凶神恶煞一般,这是林希元陆上的疑兵之阵。

由于百姓深受安南军荼毒,爱国热情高涨,报仇雪恨心切。他们积极支援抗击安南,一切听从林希元指挥。百姓接到林希元军令,纷纷到民间收集夜壶,几天间,收集了数以万计的夜壶,把蜡烛熔化后封闭填平夜壶口以防进水。渔民们有船的出船,把一个个夜壶装上船,配合军队,利用夜深人静时机,把夜壶运到近海处浮于水面,再用绳子互相串联起来。夜壶扣上斗笠绑紧,旁边插上刀、枪之类的兵器。每百夜壶编为一队,遍布整个海域,运用乾三连、坤六断、离中虚、坎中满、震两满、艮覆碗、兑上缺、巽下缺之八卦图形巧设迷魂阵。为了防止安南水鬼①前来破阵,夜壶阵前还用大绳环绕四周,绳索下缚着无数特制的铁鱼钩,深浅、高低不一,在海中形成一道密密麻麻的鱼钩网,安南水鬼一触鱼钩,就会被钩住,越挣扎钩得越紧,便可生擒活捉,不让安南水鬼逃回,以防识破夜壶计。

夜壶阵摆好后,林希元又故意留出几条浅海滩涂水域

---

① 水鬼(zuǐ guǐ):水中蛙人士兵。通常指溺水而亡,时常作祟的阴魂。

缺口以诱敌深入,如海水退潮,敌船就会搁浅,敌兵无路可退,必被歼灭。一切在几个夜间布置就绪,军民们各自回家,回营休息。战壕内的士兵依然分批进行操练,同时派兵侦探敌情。

不久,安南军又前来侵犯,敌船靠近海岸线,看到对面近海上"中国水军"密密麻麻,头戴斗笠,手握兵器,立于海水之中,个个高大无比,阵容整齐,又寓八卦玄机。敌军慌忙派探子绕道上岸察看虚实,发现士兵遗矢个个大如牛粪,又在战壕外发现几把铁兵器,长过丈,重超百。战壕内高大的人头身影,杀声震天。安南探子惊得屁滚尿流,脚底抹油,灰溜溜地逃回船上,禀明军情。这安南将帅闻言,惊慌失措,中国竟有如此彪悍的军队,莫非是山东大汉?带兵元帅肯定是了不起的、智勇双全的武将,千万不可交战,不如趁潮水尚未退潮,速速返航。莫登庸闻讯震恐,出关投降。林希元熟读《孙子兵法》"不战而屈人之兵,善之善者也",所以善用。

从此,安南再不敢进犯我国海域,渔民百姓们安居乐业,都夸赞林希元文韬武略,智慧超凡。经过数天休整,林希元班师凯旋。在平息安南边境祸乱之中,林希元本是有功之臣,但因屡次上疏,得罪主抚派。夏言私拟圣旨,罢了林希元的官。林希元早就无心于仕途,即日归隐林泉,著书立说去了。

《马巷厅志》载:"自其一疏启之,而安南归命,还四峒,亦希元之议,足以夺其魄焉。"

当官服廉洁忠烈

清道光年间,陈庆扬廉洁忠烈,闻名于朝廷。他共有五个儿子,奉旨平寇的时候,四个儿子随军出征,均因误犯军令或贻误军机被他亲手杀掉了。皇太后知道了怜悯他,特制一把金锁,派钦差持往塞外,赐挂于陈庆扬幼子的颈上,传谕,"非太后开锁,谁也不准杀"。终于替他保住这棵独苗。

班师回朝后,陈庆扬又参与弹劾贪赃枉法的权贵,满朝权贵被他参劾遍,朝廷上下对陈庆扬都怀着戒心。但因弹劾太多,贪官反变得司空见惯,皇亲国戚怨恨在心,皇帝亦觉得厌腻了,于是御赐他一件绣着金龙的官袍,封他为"京门散公",无旨宣召,不必朝见。这官既没有衙门,又没有职位,分明是遣他去看守城门,免得满朝人心惶惶,上下不安。陈庆扬明白皇上的意思,每日五更时分便带上随从到午门外守候,绝不朝见皇上。

一班佞臣看陈庆扬这般光景,不再顾忌,又渐渐放肆起来。天长日久,他耳听贪赃丑闻,眼看龌龊之事,回想自己无权无势奈何不得,空憋一肚子气。陈庆扬左思右想,想出一条妙计,他认为龙袍能代圣旨,就乘朝臣进朝时,遇奸臣经过,把身上御赐龙袍上的金龙割下一条叫随从把奸臣斩掉。不多时,那条龙袍上的金龙被割下不少,奸臣被他杀了好几个,惹得一班佞臣上朝都心惊胆战,点头哈腰或称病不敢上朝。

皇帝御赐的东西，有与圣旨一般的威力。假使皇帝怒他滥用御物，一样也会有灭族之祸。但陈庆扬就是一个把生死置之度外的硬汉，又因为陈庆扬公而忘私，处处为朝廷着想，皇帝也拿他没办法。只好劝他告老归田，朝中方得安静。

陈庆扬返回故里，因为御赐不丰，钱财、衣料、物品均已用完，居家生活清苦。太夫人和夫人随时诽怨他，陈庆扬无言可答，只好当作没听见。邻近住着曾任过苏州府知府的苏廷玉，家中仆婢成群，田园连阡，开着当铺，时常笙歌燕舞。如此鲜明的对比，太夫人听在耳里更觉愤慨，指着陈庆扬道："人家都说你的官做得比苏某大，为何你比他穷？"陈庆扬唯有叹息而已。

大年除夕，陈庆扬受不了家中的聒噪，偷偷地把官服拿到苏廷玉当铺中，当了十两银子，准备过年。当铺中的朝奉看他衣着不整，又见他所当的帽子上一粒宝珠价值连城，知道他再也无力取赎，递上银圆，转身向东家请功去了。

苏廷玉一见官服，吓得面无人色，急忙叫吹鼓手沿路吹吹打打，把衣帽恭送至陈庆扬家中。陈庆扬一看顿时大怒，叫人传言："苏君明知我穷，故意张扬，辱我太甚！"苏廷玉听后更加惊慌，于是，他多方托人向陈庆扬求情，倘若肯手下留情，多多包容，任凭陈庆扬所欲。陈庆扬对太夫人说："现在就是最好的时机，如果只为钱财，不要说苏廷玉的全部家财都是我的，就连他的身家性命也是我的。娘，想要什么尽管吩咐！"太夫人回答说："我们缺钱过年，拿东西向人家当了钱用。人家给我们钱，又把东西送还给我们，怎可没有良心，哪有要人家的钱，又要人家的命？"

"我若进京参他一本,说他当众侮辱朝廷命官。说轻了苏廷玉性命不保,说重了抄家灭族!"陈庆扬说:"我就是不肯胡作非为,所以做了一辈子的官,依旧穷困潦倒,让你们跟我受罪。我们落到今天这步田地,如果不想穷,只要没有良心就行。"

太夫人听了叹道:"原来有这样一篇大道理,那我宁愿和你们过一辈子的穷日子,也不能没有良心!"

大富碍装穷戏官

清朝末年,同安新任的县老爷到县衙里上任已经一个来月,县里知名的乡绅为讨个吉利,不论大小,都到县衙里拜访孝敬过了,偏偏是远近闻名的富豪大富碍好像不把县老爷放在眼里,连一个预约的帖子也不曾送来。县老爷想借着新官上任三把火大捞一把,发发新官财,唯独大富碍这条大鱼迟迟不愿上钩,几次派人到大富碍府上暗示,大富碍装聋作哑就是无动于衷。这可急坏县老爷,他决定亲自"登门拜访"。

在一个艳阳高照的晌午,翔风里牛心崎的陡坡上,传来阵阵鸣锣开道声,伴着阵阵的哼唷哼唷声。只见一群衙役走在队伍的前边,手持"回避""肃静"牌子,大摇大摆的,后头是一架八抬大轿,轿夫们个个气喘吁吁,无可奈何地向前撵着。他们大清早从县城里出来,已经走了四五十里,一个个大汗淋漓,疲惫不堪,腰酸腿痛,都希望停下来歇歇脚。可坐在轿子里的县老爷似乎心里特别急,不停地催促着要衙役们赶路。

突然,衙役们齐声高喊着:"喂,你停下来,停下来!"大伙儿朝陡坡顶望去,只见一个头戴破斗笠,身穿破衣裳,肩挑一担破畚箕的乡民正在陡坡上走着。他是趁着大热天乡里人歇息时机忙着捡牛粪的,畚箕里已经装满牛粪,牛粪味夹杂着农夫身上的汗酸味,在空气中弥漫,让人闻了就想作呕。衙役们围了上来,捂着鼻子,打头的衙役冲着农夫大声问道:"喂,你知道吕塘往哪儿走?"

那位乡民似乎耳聋,望了望这一群人,又低下头来走自己的路。衙役们看着这位乡民不理不睬,手举着长矛短枪又围上来。"好小子,敢不回我们的话,你是吃了豹子胆吗?"一个衙役逼了上来,一字一板愤愤地说:"问你话,吕塘往哪走?"

乡民爱理不理地抬了抬头,挥了挥手指着南边,又低着头准备走自己的路,可衙役们的刀枪还横在他面前,他前进不得。又一个衙役问:"你知道大富碍住在这村子吗?他在不在家?"

乡民晃了晃那戴着破斗笠的头,开口了:"'大富碍'没听说过,'呆穷碍'倒是有一个,那就是我!"

"你,你?"衙役们惊讶着。

"在吕塘这千把人口的村子里,叫'碍'的只有我一个,从来没有听过什么大富碍。"自称"呆穷碍"的指着自己的鼻子没头没脑地说。

这时,身穿官服的县老爷从八抬大轿上走下来,县老爷带着衙役们围着"呆穷碍"转了转,上上下下地打量着,县老爷睁着滚圆的大眼睛,发话了:"吕塘不是有一个远近闻名、富甲一方的大富碍吗?"

呆穷碍闪动着小而发亮的眼睛,把那狗屎耙放在畚箕上,一手按住扁担,一手撩开衣服——不管外衣还是内衣,都破破烂烂,补得像百衲衣——不紧不慢地说:"没有,没有,要是有的话就是我!"

县老爷摇动一下脑袋,又直瞪着呆穷碍。

　　呆穷碍看他们不相信自己的话，似乎明白了什么，就急着说："哎哟哟，我告诉你们，这也许是胡传，我小时候有一个别名，叫作'大孵碍'，那是因为我喜欢玩母鸡孵小鸡的游戏，人们就给我取了这个绰号，传久了，变调了，就成为'大富碍'了。"

　　县老爷和衙役们一阵叽叽喳喳，晃动脑袋，不约而同地散开了，向来的路往回赶了。

　　呆穷碍站在原地，望着远去的县老爷和衙役们，不禁发出一阵冷笑，为刚才的一出好戏感到心满意足。他又一次骗走那些想来要钱的权贵们。其实，他就是远近闻名的大富碍，这些年来，几任县老爷都来刮过他的脂膏，衙役们也多次揩过他的油，使得他血本大亏，但他变得聪明起来了，懂得如何应付官府的搜刮。

　　因为富裕来之不易，他从小就知道如何发家致富。平时，他辛勤劳作，把大部分收打下来的粮食都运到集市上卖，要是卖了九十多元，他也想方设法凑足一百元然后积攒起来。他就是这样注意累积财富，赚钱也讲究方法，就是人们常说的"抓狗崽过户碇也赚钱"①。有一次，他向村民吹嘘："我可以帮你到街上买花生油，可按市价，而且斤两不少，就是能赚钱，你相信吗？"那村民半信半疑，就掏出钱来让他替自己买油。可那村民又不放心，偷偷地跟在后面想知道他要什么手段，结果发现他赚钱的手段平平常常。原来他为村民买回油后，就倒入村民家的油缸，油倒进油缸后，油桶的油好像已经流尽，可当你把油桶立着，不久会发

---

　　① 户碇（hô dnāi）：门框下的横石、横木。

现油桶底又积了一二两油。他把这一二两油积起来,等到足够一斤又卖出去。

虽然他非常富有,可他却非常俭朴。他懂得怎么致富,更懂得守财。他平时绝不露财,装得很贫穷的样子。说他非常富有是事实,金银钱财堆满整个阁楼,不让人们发现。钱财越积越多,几乎挤破屋顶,阁楼几乎装不下了,连猫与老鼠也不能在阁楼上落脚。有一次,下起了暴风雨,也许是屋梁太细,被那沉重的金银铜钱压断了,撒得满地都是金银钱币,大富碍的名声就这样传开了。"大富碍的钱财压断屋梁,富得流油!"一些地痞流氓找上门来了,官府老爷们也来揩油,富有心计的大富碍不得不装起穷来,一件衣服破了又补,补了又穿;一顶斗笠简直可以用在稻草人的头上赶麻雀。说大富碍吝啬,一点儿也不夸张,平时,他恨不得一个铜板掰为两个花,人们很少发现他花钱,逢年过节,他也很少换新衣,舍不得花钱买猪肉。平日里,主食是地瓜、高粱。

大富碍是吕塘洪氏第十三世孙,生于清朝末年。他的勤俭的确是那个时代农村民众持家的集中体现;他的富裕,在当时农村,前无古人后无来者。他能保持一辈子的富有,最主要靠头脑机灵,为人处世善于观风察雨,不落别人的圈套。

巧计为民解官祸

洪纤若,讳试,号春寰,又名世元,生于明神宗万历十四年(1586)翔风里十二都窗东社秋房,属于嶝山宗支"世"字辈。洪纤若小时家贫,勤奋攻读,明万历三十二年(1604)举进士,任江西提刑。他审理案件,深入谨慎,清廉公正不受贿,民众皆盛赞之,朝廷给予褒励,累官两粤司宪(但窗东祖祠有副楹联上联却是"四川布政琴鹤归来称名宦",纤若二任四川布政使之事迹无考)。时两粤强盗猖獗,匪首姓郑名诜,狡猾凶残,经常聚匪徒流窜于闽、浙、江、淮一带,烧杀掠抢。民众苦不堪言,纷纷离乡背井避难,官府无能为力。洪纤若到任后,巧妙地采用"以毒攻毒"之计,设巨赏收买其党徒,再利用这些投诚的党徒配合官兵擒拿郑诜。党徒对郑诜的规律了如指掌,故一举成功,逮捕了郑诜,严惩首犯,杀一儆百。洪纤若对投诚者进行动之以情、晓之以理的教育,一个个释放回家。百姓从此安居乐业,拍手称快。

洪纤若归林后在家设馆授徒,培育后昆,对窗东宗支所属"下三洪"的教育事业的发展起了不可估量的作用。卒葬新民镇长尾坑山上,祀乡贤。现窗东祖祠的匾额及旗杆座尚存,这是为他所做的纪念物。他还被窗东群众尊为神,塑像供祀。

祥吴村民历来以农为业,日出而作,日落而息,安分守己。可是由于旱年,农业歉收,地方上土豪横行霸道,鱼肉农民,政府苛捐杂税,压得群众三餐难度,苦不堪言。有一天,如狼似虎的官吏又下令催收杂税,他们不顾百姓的死活,敲诈勒索,交不出赋税的,轻者惨遭毒打、拘役,重者杀头治罪,役吏甚至趁机调戏、奸淫村妇,搞得乌烟瘴气,民怨沸腾。村里有位血气方刚的青年站出来和恶吏理论几句,想不到竟被打昏在地。因此,官逼民变,群众纷纷拿起扁担、锄头和恶吏进行争斗,争斗中有一恶吏被群众活活打死,爪牙见众怒难移,纷纷夹着尾巴逃回县府禀报,说祥吴社农民造反,这引来灭族横祸。县令急调大军准备第二天围剿祥吴村,以杀鸡儆猴。村民急得如热锅上的蚂蚁,惊慌失措。

刚好洪纤若回乡省亲,他为人耿直,关心群众疾苦,疾恶如仇,闻族亲将受浩劫,漏夜派下人请求祥吴村的耆老速回村中,在村口准备三堆木柴,让大家闭门静候,不得仓皇外逃或高声哭叫,凌晨四更时分点火烧木柴。天亮后,他将策马亲临调停。耆老们遵嘱立即回村做好一切准备。

第二天一早,大队官兵赶到村口,忽见熊熊大火,浓烟滚滚直冲云霄,令人难以接近。大队官兵迟疑之际,洪纤若骑着大马,随带若干皂隶,沿途高喊:"洪大人到!洪大人到!"听见洪大人到,县令马上下轿,跪伏于地,极尽阿谀奉承。洪纤若怒责:"大清早,率领大队人马有何公干?"这时县令前言搭不上后语地陈述原因。洪纤若指着大火严肃地说:"该村打死县府官吏,自知理亏,他们放火自裁,身为父母官见死不救,还要劳军动众,此为何理,请你打轿回府,我自有裁夺。"县令面如土色,如雄鸡啄碎米,频频点头称:"是!谢大人指点,小人不敢。"官兵立即撤回县府。该村避免一场浩劫,县府也不敢再向该村迫交赋税,大家拍手称赞洪纤若救民众于水火之中。

洪纤若不计私怨,胸地舒坦,他小时家贫,经常帮母亲上山捡柴火。有一次,他们母子正在树底下捡树叶,有曾姓母子两人也在捡柴火,孩子比纤若大两岁,既好动又调皮,故意爬上树,从树上撒尿以戏弄纤若。洪纤若母亲不高兴地说了几句,曾母亦快人快语地信口说:"以后纤若如当了官,让我孩子当马夫,以示谢罪。"想不到洪纤若真的当了官,曾母不食前言,立即领其子给洪纤若当马夫。洪纤若面有难色地说:"都是同村人,过去的事就过去了,那么认真干什么?"曾母苦苦要求,她认为儿子给洪纤若当马夫比当农民还好。洪纤若亦不得不答应,但对曾母倍加关怀照顾。洪纤若卒后被族众尊为神,塑像供奉。现其塑像前有一尊牵着马的马夫,就是当年的曾母之子,和洪纤若一起享受人间香火。

洪纤若一生关心民众的生、老、病、苦、死,体恤下情,宽宏大量,留下不少美丽的传说。

《马巷厅志》:"洪纤若,字时育,万历甲辰进士。筮仕提刑,谳狱详慎,玺书褒荣之,累升司宪两粤。有巨盗郑诜,历年寇害闽、浙、江、淮间。纤若悬赏购党,擒之。诸路悉平。及权珰窃柄,有议毁澹台子羽庙以建魏祠者。纤若力排不许,事遂寝。"

澳头南船老舵公①

俗话说"靠山吃山,靠海吃海",清乾隆五年(1740),翔安滨海澳头村早已是繁华的通商口岸,它和西面不远处的刘五店一样,都是同安当时著名的远洋码头,海面上商船、渔船千帆竞发,进进出出;码头上装货卸货人来人往,忙忙碌碌。

澳头人日常以讨海为生,有的只在近海滩涂捡海螺,掘土龙②,养些海蛎,捞些文昌鱼;有的用围网趁退潮捕些小鱼、小虾;有的驾小渔船在近海撒网垂钓。这些都是小打小闹,收获不大,日子却也过得挺好。大胆一点的就合起伙来从事远航通商、远洋渔业。渔船常到南海一带捕鱼,商船常常在山东、天津、烟台、辽宁、秦皇岛等地来回穿梭,与那里的人建立了友好的通商关系。

清朝中期,澳头蒋氏有五支房派,家族拥有二十五艘大帆船,长年远航,每年两趟到辽宁西海口,将数十吨货物运至锦州府境内销售。昔日科技落后,没有现代化的科学仪器设备,只靠罗庚和平时航海积累的经验,从事这一行业十分危险,真可谓"行船走马三分命"!

---

①老舵公(láo dǎi gōng):船上负全责的船老大,其经验丰富,熟识航海知识。

②掘土龙(gùd tô líng):生活在海边滩涂中的海鳗,食之能强筋壮骨。可用挖取,也可用土龙叉捕捉。

　　澳头南船老舦公蒋大荐从小生长在海边,捡螺摸虾样样都会,举晋①撒网件件能行。说他"老"并不是年纪很大,而是功夫老道,经验丰富。他以行船为主要职业,水文、风信、航道等均熟记于胸,积累了极其丰富的经验,对沿海的每一个港湾、每一块暗礁都了如指掌。老舦公蒋大荐凭借多年积累下来的航行经验,有恃无恐,启航时,躺在船舱内吸鸦片,但每航行一段,他就让水手们抛下铁锚,然后把铁锚从海底提上来,从锚上刨出海底土块,通过观察不同海域土层的变化,判断水下情况及行船的航线。

　　蒋大荐是个彪形大汉,本来脚就够大的,加上长年在海上行船,在大风大浪中时时要亲自掌舵。他在甲板上,脚上五趾张开紧紧地抓住甲板,稳稳地站着,犹如生根钉在甲板上一般,日久天长,在与风浪的搏斗中,两脚不知不觉地越变越大,就像经验越积越丰富,几十年练就了一双大脚。

　　船员们非常佩服蒋大荐那双大脚,更佩服他随机应变、化险为夷的技巧,趁他躺在船舱里休息,偷偷把他定制的鞋拿出来用鲁班尺一量,足足一尺八寸。

　　蒋大荐是清代澳头南船的掌舵先驱,有丰富的航海经验,熟识远洋作业,在航海领域树起了威信。他百年后,船员即把这双鞋作为纪念品保留了下来。后来,所有的南船上都有一双特别制作的鞋,精细别致,安放在船舱的神龛内作为神物,祈求航海安全。

---

　　①举晋(giǎ zān):晋是古代用木棍或竹竿为十字架的方形捕鱼工具,翔安沿海现在仍有人举晋捕鱼。举晋时,让晋沉入海里,一段时间后,举起来收取渔获。

朱文公判风水

承孔孟之后的宋代儒学名家朱熹于绍兴二十一年（1151）入都铨试，授左迪功郎、泉州府同安县主簿；二十三年（1153）五月，朱熹动身前往同安县就任。在任期间，他曾审理过"山峦交界地权衡纠纷案"。所以翔安至今流传有宋代理学大师朱熹误判风水地的故事。

同安辖域有一座绵延起伏的荒山，上有一座大唐年间的墓葬，这块"福、禄、寿"具备的风水宝地位于同一个村庄两个姓氏村民耕作的山丘交界处。墓冢为大姓氏的祖墓。小姓氏的一位老者熟识天文地理，知道那是一块风水宝地，就千方百计占为己有。

有一天，小姓氏的几位长辈带人上山察看地形，想方设法，心生一计，回到村里拜访大姓氏的"老大"，恳求让他们小族在大姓祖墓周边的交界处种树。

"种树？"大姓氏的"老大"听了之后半疑半解地问："为什么？"

"在你们家祖坟周围种树，可以福荫祖坟，百利而无一害！"小姓氏长老忙着回答。

大姓"老人"碰头商议，虽非同族，难得他们也有如此孝心，看来他们是真心想攀附我们这棵大树，由他们种去，省得我们操心。于是，族长说："在祖墓旁种树，可以阻风挡土，防止水土流失，对我们的风水没有影响，种就去种吧，但不要太靠近了。"

当天傍晚,老天也成全小姓氏族心愿,下了一场倾盆大雨。次日,小姓氏带上早已采来的十几棵榕树,运到大姓氏祖墓的风水地,在墓冢主山、青龙、白虎等方位植上。他们用铁圈箍在树头上,然后培土浇水。十年树木,不知过了几个春夏秋冬,树头上的铁圈被包裹在树腹里。

物换星移,年代变迁,正当小姓氏"德高望重"的长辈仙逝,阖族打起大姓氏祖坟地的主意。大姓氏族人知道了,暴跳如雷,大动干戈,回头又想:"如果这样,邻村社里势必评说我们以大欺小,把小姓氏告官算了,反正理在我们这边,输不了。"

朱熹开堂审理民间疑难杂案,历来讲究人证、物证,以理服人。小姓氏说:"这地是我们的!"大姓氏说:"呸!谁说是你们的,这明明是我们的!"两姓面红耳赤,争执不休。

公堂上,朱熹问主告大姓氏:"汝告他人侵占汝家风水地,口说无据,有何凭证?"大姓氏族长说:"这块地很早以前就是我们的,我们有祖坟在那,还要什么证据?"

朱熹又问被告小姓氏说:"你们想强占人家祖坟,有理吗?"被告小姓氏理直气壮、大大方方地说:"回大人!我们是小姓,那方土地很早以前就是我们的,怕被大姓族吞占,所以我们早有防备。大人可以派人到现场,我们在那方地种上树,每棵树里都用铁圈箍在里面,只要把树砍下来,剥开树干看看就清楚了,这就是证据。求大人明察!"

朱熹带着衙役和主告、被告来到荒山上,派人砍下一株榕树,剥开树干一看,果真有铁圈箍在里面。朱熹问大姓族长:"光天化日之下,人证、物证俱在。你们还有什么理由告人?"大姓无法提出人证、物证进行反驳,只好哑巴吃黄连,但心里很是不服。一方有证据,一方没有证据,朱熹就把地判给小姓氏。

绍兴二十六年(1156)七月,朱熹主簿同安任期已满,但接任者方士端未至,因此,朱熹在同安续任一年。朱熹在这一年里多次下民间观民生,体民情,察民意,一来是检讨自己任同安主簿三年来的工作,二来也希望通过体访,传播儒学思想。他身着民间普通百姓的服饰,以一般人的身份下到地方,询问百姓对自己多年来为官办事政绩的看法。

一个烈日当空的晌午,朱熹来到当年两姓争夺风水地的村庄,走近一个私塾先生的门口,看到先生和许多人正好坐在门口的大榕树下乘凉。朱熹走过去问个好,便坐下来聊天。话题言及朱熹,私塾先生不想多言,他深知这世道还是少言为妙,不可得罪他人。就在此时,有一年轻人开口了:"朱老爷主簿我同三年,勤于县治,致力儒学,大家不敢对他有丝毫的指责,不过……"

朱熹接下话茬说:"不过什么?"

私塾先生瞟了年轻人一眼,年轻人不敢再说什么了。

私塾先生说:"哎!后生家说白话,也没什么的。朱老爷主簿同安,众口皆碑,无可挑剔,可惜……三年到任,又要另择高就,百姓不舍啊!"①

朱熹接口道:"我走遍同安也听人说过,朱熹这个人常常自以为是,不是到鸿渐山观山脉说是'鸿渐已逮',就是到荒山说什么'真香山也',还为郭岩隐题什么'安乐窝'……"

---

① 后生家(hǎo xnī gēi):泉州府音,指年轻人。"后生"与同安腔儿子的说法同音,所以同安话一般不这样说,而说"少年的"。白话(bèi wěi):又叫白贼话。意指胡说八道。

私塾先生打开话茬:"朱老爷好是好,不过也有失察的地方。"

朱熹听了,紧皱眉头,想问个究竟:"先生是本村人吗?"

先生摇摇头。朱熹急忙打消大家顾虑,促膝谈心。一个农夫说:"前些年,朱老爷就把我们家的一块风水地错判给小姓氏,我们直到现在还耿耿于怀。"榕树下乘凉的人也附和着:"就只这事,其他就没得说的了。"

"事是这样,这大姓人家仗着人多势众,不用与小姓人家计较,想不到官判下来,哑口无言,也就吃了哑巴亏了。"私塾先生说,并把事情的来龙去脉说得清清楚楚。朱熹全明白了,转过身子,约了几个村民来到那块墓地,直言不讳地说:"此地不发无地理,此地若发无天理! 夺人所好,岂有好结果!"

苏廷玉审僵尸

苏廷玉,字韫山,号鳌石,马巷翔风里澳头人。嘉庆十三年(1808)中举人,嘉庆十九年(1814)成进士,钦点翰林院庶吉士,散馆后,苏廷玉任刑部主事,勤审讯,有能干之誉。

道光十二年(1832),苏廷玉任山东按察使时,审一起"僵尸案"震撼整个京城。当时有一商贾,是一户富人家,外出做生意,三年未返,妻室李氏即返回娘家居住。有一天,李氏忽接家人来信,言丈夫已返家中,请速返夫家。李氏接到书信非常欢喜,立即梳妆打扮,整理行装,雇轿起程。轿行至半路时,李氏因急于起程没准备好,内急需要方便,吩咐轿夫暂停于路边。轿夫们觉察李氏有方便之意,当即停下轿子。李氏翻过一座小丘,看到山坳中有一座大古墓,四周草木荆棘丛生,阴森森的,即不敢再靠近,就在古墓边的树下,解裙方便。忽然有一阵刺骨的阴风吹来,李氏顿感毛骨悚然,忽发现内裤不翼而飞,心中好生纳闷,只好穿着裙再乘轿返回家中。

夫妻阔别三年,今夕团聚一起,万分欢喜,倾诉那离别三年的相思情愫,夫妻二人不知不觉睡去,至半夜时分,李氏一觉醒来,一摸丈夫身体,发现通体冰凉,双手一摇,如木头一般,急忙点灯,一看大惊失色,丈夫躯体还在,头颅却不知去向。李氏惊叫起来,立即叫起婆婆。婆婆等人到房中一看,儿子已经死去多时,一时昏倒在地。

天一亮，李氏婆家立刻告上官府，诉李氏罪名为"与人通奸，谋杀亲夫"。苏廷玉正好上堂，立即传讯李氏上堂审讯："汝与何人通奸，谋杀亲夫？从实招来，免受皮肉之苦。"

"冤枉啊！冤枉！"李氏跪于公堂上放声大哭道："小女子一个善良守规的妇道人家，丈夫外出做生意，三年后刚刚返回。小女子刚从娘家返回与丈夫欢聚，怎会谋杀亲夫呢？望大人明察。"经过过堂审讯，叫来李氏娘家人当堂对质，李氏从不招认，案情久拖不结。此案虽经数审，每当上堂审讯时，苏廷玉夫人刘四宝经常在屏后详听堂审经过。

却说苏廷玉的夫人刘四宝其貌不扬，但为人心地善良、聪颖贤惠，且足智多谋，每当苏廷玉审案，她能仔细帮着分析案情。刘四宝眼看此案经过数审，李氏从不招认，其中必有蹊跷，即对苏廷玉说："我今晚假扮犯人和女犯同睡。"苏廷玉点头同意。刘四宝和李氏同处于牢房里，晚上睡觉时，主动问起李氏所犯何事。李氏把夫妻恩恩爱爱，丈夫外出做生意刚刚返回，正是夫妻共叙天伦之乐之时，丈夫却突然被杀的经过从头到尾细说一遍，直到放声大哭起来："冤枉啊！冤枉！"经过一夜，刘四宝没有获得半点有利于结案的信息，内心很是失望。

刘四宝在澳头常居时，非常崇敬广应宫天上圣母妈祖娘娘，常到广应宫上香敬神，观景乘凉。广应宫位于澳头社东南隅，背村面海，宫口大埕，埕下是一片洁白的沙滩，涨潮时，浪涛拍岸，铿锵悦耳。大暑天，海风吹来令人心旷神怡，景色幽雅，实是不可多得的纳凉胜地。据传说：当时广应宫妈祖的二十七支签诗是苏廷玉亲手编写的。刘四宝昨夜一夜没睡，此时早已进入梦中，妈祖托梦说："欲知案中情，细问其女人。古墓在作怪,再审便分明。朱笔先投进,铜针黑狗血。僵尸降伏定,案件便澄清。"

刘四宝梦中醒来,把妈祖所说默记于心。天一亮,就把梦中之事告诉苏廷玉。苏廷玉再次升堂提审,刘四宝又在屏后仔细倾听。苏廷玉仔细询问李氏从娘家返回婆家的经过:"堂下女犯,把回婆家过程详细说来,不得有半句谎言。"李氏所说和原来的一句无误。苏廷玉立即传令让两位轿夫前来核实情况,两位轿夫一到公堂,所言与李氏口供一致。

苏廷玉随即心有所思地叫来衙役,打轿直奔那大古墓现场实地观察。古墓墓碑布满金黄色石苔,看起来是一块风水宝地,至少有几个一品大员,但大古墓的周围阴森森的,令人看了凉透手心,汗不敢出,苏廷玉深感其中必有蹊跷!苏廷玉返回府衙,一面把情形告诉刘四宝,一面差衙役摸清古墓的后人情况。知道大古墓里葬着的是山东一个数一数二的望族的先人,当今有十几个族人在朝为官,不可随便挖开。苏廷玉反复思考当前案情与苏夫人所梦妈祖说辞,心中渐渐有数。于是召集古墓所属族主商议,把古墓内有僵尸作怪吃人的情况说明。

族主们哪会相信苏廷玉的话,更何况古墓乃是该族的一处风水宝地,他们依仗朝中有人,哪肯随便答应苏廷玉挖掘古墓。苏廷玉不怕丢掉乌纱帽,不怕抛头颅,当场说:"若没掘出僵尸,愿受朝廷削职查办。"族主们只好答应下来,共同立下军令状。

第二天,苏廷玉即张贴告示,择定第三天破墓"审僵尸",告示一出,庶民互相转告。第三天拂晓,百姓感觉这是一起"奇案",近乡邻里上千都人怀着好奇心前来看苏大人审僵尸,把整个古墓围挤得水泄不通。

　　苏廷玉在古墓前设置一坛，上香案桌，道坛一边坐着邻里的乡绅，一边坐着古墓的族主们，兵将四周排列，苏廷玉坐镇指挥。时刻一到，苏廷玉朱笔一挥，衙役们开始挖墓。等到古墓挖开，他把朱笔投进墓坑，令人把铜针钉在棺材板上，一声"开棺"，一阵怪声夹着一道青光冲天而起，使人听后心惊胆战。苏廷玉急令泼上黑狗血，打开棺盖，发现棺内一具僵尸，棺内四周摆满九十九颗骷髅。苏廷玉叫来李氏辨认，其中就有李氏丈夫的头颅。

　　大家都捏了一把汗，观看苏廷玉审僵尸的人群直到此时才松了一口气，一致赞扬苏大人审奇案，为民除了一大害。古墓的族主们看到此情景，一个个灰溜溜地走了。

　　古墓一开，真相大白于天下，一场"通奸谋杀亲夫"的奇案终于审结。从此，苏廷玉审僵尸的故事在民间广为流传。

今年吃苦菜，明年出许獬

许振之在平林当私塾先生。有一年，快到年关了，他收完束脩，到天色暗下来才回转家门，半路上遇到一家母子三人，左拥右抱，哭得很凄切。母亲牵着一男一女两个孩子，肚子里好像还有一个，站在山坡上，有魂无体，就像稻草人，正准备投潭自杀。许振之担心有什么不测，便走近想问个清楚。

孩子的母亲边哭边诉说着自己的不幸，丈夫出洋捕鱼不幸身亡，一个女人哪怕一天从早到晚当牛做马，拉车推磨，拼死拼活，要抚养这群孩子，甚是艰难，故向村里的富户借钱。大年除夕来临，富户天天上门催债要钱，哪有钱还给人家，只好一家人关起门来过年……

原来，廿九日夜晚，孩子的母亲为了讨个吉利，打趣地称熟煮的菜头为白肉，金瓜为赤肉。① 她夹起南瓜放在孩子的碗里说："心肝囝，即块赤肉卡甜互汝吃。"她自己夹起淡而无味的菜头，边吃边说："即块白肉互娘吃。"恰巧债主来到门外，正因银两未还又来讨债，听到一家子关在屋里，谈论这白肉那赤肉的，顿时怒气冲天破门而入说："哇！欠人家的钱没还，还有钱买赤肉、白肉来子吃母笑！"不管她如何向债主解释，还揭开锅指着锅里正在煮的东西让债主看，债主看了就是不信；指天发誓，债主还是不信，说她是吃在肚

---

① 菜头（cài táo）：球菜。白肉（běi và）：肥肉。金瓜（gīm gūe）：南瓜。赤肉（qià và）：瘦肉。

子里了还"空口说白贼话"。她不堪忍受债主百般羞辱,顿感命运悲惨,委屈地牵着两个孩子冲出门,母子三个人四条命正想……

原来如此,许振之听完他们母子三人悲惨身世,不顾家里正等着钱买年货,遂将三百多束脩钱倾囊而出,全给他们母子,说:"这些钱,你们拿去还债,剩下的正月初一置办些年货拜拜祖。"母子三人得到许振之的仗义相助,连忙下跪,打消自杀的念头。

束脩钱是要拿回家里贴补家用,置办年货的,结果都救济别人了,许振之一路走来也觉无可奈何。回家路上,他看到山上许多野生的苦菜、山菜,想想这些野菜都可以用来充饥,遂摘了一些带回家中。妻子在家中盼着丈夫早点回来,看到许振之带回来一大把野菜,接过野菜也没说什么,下厨洗净煮熟。夫妻俩吃着苦菜年夜饭,苦笑着,忽然听到从墙壁里传来一个声音,说:"今年吃苦菜,明年出许獬。汝子出生后取此名,将来必成大器。"许振之一时也摸不着头脑。

过了一年,许振之的妻子果真生了一个儿子,一看就知道是调皮的孩子。该给儿子取个什么名字呢?许振之是一个设馆授业的人,又想起去年除夕墙壁中传出的话语,给儿子取名自然难不倒他,暂且取名"行周",希望孩子今后文章冠天下,走遍中原无敌手;等孩子长大入庠,再改名许獬。獬是古代传说中的异兽,能辨曲直,看到有人争斗相持不下,就会用角抵触佞人。多好的名字,神仙的旨意一点没错。

题词解气

一天,许獬独出远门,由于路途遥远,金乌西沉,夜幕降临,许獬准备借宿过夜,他来到不远处的一间小客栈,只见客栈早已打烊。许獬敲开店门,正想说明来意。掌柜见他身材矮小,皮肤黝黑,衣服破旧,便回道"本店已无床位,请客官另择他宿",说完就要关上店门。许獬明白其意,连忙抵住店门欲说:"此处就你一间客栈,到哪里另择他宿? 你分明是故意推辞。"但一心想,过了这村,就没有那店,只好央求掌柜行个方便。

"本店已无多余床位,客官若是不信,请跟我来。"掌柜把许獬带到一间灶房不屑地道,"你要住的话只剩灶房一间,长椅作床。不过明日银两可是分文不能少的。"

许獬摸着肚子说:"掌柜的,灶脚不要紧,晚餐是否也行个方便。"①

掌柜打着哈欠,不耐烦地说:"你没见到本店早已打烊,哪有闲工夫再为你另起炉灶?"许獬忍着饥饿,依然点头称谢。

当晚,灶房里的灯台闪着萤火虫般的幽光,许獬独自一人在昏暗的灶房里,模糊中只见四条四脚长椅,高矮不一,黑漆漆的墙壁,脏兮兮的灶台,一个缺角的黑锅,锅上放一

---

① 灶脚(zào kāi):厨房。

把海鲎壳制成的水勺,灶台旁母鸡正孵着一窝蛋,屋角一个小口陶瓮盛着半瓮的清水,蚊子成群在头顶上嗡嗡叫。许獬把四条长椅拼在一起,试着侧身躺下,椅面高低不平,椅脚长短不齐,摇来晃去,蚊子在耳边做伴,哪里睡得着觉。许獬一忽儿坐起来,一忽儿躺下去,越动肚子越饿,越动越难入眠,越想心火越旺:"吾堂堂许獬,掌柜竟如此待我。"

四更时分,仍不能入睡,许獬哈欠连连,饥肠辘辘,既然睡不着觉,索性不睡了。许獬计上心来,便把鸡窝里的蛋取出放入锅里,几把火煮熟吃了,拿起开水中烫热的鲎壳勺,塞入小口陶瓮,把灶脚的秤砣放入锅里,盖上锅盖。此时已是鸡鸣五更,他带上行李悄悄开门走出客栈,见到门口一棵葡萄,顺手拔掉。越想越不解气,随手拾起一块瓦片,在墙上写道:"日出葡萄焦,鸡母孵双脚。秤砣鼎里涮,鲎梯瓮内拉。"①落款说:"吾许獬从未睡过眠床十六脚!"②

天亮了,老板开门看到葡萄被连根拔起,正想发脾气开口大骂,回头一看墙壁上洋洋洒洒地写着十几个字,仔细一读,惊得目瞪口呆,大呼不好,原来是许獬许老爷路过,真是有眼不识泰山。往后不要再狗眼看人低,来者是客,来者是客!

---

①日出葡萄焦,鸡母孵双脚。秤砣鼎里涮,鲎梯瓮内拉(rìd cùd pǔ dó dā,guē vò bǔ sāng kā,qìn dó dniá lǎi sà,hǎo hiā àng lǎi lā):太阳出来后葡萄枯了,活不了了;母鸡没蛋孵,孵的是自己的双脚。秤砣放在锅里煮着,白费柴火;鲎壳勺在瓮里任你怎么拉也拉不出来。

②眠床(mǐn cńg):床铺。

智斗陈森

话说当年,由于许獬声名远播,声誉传到江西才子陈森的耳里。陈森自恃才高八斗,学富五车,无人能敌,偏偏金门的许獬如此碍手碍脚,非常不服,因此,决定南下与许獬比个高低。他先派人到福建下比帖,便准备行程。

许獬接帖后,脸不改色,心不慌,照样读他的书,做他该做的事。这边江西才子陈森装了满满一车古籍,带了家丁、书童、文房四宝,进入汀州后风尘仆仆地向南而行。他们日行夜宿,不到一月便来到福建同安。陈森是内陆人,不知潮汛,到金门必须搭渡船,当天刚好退潮,他们便借宿澳头村。第二天,趁潮水涨潮,命家丁忙把书籍、文房四宝一一搬上渡船准备过海到金门与许獬比试。

当渡船行驶到金门近海的时候,海水又已退潮,渡船无法靠岸,只好抛锚。陈森是读书人,尖脚幼手不熟悉海地行走,只好留于船上等海水再次涨潮。这时,有一个头戴破斗笠,身背鱼篓,手握锄头的讨海人①,满身泥巴,衣服破烂,裤脚卷得一高一低,慢慢地向陈森搭乘的船只走来。

陈森看到有人走来,便命家丁向其打听许獬的消息。家丁大声说:"讨海的!我们是从江西省来的,吾家老爷是江南才子陈森,要到金门与许獬比试,请问何时水涨能开

---

① 讨海人(tō hái láng):于海边捕鱼为生的人。

船?"讨海的装聋作哑慢慢靠上船来并准备上船,家丁看他一身泥巴脏兮兮的,根本不像个人,忙阻止其上船。讨海人手脚伶俐,一下子连泥带水跃上船,坐于船舷,开口说道:"江西有什么才子敢来与许老爷比试?"陈森听后心里十分受气,但人在他乡,不敢随便使威风,出口便道:"江西一片铁!"只听讨海人回道:"福建火炉热!"陈森闻言一怔,如此讨海人也能对答如流,话中带刺? 这边讨海人装模作样,顺手拿起船上书本乱翻几下,白几眼,就把书本扔到海里。家丁大惊,忙上前阻挡,可已被讨海人扔下十几本书了。

陈森急得暴跳大呼:"罢了,罢了! 秀才遇到兵! 秀才遇到兵!"

讨海人轻蔑地答道:"呵呵,呵呵! 有理讲得清! 有理讲得清!"

"这些书都是好书,是我专程带到金门与许狮比试,千万不能丢也!"陈森指着讨海人一脸怒气地说道。

讨海人却嬉皮笑脸地答道:"这些书粗浅通俗、枯燥乏味,如家常便饭! 吾可背给你听!"

陈森见状忙问:"你是什么人?"讨海的答道:"我是讨海人!"

陈森又问:"你知道金门许狮这个人?"讨海人答道:"吾乃许先生的门生!"

陈森一听他是许狮的学生,心中一惊,小小的一个讨海人,竟然如此口齿伶俐,才高气傲,万一真的碰上许狮本人,难免终会输得颜面全无,自讨没趣,不如走为上策,还是不见的好。

这时,潮水渐涨,陈森灰心丧气,便命船夫掉头回岸。殊不知,讨海人就是大名鼎鼎、名震京师的许狮其人也!

芊叶先祖

以前,翔安一带经常会遇到这样的事,哪一家大兴土木,奠基,上梁,都会引起乡里人的兴趣。泥水师傅在工地施工时,往往有许多闲人观看,甚至指手画脚,评头论足。泥水师傅们都不以为然,因为他们是外行看内行,根本看不出什么门道,不过是随口说说,借以打趣而已。但闲人也各有千秋,有的只是随便说说而已,有的则是平时看得多了,结合自己的一点知识也能总结出一套经验,活学活用,所谓"当局者迷,旁观者清"。更可怕的是那些站着默默无闻地旁观的人,正是:"会的激跐跐,鲙的嘈嘈念。"①从他们口中挤出的话,往往让人佩服得五体投地,其中就有一个是拾粪的老头。

闽南古厝历史悠久,暂且不去谈论它那严密的尺白寸白、严格的坐山兼向、多变的燕尾马鞍,只谈泥水师傅营造古厝时砌墙的基本功,一堵墙要砌好,光靠眼力是不行的,离不开特制的工具,如抹刀、灰匙、墨斗、鲁班尺,其中,有一种工具是每个泥水师傅必备之物。这种工具看似平平常常,也不用专门定制,有时忘了带到工地,随时随地都可以临时制造,这种工具俗称"坠绳",一条丝线一头绑个稍重的物件,这稍重的物件,秤砣可以,小石块也可以,只要有点份

---

① 会的激跐跐,鲙的嘈嘈念。(wê ê gìr diám diám,vué ê cǎo cǎo liám):懂的缄口不语,不懂的却装懂胡说八道。

量就行。这种不起眼的工具,有的说是鲁班发明的,因为鲁班是炎黄子孙中顶呱呱的人物,两千多年前,他就发明了许多工具,成为木匠师傅顶礼膜拜的鼻祖。鲁班先祖的名气大,木匠、泥水匠等使用的工具大都由他发明。

话说回来,几千年前先民发现石块、树木、泥土混合运用能建造出房屋时,就出现了一些无师自通的泥水师傅。泥水活不是高精尖的技术活,不像司南(古代辨别方向用的仪器)、火药、造纸术那样,旁观的闲人说不定不知不觉地成为泥水师傅。有一次,一个泥水师在砌墙过程中,每砌到一定高度时,整堵墙就开始弯弯曲曲、东倒西歪,拆了重建,建了重拆,干了一整天,拆来建去都搞不成。这时,有一个头戴芋叶,手拿粪筐的老翁,驻足观看了很久。泥水师急得满头大汗,一直提摸不透到底是什么原理。一堵墙都砌不好,还能造出一座房屋?旁观者也开始你一言,我一语的。这时,老翁开口了:"何不用一条细绳一头拴个小石块,吊于空中,等绳子垂直平稳后,顺着直线砌墙就行了。"说完,不声不响又捡他的猪粪去了。泥水师傅听他一指点,心有灵犀一点通,觉得挺有道理,立即取来绳子与石块,按照说法马上砌墙,果不其然,垂直方正的墙体一下砌成了。旁观者开始夸耀起来,都说老师傅能触类旁通,及时总结经验,不用多久肯定能成为一个功夫老到的师傅。他们纷纷问起泥水师的闭门师傅,泥水师傅这才回过神来,想看看指点的老翁是谁,只见捡猪粪的老翁头戴芋叶,渐渐远去。泥水师傅急中生智,便对围观的人说:"吾师傅名叫芋叶!"

从此,泥水师傅奉祭"芋叶"为始祖,认定"坠绳"为芋叶所发明。坠绳得到普遍的应用,直到现代仍然是建筑业不可缺少的。闽南古厝的建造过程中有一营造仪式：泥水、木匠师傅们都要顶礼呼请先祖之神："东门开，西门开。寻龙芋叶先祖到此来，鲁班先祖到此来。"

今年嘉庆，明年郭印

　　清朝嘉庆年间，后村三房有一名武艺高强的拳师，名叫郭印。郭印年轻时，家境贫困，常受其他大家族子弟的欺负，于是到外地偷偷学武。

　　几年后，郭印回到后村，平时深居简出，后村人从来没看到过他家宅院门打开过，乡里人在街头巷尾议论着，郭印这人到底怎么了，几年不见，回到村里变得如此反常。郭印虽有所闻，但依旧我行我素，就当没听见一般。乡里人却不放过他，几个年轻人怀着好奇心，偷偷地注意郭印的行踪。

　　年轻人相约五更起床，蹑手蹑脚地来到郭印的大厝旁边。一会儿，只见一个黑影从院子里纵身飞了出来，转眼消失得无影无踪。一个年轻人正想开口大喊，被蹲于一旁的同伴捂住嘴。几声鸡啼，东方拂晓，年轻人看到远处走来一个黑影，两手侧举，提着圆柱形的桶状物，来到郭印院门前，两脚轻轻一点宛如飞鸟般离地而起飘落在院子里。年轻人看清了，此人正是郭印，他提水飞入院里，一滴水也没溅在地上。年轻人明白了，相约爬墙进入郭印家中，不约而同双膝跪下："郭印叔，收下我们这几个徒弟吧！"

　　郭印看了几个晚辈，语重心长地说："学这门功夫不好，大家还是回去干点农活，下海捕点鱼补贴家用，安安稳稳地过一辈子。最起码哼哼大曲也可陶冶心情。跟我学这些，没用的！"郭印扶起年轻人，把他们哄出家门，又关门做他的功课。此后，郭印还是为人低调，从不炫耀武功。

有一天,郭印到外村办事,因一点琐事与人发生口角,外村人倚仗人多势众,二十几个青年拿着扁担围了过来。郭印徒手站着,等着扁担横扫过来,两手一抄,二十几根扁担一下子到了他的手里。郭印放下扁担,年轻人连忙跪地求饶。

郭印不喜应酬,但有时也免不了要到外地办点事儿。一次,郭印准备到大嶝岛去,来到海边,此时正在涨潮,渡船还不能行驶。郭印因有急事,迫不及待地抓起地上的几块瓦片,往海面上打水漂,顺势用脚尖轻点水面瓦片,只几个回合就跳到对岸的大嶝岛上。这一招水上漂功夫惹得岸上等船的人看得目瞪口呆,交相拍手称赞。人怕出名猪怕壮,后村郭印武功不得了的消息传得神乎其神。郭印的名声传遍闽南各地。这消息在泉州府闻名遐迩,绰号叫"铁观音"的武馆拳师听在耳朵里,浑身难受,心里很不服气。

"铁观音"带上一帮徒弟,从泉州府赶到同安翔风里后村地界,找到郭印家里,说明来意:"郭师傅——想不到你整天待在家里,名声却传到泉州府,传遍八闽大地。"

"这位师傅,光临寒舍,有何指教?"郭印回道。

"不要说什么指教","铁观音"两眼瞪着郭印大厝的灯梁,不屑一顾地说:"敝人在府城名气不大,也开了一间武馆,同行赐名'铁观音',今天是特意找郭师傅切磋切磋来的!"

郭印回答道:"在下初识几招,路上防身而已,也没经过高人指点,从不想与人比试,师傅请回吧!"

"铁观音"说:"郭师傅难道就怕了我不成?我从泉州府来到贵地,不了一下心愿,我怎好打道回府?"

郭印道："既然如此,请跟我来。"

一行人来到郭氏家庙,郭印说:"师傅是来切磋技艺的,得请几个见证人,以后好说话。"

"铁观音"回答道:"理当如此。"

郭印吩咐乡人,请来族中长老,在家庙里四点金步柱旁站定说:"我们该怎么比试呢?"

"铁观音":"就凭郭师傅安排。"

郭印指着步柱说:"我们过招伤了对方不好,只要师傅能把这根步柱推开一步,就是我能把步柱挪回原位,也算我输,怎样?"

一根步柱支撑着家庙屋顶,少说也承受几万斤重量,这招比拼的是内功。再说推开容易,挪回难,郭印并不想占"铁观音"的便宜。

"铁观音"用手拍了拍步柱,抬头看了看屋顶,说:"郭师傅先来!"

只见郭印站稳马步,气沉丹田,两手往前一推,步柱挪动一尺。郭印又走近步柱,俯身夹住步柱双手抓紧一提,步柱离地一寸,恢复原位。一眨眼工夫,把"铁观音"看得呆若木鸡,灰溜溜地回泉州去了。

赫赫有名的泉州第一拳师"铁观音"败在乡下青年郭印脚下后,名声一落千丈,新收的徒弟也纷纷卷起铺盖走人,越来越少,门可罗雀。郭印却名声大振,许多人想上门拜师学艺。"铁观音"怀恨在心,从此不肯善罢甘休。

有一天,郭印来到泉州府办事,正好被"铁观音"撞见。"铁观音"抓住郭印所坐的轿子,问:"郭印!你今天是想生,还是想死?"

郭印问："生是如何，死又是如何？"

"要想生的话，就乖乖下轿，当着众人的面下跪服输。""铁观音"说："想死的话，今天就是你的死期，我要把你碎尸万段。"

郭印礼让三先，"铁观音"步步紧迫，两人大打出手。"铁观音"也不是平庸之辈，只见郭印飞身一脚蹬上旗杆石一个金鸡独立，"铁观音"侧身一个扫堂腿，旗杆石断成两截；郭印几个筋斗躲过铁腿，靠门前石狮一字马坐定，"铁观音"虎步熊抓五爪下扣，门边的青石狮发髻被抠下五个。一场恶斗从大街打到小巷，从小巷打到广场，从中午打到黄昏。"铁观音"怒血沸腾，招招狠毒，郭印步步礼让，虚晃接招。毕竟"铁观音"年纪较大，力气不支，吐血倒地，一命呜呼。说是郭印年轻气盛，连出狠招，置之于死地。郭印对他是一根指头也没碰过，他站在当地一动不动，一人做事一人当。"铁观音"的徒弟看到师傅命赴黄泉，赶紧报告官府。郭印在地牢里等着清官明断。

"铁观音"的徒弟一心想替师傅报仇，花钱买通官府，一条毒计在他们之中酝酿出来了。一天晚上，他们趁更深人静，偷偷在泉州城的街道上，用蜜水写着"今年嘉庆，明年郭印"。成群结队的蚂蚁聚集而来，吮吸着地上的蜜水。第二天早上，人们看到街道上蚂蚁排字的奇观，奔走相告，议论纷纷。官府知道了，一纸奏折呈上宫廷，说郭印武功高强，蓄意谋反，有天意警示。郭印喊冤叫屈，官府腐败贪钱，岂容申冤，郭印被定了秋后问斩。

刽子手举起大刀砍向郭印的脖子，刀口卷了，端起钢枪刺向郭印的身体，钢枪弯了，郭印真是铜身铁骨。郭印自知官府腐败,回天无力,指着自己的喉穴明明白白地对着刽子手说:"朝这里来吧!"可惜一名武艺高强的好汉就这样断送在腐败贪官的手中。

古风遗训

翔安

八闽大地，翔安山川。

金嶝渔火，大帽炊烟。

为人规矩，处事方圆。

牵诗拔调，布局谋篇。

何必街头巷语，任其邻里方言。

古韵乡音萦绕，民风俚语缠绵。

渔民保家战海盗

同安东界翔风里十三都靠近港口的凸出海岸风光明媚，与厦门曾厝垵一水之隔，更显得秋高气爽。在此安家立业、繁衍生息的刘姓族群以讨海为生。随着商贾的崛起，该地逐渐由小渔村发展成为小集镇，小镇刘氏大户人家开了五间店铺，故把村子命名为"刘五店"。

后来小集镇初步繁荣，高姓等族民陆续迁入这个海滨集镇，人口发展到两千多人。刘五店壮丁不及千人，但与周围社里十三保连结则有万人之众。平时出海捕鱼，闲时纠集一起操习团练。

明朝中期，东南沿海海盗横行，同安滨海，独当其冲。翔安沿海黎民被毒甚惨，刘五店等地渔民纷纷起来抗争，共同抵御外侮，驱逐海盗。

明天启二年（1622），荷兰人侵占澎湖，许心素和李旦成了海商兼海盗的代表人物，李旦是郑芝龙的义父。李旦死后，郑芝龙接过他的衣钵。后来，郑芝龙、杨策、杨禄、李魁奇、钟斌等海盗纷纷被朝廷招抚，但他们反复无常，时而为官兵，时而为海盗。大寇不再横行海面，但小寇三五成群地在海面上洗劫，渔民深受其害。

明天启七年（1627），刘五店四只小渔船趁风平浪静之机，前往古宁大洋。四只渔船作两对正拉网捕鱼，突然附近海盗船聚集而来，围住小渔船，有的强抢渔民的海获，有的跳上渔船割断渔网。刘五店四只渔船奋力脱围,还是被海盗掳去一只,另外三只渔船急忙张满风帆,赶回刘五店禀报情况。

次日,在刘五店澳长高大藩的主持下,汇集五六十个身强体壮的渔民,分乘三条渔船,假扮作客船,行驶到海盗出没的古宁大洋中。不多时,海盗发现三条客船,就驾着四只小艇从两侧包抄过来,用铁钩将客船钩住,毫无警惕地正准备上船行劫。此时,预先埋伏于渔船中的刘五店渔民齐声吆喝,手执佩刀短枪,见贼就砍就戳。两艘贼艇见势头不妙,连忙掉头逃逸。另两艘贼艇上的海盗,被跳过来的渔民杀了个措手不及,杀死无数,其余的落水溺死。渔民顺手一把火把贼艇烧了。正在喧嚣之时,远处又有一艘帆船经过附近海域,船上宋辅国乃是郑芝龙老家的长老,这次从石井回来,远远看到贼艇燃烧时冒起的黑烟,以为遇上海盗。宋辅国张满船帆,乘风直冲过来。刘五店渔民以为逃跑的贼艇带同伙回来报复,不问青红皂白,并力格杀。此众彼寡,刘五店渔民将宋辅国等十五人杀了个干干净净。

刘五店渔民误杀了郑芝龙的人,自知郑芝龙肯定不会善罢甘休。当时同安各澳渔船,除了刘五店和石浔之外,其他都不成气候。能勇往直前,精锐强悍的,只有刘五店三十条渔船,七百多名壮丁,在海氛未靖的情况下,就是同安县府也很倚重他们。曹县令从中调和,一面要求郑芝龙不轻举妄动,不伺机率众报复;一面拘捕三四个带头的渔民,以塞郑芝龙之口,事情总算渐渐平息下来。不过,刘五店渔民这次剿贼,虽获全胜,但得罪了郑芝龙,刘五店渔民自知已成骑虎难下之势,不可坐以待毙,因此同心协力,斗志激昂。

敢在海滨聚族而居的人,没有一定的胆量是不行的。

自从刘五店渔民烧了海盗的两条小艇，海盗对刘五店人恨之入骨。有一次，海盗偷偷登岸袭击刘五店，把靠近海边的渔民小屋烧了数十间。刘五店渔民海螺双吹，鸣锣报警，在家的渔民纷纷拿起刀枪，拼力抵抗。虽然杀死海盗数十人，其余的都往海上逃亡去了，但刘五店渔民负伤的也很多。刘五店渔民想全歼海盗是不可能的，但坚守海岸还是可以的，海盗一时也不敢深入内地掠夺。

明崇祯二年（1629），李魁奇又叛逃海上，抢夺一百来条大小船只，停泊在中左所（厦门）外校场，招兵买马，聚集海盗三千余人。郑芝龙为了与李魁奇、钟斌抗争，从刘五店前往石井老家招募乡兵，虽得数百名，但与李魁奇兵力相比，仍处于劣势。有一天，郑芝龙特地来到刘五店，封了二十两银子与刘五店澳长高大藩，要招募乡兵五百名。高大藩对郑芝龙说："只要我们尽弃前嫌，你们真的能够在海上发愤剿贼，我们澳民也不会袖手旁观，自当相助一阵，要这二十两银子干什么？"郑芝龙相当感激，有刘五店渔民同心相助，胆气更壮了。

十二月初三日，曹县令亲自来到刘五店，找澳长高大藩和澳总许克俊商议再三。许克俊说："刘五店渔民壮丁近千人，但只能从中挑选精兵六百，其余也需预留在家守护；舟船可征集三十余只，最大的渔船也只能装载三百石左右。虽然渔船不大，但在海面上行驶起来轻捷便利，穿插于千石的贼船之间，寻机攻击，灵活机动，也能势不可当。"曹县令当即同意刘五店调发渔船三十只、壮丁五百名，给以十日粮食，每人每日发给三分银两，协助郑芝龙出海剿贼，以壮声势。

澳长高大藩序编哨队甲伍，汇造花名文册，以林芳船为中军,许克俊船为副军,高方岳船为总督,刘亦富、高奇显、童志敬等船十五只为冲锋。一只牵头船管船四只,同时出海,同时归帆。每逢遇到海贼,同心协力围剿;遇到风平浪静,共同采捕渔获,形成固定规则。

十二月十三日,李魁奇战败南下。他志在必报,把贼众聚集于大乌船之中,烧掉所有小船,有破釜沉舟之势,以图必胜。李魁奇的大乌船外有四层防护:一层破网,一层生牛皮,一层湿絮被,船的四周悬挂水瓮,铳打不进,火烧不着,而且比郑芝龙兵船高丈余,和刘五店的小渔船相比来说,更是"大巫见小巫",占尽了兵船上的优势。

十二月十八日,许克俊亲督童志敬等船二十一只,同社首黄汝默等哨队、壮丁五百余名,协剿海盗。下午六时左右,船队行至青崎澳抛锚停泊。十九日凌晨五时,船队齐出烈屿城角,正好遇到郑芝龙船队南下,许克俊率领众渔船跟在后面。中午时分,在镇海洋遇到贼船二百余只,郑芝龙兵船和许克俊渔船对贼船发起两面夹攻,火铳和石块如暴风骤雨般地打向贼船,海盗大败。这一战,共擒获贼船四十余只,撞沉八十余只,郑芝龙兵船于六时鸣锣收兵进驻镇海澳。许克俊等渔船一边战斗,一边追逐海盗船只,攻围大贼船,交战百来回合,生擒海盗五十一名。群贼望风逃窜,趁夜色不知去向。刘五店渔船被撞伤,渔民曾好仔、高一龙及舵工李仰怀等十余人受伤,其中舵工老尤三遍身受伤,于二十一日身故。

本来渔民不想战争,是海贼弱肉强食使然。刘五店渔民保卫家园,就凭小小渔船打得李魁奇落花流水,这个功不可没的真实故事,在翔安大地上留下灿烂辉煌的回忆。

饲爸相挨推①,饲母顿顿算

远古老人谆谆告诫人间百姓"百善孝为先",羊有跪乳之恩,牛有舔犊之情。父母是生命之本,人生于世,长于世,源于父母,是父母给予我们生命,是父母辛勤地养育着我们,每一个人都是在父母的悉心关怀、百般呵护和辛苦抚养下长大的。在人的一生中,对自己恩情最深的莫过于父母,所以说,感恩父母,孝敬父母是人之常情,是天经地义的中华民族美德。

历史上有很多孝敬父母的美谈,有董永卖身葬父,也有马巷城场林化衷割肉疗父(其父病三年,其守护在侧,及父病危,割自己大腿肉为药引,治愈父病)的美行……父母儿女亲情是人类最原始、最本能的情感。但在现实生活中,却有不少人丧失良知,把这种美德置之度外。有的人成家立业后,自己住新楼房,却让父母住茅草屋,父母衣食住行,几个子女也"踢皮球";对待父母,有的子女不是敬老,反而"啃老";有的视父母为保姆,恨不得把老人最后的油水榨干;有的把父母当累赘,甚至把老人赶出家门,四处乞讨流浪。

"一样米饲百样人",闽南人常说"饲子无算饭,饲鸡无

---

①挨推(wēi tē):推卸责任。

算糠,饲爸母顿顿算"①。

从前,翔安一个古老的小山村有一对夫妇,生了两个男丁,一个叫王抔,一个叫王明。夫妇俩把这两个儿子视如宝贝,取的名也很有深意,王抔的"抔",不是不要的"不",而是"抔"②,与闽南语谐音,希望儿子路上遇到有用的都抔回家,揽回家;"明"字,当然是希望儿子聪明灵巧,样样走在人前。

父母含辛茹苦抚养他俩长大成人,各自成家立业,分房经营。老大王抔外出做生意,薄积厚发,娶了老婆,又在村西自建房子,一直拼命赚钱,生怕饿着老婆,冻坏儿子,却从来不把老父母在老厝辛苦过日子这件事放在心里。老二王明在家耕田种地,继承一点田亩,摸黑起早,苦心耕耘,厚积薄发,也五谷丰登。

人总有年老的一天,父亲未老先衰,年末五十就已体弱多病,臃肿的老脸上青一块白一块,眼睑下垂,无精打采,走起路来瑟瑟发抖,经常东跌西倒。有一天,邻居四婶婆跑到老大王抔的家门外喊着:"王抔啊,汝爹跌倒在旱厕边爬不起来了。"王抔夫妻俩正在屋里忙着印金纸,王抔对妻子说:"快到地里叫老二回来!"妻子也忙着往地里赶,王抔依旧印着金纸——这个钱不能少赚啊!

"老二啊!阿爹在旱厕边跌倒了,快回去把他扶起来。"

王明心想,老父跌倒了,你跑到地里叫我,难道你们在

---

①饲子无算饭,饲鸡无算糠,饲爸母顿顿算(qǐ gnià vǒ sòng bng, qǐ gue vǒ sòng kng, qǐ beǐ vò dòng dòng sǒng):食是自吃,饲是被喂。父母养育儿女不论饭量的多少,总希望孩子多吃一点,快快长大。养鸡也是如此。但反过来,孩子长大成家立业了,赡养父母却是斤斤计较了。

②抔(bùd):聚集捡拾。"抔""不"闽南语同音。

村里比我远吗？心里虽然这样想，王明还是放下手中的活赶回村里，只见老父亲匍匐在左、右、前三口旱厕的中间，兄嫂又回家里忙印她的金纸去了。

"阿爸，汝怎跑到遮坐着。"王明边搀起父亲边问。

老父有气无力地说："我本想上厕所，走到即位，走……走不动了，只好先……先坐了下来。"

王明说："以后要多注意点。"

王父说："早死早盖活，汝看汝兄汝嫂即阵子，佫……佫仵厝里做自己的功课。"

"阮兄伊怕折寿，"王明说，"伊苂损重，是故意唔来扶汝的。"①

翔安有个丧天良的说法，老人摔倒了，要让他自己爬起来，否则的话对晚辈不利。王父摇着奆拉的脑袋，脖子瘦得如洋麻杆："即孽子啊……"

眼看王父是越来越不行了，王母对王明说："汝老爸看来不久了，嘛要用伊请个郎中。"

王明正想上王抔家商议，路上正好遇到："老大，是唔是甲阿爸找个郎中看觑？"王抔不好声色地回道："即种代志汝袂晓做，佫要来问阮？"请郎中的事这样搁浅了。过不了几天，王父呜呼哀哉。

王抔终于等到了这一天，老爸不在，长兄是父，你王明从今以后什么都要听我的。兄弟俩身着斩衰守在灵堂里，地理先生来了，王抔对王明说："汝守灵堂，我和先生上山相相风水。"

---

①苂损(kiàn sòng)：忌讳、禁忌。

到了出殡的日子,王抔的妻子特地向瞒姨①请教:"出山即日,呣互王抔举孝杖好吗?"②瞒姨说:"好!好!好!"

"呣互王抔举幢幡好吗?"瞒姨又说:"好!好!好!"

兄弟俩把老父草草安葬,王抔执行起长兄为父的权利。

几年过去了,有一次,老母生病卧床,独处老厝厅边,不仅身边无人侍奉,而且直到晚上九点半,王明才端半碗麦糊过来③,对老母说:"阮哥远在西边,田里的半亩地,汝自己作自己食吧④!我真的无法甲汝一天三顿热饭食了。"说着把碗放在床边回头就走。老母听了忤逆子的牢骚话,从七架屋厅旁的小床上爬起来,哭泣地说:"天公祖啊,阴府囝仔個爸啊!我已经一日俗两顿没饭食了,逆子俗说出即种没良心的话。"

王明转身大步流星地走到老母跟前,用辩解的口气说:"哕什么哕!阮兄弟分家,说好了各自饲养汝半个月。上个月,一个月二十九日,阮兄说,汝跟我靠近,我先饲,我也没话说,直到第十六,汝俗吃我早粥,阮兄才饲汝,汝说我没良心;即个月是大月,一个月三十日,我俗饲汝十五日,阮兄也饲汝十五日,我不是要白白多饲汝一日?"老母泪如泉涌,喊天天不应,叫地地不灵:"不孝子啊!爸母饲子无算顿,子大饲母顿顿算啊……"

中华民族历来崇尚受恩不忘,知恩必报,这是做人的基

①瞒姨(muā yí):使用巫术的女人。

②出山(cùd sunā):出殡。

③麦糊(věi gô):经济困难时期,用小麦春粉做成的稀粥。

④自己作自己食(gái zòu gái jià):田地自己种,粮食自己吃。自己,两音快切(gái)。

本道德。一个人如果对给予自己生命和辛勤哺育自己长大的恩重如山的父母都不知报答,不知孝敬,那就丧失了人最基本的良心,更没有美德可言。试想,一个厚妻儿,薄父母者,还叫做人吗?

摘瓜揪藤①

　　清乾隆年间，泉州府马巷厅沿海一带有一个小渔村——小蔡村，只有十几户人家，乡里人口仅五十余人。其中一户蔡氏渔家，夫妻生育一个男丁，丈夫南渡新加坡谋生，找到一家帆布缝制厂打工，糊口度日，毕竟是海边出生的人，业务熟悉，很快得到老板的赏识，招其为女婿，从此杳无音信。

　　唐山小蔡村母子俩相依为命，一晃二十来年，好不容易挨到儿子长大成人结婚。然而天有不测风云，人有旦夕祸福。儿子完婚后不久，驾着一艘小船下海收割石蚝，不小心小船撞上暗礁沉入海底身亡。十八岁的媳妇成了寡妇，不幸中的万幸，媳妇已怀孕两个多月。

　　夏天的一个下午，小蔡村里的一位老伯挑着一担新鲜海蚝来到鸿渐山下的大黄村，村前村后、巷头巷尾叫买"蚝仔换番薯啰"②！大黄村里一位阿婶从巷头门内伸头往外问道："即位阿伯，番薯换蚝仔怎么换？"大伯急忙快步过来说："一斤蚝仔换十斤番薯。"买卖成交之后，老伯开口说："即位阿婶，能不能给口水喝？"从海边挑着一担海蚝到鸿渐山脚下，少说也有二十里路，老伯口渴极了，向阿婶讨杯水喝。

　　老伯一边喝水一边聊起新近发生的新鲜事，讲到前几天村里发生的沉船悲剧，不忍心再说下去了。

----

①摘瓜揪藤(màn guē qiǔ dín)：摘瓜时把藤拉过来弄清是哪条藤所生。
②番薯(ān zí)：地瓜。

　　阿婶差点落下眼泪，忙问老伯道："可怜啊！这对新婚夫妻，媳妇多大年纪了？"说着从前厅找来一条椅子让老伯坐下。老伯如实地说："年仅十八，刚结婚三个月，丈夫就遇难了。"说完，两人连连叹息。同情心人皆有之，阿婶又给老伯倒了一杯开水，想起自己儿子的现状，稍有疏忽，说不好是光棍一辈子。

　　阿婶询问着说："不知这婆媳俩做什么打算？我儿子标准身材，七尺男子汉，只是目不识丁，少言寡语，还没找到对象。"老伯明白阿婶的意思，又喝了口开水："刚发生不久，没人敢提这些。"

　　"你老人家回去后，跟她婆婆说说，既然她儿子短命，媳妇来匹配我儿子，媳妇年轻一朵花，不能让她插在赤土埔！再说，那姑娘虽然大我儿子两岁，没问题，人说'某大姐，富甲死'。"①

　　好像番薯换蚝仔那样，蔡家的媳妇不得已再嫁大黄村，七个月后就生了个胖男孩。黄家公公婆婆精心伺候媳妇，关爱孙儿。年轻的一对夫妇男耕女织，一家和睦相处，培育后代。

　　又是一个二十年后，黄家的孙子中了探花。小蔡村的婆婆六旬有二，孤寡一人，全靠堂孙照料，但生活有绪。有一天，小蔡村的老大伯又来到鸿渐山大黄村，这次到来，不是蚝仔换番薯。老大伯已年近古稀，带着孙子一路过来拜访，感谢当年的老客户。他爷孙俩一进大黄村，还没走近阿

————————

　　①某大姐，富甲死(vô duǎ jì,bù gà xì)：娶年龄比自己大的姑娘做老婆，姑娘较为懂事，能操持家庭，积累财富。

婶的大厝,就看到探花的邻居敲锣打鼓,奔走相告。今天肯定有喜事,不请自到的老大伯登上当年为之做媒的黄家大门。多年不见,探花母亲喜出望外,忙把老大伯迎进厅堂,以礼相待。言谈中,探花听母亲和老大伯谈及往事,心里开始有个解不开的结。

三天后,黄家探花出人头地,正准备前往家庙前竖旗杆,登宗祠,祭拜列祖列宗。本来定好卯时开始祭祖,但探花一直在家中的大厅徘徊,直到辰时才姗姗来迟。乡里老大看到他来了,说:"哎呀!良时已过,你怎么这个时候才来?"探花回道:"卯时未到,我正要迈出家门,邻居两户人家吵架,跑来请我为他们做个公道。听他们说来是:东家在院子的西南角种一株金瓜,藤蔓长到西家的院子里;西家也在自己院子的东南角种了一株金瓜,瓜藤也伸入东家院子里;两株金瓜藤缠在一起,长势茂盛,枝叶颜色仿佛,偏偏两株就只结了一个瓜果。两个户主争吵不休,我该怎么处理?"

乡里老大听了探花一番拜祖误时的解释后,若有所思,一位长老说:"哎呀!这个道理很简单,摘瓜揪藤,你懂吗?要摘这个瓜,首先要先揪藤,看根部在哪里,就知道是哪一家的了。"探花说:"多谢长辈指教!我是海边小蔡渔村的,家父不幸,我源于蔡氏,是蔡氏祖的后裔。我该先抵小蔡村祭祖,再来大黄村祭祖,摘瓜要揪藤,祭祖寻渊源。"

一时,"烦"字写在乡里老大的脸上。族长语重心长地说:"古人云:'生的靠一边,养的功劳卡大天。'①汝生在黄家,食在黄家,渔村蔡氏没有洗过你的尿布,山村黄氏一把

---

① 生的靠一边,养的功劳卡大天(xnī ê kò jìd bnī,ngiù ê gōng ló kà duǎ tnī):生身父母比不上养父母的奉献大。

屎一把尿拉扯你长大成人,功高如山,可别忘了你匾上铭记的是黄探花某某人。"大黄村的父老乡亲个个睁大眼睛看着他,探花双腿跪下祭拜黄氏祖先,随后回渔村祭拜列祖列宗,两美齐全。

清洁姑，碗扣屎①

从前，翔安一个偏僻的乡村居家王大妈就"人生来世，不单纯为了传宗接代，而是要教以养好子女"这一话题，说了一个令人开怀而又深有感触的故事。

乡里常说"小姑未嫁是第二大家，小叔未娶为第二大倌"②，说来一点儿也不假，新媳妇刚进门，什么都不熟悉，不敢大声说话，不敢大手大脚，天不亮就得起床，挑水，做饭，扫地。家务活自然是分内事，侍候公公婆婆必须恭恭敬敬，这是妇德，就是看到小叔、小姑任性无礼，大气也不敢出一口，就怕招人白眼。

相传，有一个姑娘出嫁，婆家有位既聪明又伶俐的小姑尖脚幼手的，整天在家里纺纱织布，讲究衣着打扮，有点洁癖。原本有时还要打打水，扫扫地，自从兄嫂进门，这类家务活，兄嫂都承包了。小姑从不把嫂嫂看在眼里，非但不感到轻松了很多，反而觉得自己聪明能干，自己言行举止样样超人，所以时时在父母面前对兄嫂说三道四的，不是说兄嫂地瓜刨不干净，就是说兄嫂做的都是夹生饭，或是这个菜太咸，那个菜太淡。大家都知道，地瓜就是刨得很干净了，只要放置片刻，表面马上会有一条条的黑痕，就是熟煮了也会

---

①清洁姑，碗扣屎（qīng kì gô，wnà kàrm sài）：干干净净的妇人，却用饭碗盖在屎上。指表面与实际不相吻合。

②大家（dā gê）：婆婆。大倌（dā gunā）：公公。

有这种现象;至于夹生饭,菜肴咸淡等指责,更是众口难调。

这些话嫂嫂都听在耳朵里,但都忍受,从来不与小姑计较,连小姑换下来衣服,都抢着洗,小姑就是不领情,还说什么洗不干净。自从兄嫂生了孩子,干起家务活似乎大不如前,小姑又是风言风语的。

公公婆婆升级了,看这新媳妇是一百个满意,对她疼爱有加。婆婆也分担起家务活了。

来年,小姑出嫁了,一年后生了个儿子。小姑初为人妇,初为人母,虽然仍旧保持在娘家爱干净的习惯,但人手不足,难免丢三落四的。一天,哥哥和嫂子结伴登门给小外甥做"度晬"①。夫妻俩早早来到小姑婆家的大九架古厝前,只见大门虚掩着,古厝里静悄悄的,不敢贸进。这时,邻居的一位婶婆看到了,急忙附在窗口大声叫起来:"你嫂子来了,快开门迎接! 来! 来! 来! 先到这里坐坐。"

小姑听到哥哥和嫂子前来的消息,霎时手忙脚乱,昨天婴儿一夜没睡好,害得自己日头晒到屁股了,还没起床。她连忙抱起儿子,走出房间,来到厅堂里,也来不及刷牙洗脸、梳妆打扮,就让儿子先躺在餐桌上,正想走过天井,打开大门,又听到孩子的哭闹声,回头一看儿子在餐桌上拉了一坨大便,这可如何是好? 小姑急中生智,连忙拿起桌上一个大碗,把儿子的大便盖起来。这一幕,嫂嫂透过门缝早已看得一清二楚,冲着古厝大声说:"清洁姑,碗扣屎。"

小姑打开大门:"阿兄、俺嫂,恁来了,多有得罪。"②说完低下头,惭愧得满脸通红。嫂嫂大步跨过天井,走向餐桌急

①度晬(dô zě):婴儿满一周岁。
②恁(lìn):你们。

忙帮着料理小外甥。从此,小姑明白了,父母虽然健在,对长兄、长嫂还是要尊敬的;建立一个美满幸福的家庭来之不易,做人不能过分挑剔,要多看到别人的长处。

卖某做大舅，生子叫俺舅

在马巷古镇，有一个生性好逸恶劳的年轻人，成家后，整天在街头巷尾吃、喝、嫖、赌。没几年，他就把祖宗遗留下来的殷实家业折腾个精光，搞得家庭穷困潦倒，整天勒紧裤腰带，仍旧东摇西逛。在走投无路的情形之下，他竟想出一个馊主意，一个家口两个人，两个人都饿着肚子，不如想个办法，两人都吃香喝辣的。他四处打听，得知街头杨员外正想纳个小妾，于是，他大喜过望，认为机不可失，时不再来，亲自登门拜访，毛遂自荐地在杨员外面前夸耀有个姑娘长得如何如花似玉，又是如何善解人意，把杨员外直说得心痒痒的。一回到家里，他又整天唤声叹气，背着双手在天井里踱来踱去。妻子看不下去了，忙问有何烦恼。他又装腔作势地说了一大堆，说什么妻子跟着自己，不能过上好日子，是多么的不幸；说什么要受罪也应该自己一个人受罪，不能让妻子跟着受罪；说什么照此下去，自己只有一死了之，把个妻子说得赔了不少眼泪。暗地里他却催促杨员外早点找媒人提亲，就连聘金也当面说好了。在媒人苦口婆心的不断说服和他用尽心机的努力下，妻子终于答应改嫁。改嫁那天，妻子想起两人自小青梅竹马，日子虽苦，只要夫妻恩恩爱爱也就胜似天仙了，想不到今天落到改嫁的地步，想完号啕大哭，哭完起轿改嫁去了。

这人放荡成性，捞到一笔聘金，又整天狗兄狗弟纠缠一起，直喝得天昏地暗。不久，聘金吃完喝完了，他就跑到杨员外家说自己是如何促成杨员外的好事，想讨个赏钱。次数多了，杨员外也听腻了，越来越觉得恶心，一听来人，便连忙传唤家人，闭门不见。在见不到杨员外的情况下，他整天就围着杨员外的十一架出步大六路双护厝转来转去。

有一天，他正好踮着脚尖朝杨员外家护厝厨房的窗户往里张望着，正好看到前妻围着兜巾忙碌着。他轻轻敲开旁门，一下子跪倒在前妻面前，哀求前妻救救自己，不巧被杨员外竖着耳朵听到了。杨员外冲过来说："大胆！什么人？"

前妻不敢明说，只好编了个故事说是自己的大哥。杨员外扶起他，高兴地说："认识很久了，倒不知是大舅子，罪过，罪过！"连忙吩咐下人茶酒侍候。杨员外大舅子长，大舅子短地以礼相待。

转眼，人家是"十月怀胎，一朝分娩"，杨员外好福气，娶过来的小妾，不到半年就为他生了个白胖小子。杨员外晚年得子，高兴得不得了，一时忘乎所以自不必细说。

几年后，杨员外的儿子已渐渐长大，开始呀呀学语。浪荡子自从与杨员外认了大舅子、妹夫关系后，手头紧了，就跑来找前妻要钱。这一天，他又来到杨员外家里，正好被儿子看见，问道："阿娘，这是谁？"杨员外蹀过来接口道："来，快叫汝俺舅！"

　　"鸡蛋密密也有缝"[1]，没几天，这件稀奇古怪的事就在古镇里传开了："卖某做大舅，生子叫俺舅。"[2]一时成了这个百年古镇闲人闲聊的笑柄。

---

　　[1]鸡蛋密密也有缝（guē lǐng vàd vàd ǎ wǔ pǎng）：表面上鸡蛋壳密闭，但也有气孔。比喻再隐秘的事情也会有人知道。若要人不知，除非己莫为。
　　[2]卖某做大舅，生子叫俺舅（vuě vô zuè duǎ gū，xnī gnià giǒ án gū）：卖了老婆做人家的大舅子，等到生了儿子反过来叫自己舅舅。

马蹄留香　嫁妆碍眼

　　时下，每当婚嫁，都喜欢讲排场，路上迎亲队伍有七八辆甚至十几辆轿车，在鞭炮的轰鸣声中缓缓行驶。新娘的嫁妆极尽奢华，什么家电啦，细软啦……都放在皮卡车上显耀着。大户人家嫁女，也有用轿车、房子做陪嫁的，轿车还好，可以堂皇地在马路上显摆①，这房子就是再小也不可能搬到车上，只好用大红纸写明，放于车上张扬。这时，路上行人都会驻足观赏，夸赞不止；就是路边摆摊的也会放下手中的活儿企首眺望；有幸住在新郎家附近的人，一看新娘子从轿车上下来，就会被一身金光闪闪的首饰直晃得头晕目眩。

　　马巷很久以前就是一座繁华的街市，四方做生意、赶集的人都起早聚集，马巷的马蹄酥也海内外闻名。当时，华侨下南洋都要带些马蹄酥馈赠亲朋好友，又因马蹄酥属燥热物品，内含饴糖，营养丰富，只稍用麻油炸过，就是新媳妇"坐月子"的上等补品，可见马蹄酥有多金贵。

　　马蹄酥，翔安人都称"香饼"，饼呈马蹄形。制作时，油、水分开和成面团，分成小块，两种小面团糅合一起摊成面片，内中包上花生末、饴糖，做成扁圆状贴在竖炉壁上烘烤。清代诗人就有人写诗赞美马蹄酥："乍经面起还留迹，不踏花蹄也自香。"

----

　　①显摆（hniā bnāi）：炫耀财富，显示阔气。

却说马巷街旁的一对贾姓夫妇有天正忙着在竖炉旁烤香饼,一炉炉香饼新鲜出炉供不应求,街路旁排着一长队顾客等着购买。这时,一队迎亲队伍敲锣打鼓地从街头招摇而来,原来今天是陈员外公子大喜的日子,只见新郎官骑着高头大马,胸戴大红花在前面,满面春风,后面跟着八抬红色大轿,轿后是十六担嫁妆。显然嫁妆很有分量,直把挑夫压得气喘吁吁,汗流满面,扁担弯曲颤动,嫁妆上下跳跃。

贾姓夫妇放下手中活儿,用羡慕的眼光盯着嫁妆。丈夫自言自语道:"这套嫁妆起码得值五百两银子!"

"不值! 顶多三百两银子。"他的喃喃自语被妻子听到了。

丈夫瞪了妻子一眼吼道:"就值五百两银子!"

"不值,最多四百两。"妻子虽然嘴硬,还是把嫁妆的价值提高了一百两。

"你这臭婆娘",丈夫顿时暴跳如雷,一把揪过妻子的头发往下按,举起拳来就打:"我说五百就五百,你敢跟我争?"

妻子双手护着头,哭泣着:"说值四百两也不行,那就值四百五十两吧!"

"不行!"丈夫接着暴打。一股烧焦味从竖炉里冒了出来。

周围顾客闻到香饼烧焦的味道,收回盯着嫁妆的双眼,被眼前的一幕弄糊涂了,好好的一对夫妇,活也不干,刚才只听到五百两、三百两的,怎么就突然打了起来?

大家明白了:"你们这对冤家啊,事不关己,倒是挺认真的。炉子里的香饼都焦了!"

贾姓男子停止殴打,愤愤不平地说:"一炉香饼烧焦了不打紧。这婆娘埋没了人家五十两银子,情理难容啊! 当时不嫌她嫁妆少,现今直顶嘴。"

兰桂联芳

　　大嶝田墘古厝大门上的字，从匾额到楹联，大多出自《郑氏族谱》，或与《郑氏族谱》有紧密联系，且寓意深远。从文句到书法，再到雕刻，三种传统文化艺术在闽南古厝的镜面上巧妙融合，精妙绝伦。这是古厝的文化底蕴，是先人高雅，内含令人敬佩的文化气息，也是追本溯源的一条直接通道。

　　大嶝田墘古厝大门上的字，有鲜为人知的种种传说，其中以"兰桂联芳"门匾的传说最为有趣。按，金嶝田墘郑氏合族昭穆中有"材经瑞实履良兼，贵嗣尚世宗振撞。君朝子克继济美，桂兰呈芳耀德光"之句，"桂字辈"是第二十二世，"兰字辈"是第二十三世。从桂、兰两辈开始，田墘郑氏就有父子、叔侄、兄弟结伴飘洋过海到台湾谋生，经过多年努力打拼，有的积累了很多财富，有的仍旧是空手白�1。虽说世人在财富面前是人人平等，但世上的财富不是平均分配的，懂得赚钱，也要懂得守成。就是有了金山银山，如果腰缠万贯，就开始吃喝嫖赌，到头来也会落得个回到原来的位置上，原地踏步的地步。

　　几年后，郑氏有人衣锦返乡，在家营建房子，以示光宗耀祖。郑氏"耀字辈"子孙对"光字辈"子孙说，"兰桂联芳"

---

　　①空手白摇(kāng qiú běi yóu)：两手空空什么也没有。

楼建好后，父子为大门匾额，到底是写"兰桂联芳"还是写"桂兰联芳"，争执起来。

"桂字辈"子孙说："按世系，我是父亲辈，'桂'字理应排在前面！"

"兰字辈"说："你的辈分虽在我的前面，但钱是我挣的，'兰'字理应排在前面！"

父子俩都是犟脾气，一时头抵头，有大动干戈的态势。乡里老大出面做公亲①，百般调解无果。"兰字辈"自己动手写了"兰桂联芳"的字样并吩咐师傅依样做匾额，还故意把"蘭"字的门颠倒过来，写成"蘭"。

这一回，又惹恼了"桂字辈"："'兰桂联芳'就'兰桂联芳'，好好的"蘭"字不写，偏偏要把门颠倒过来。匾额是祖宗的门面，这样做成何体统？"②

"兰字辈"子孙不屑地说："这你可就不懂了！同样到台湾，你赚钱如掘土，花钱如流水。③ 我可不像你那样，大厝建好了以后，我把门关起来是滴水不漏。至于另外一层意思，你自己去想好了。"

"把门关起来"是指"蘭"字的门倒写，开口小了，以示不再随便花钱；"另外一层意思"不说清楚，是故意让"桂字辈"深思，自己解开这个谜团。原来，这郑氏家庭从"桂"字辈就缺少男丁，"桂""兰"二代人虽是父子关系，却都是倒插门的上门女婿，既无血缘关系，又无养育之恩。他让父亲排在后面，不计较他以往的无良表现，已经算是尽孝了，再说"出钱

---

①公亲（góng qīn）：和事佬。

②门面（mñg mīn）：尊容，面子。

③赚钱如掘土（tàn jní ná gǔd tô）：赚钱如扒土那样容易。

的人主意"①。为了今后家庭和睦,血缘关系是求不来了,总要有点养育亲情,"兰字辈"打定主意,今后不再招上门女婿,而是从小抱养"呈字辈"养子。几年以后,"兰字辈"又抱养"芳字辈"孙子。

大嶝田墘古厝"兰桂联芳"已有百年历史,经风见雨,仁者见仁,智者见智,其经维修后,修旧如旧,应该还会有百年历史。

---

①出钱的人主意(cùd jní ê náng zú yǐ):谁出钱,谁有决定权。

一个女儿允九爹

古代有句俗话说"一棵匏仔允九楒，一个女儿允九爹"①，意思是说，有人种了一棵葫芦匏，为了讨好人家，常说："如果这棵葫芦结的匏成熟了，我就分一个给你做楒。"这样东允西允，怎知一棵瓜藤能结几个大匏，能做几把勺子？还没结瓜就先答允人家送九个，好像很有肚量似的，何况一个女儿只可许配一个郎君。请听故事娓娓道来。

早时，有个厚脸皮的"鸦片仙"②，娶个媳妇生育了一个女儿，媳妇因病驾鹤归西，父女相依为命。不久，女儿长得美丽苗条，貌若天仙，"鸦片仙"就整天胡思乱想，在女儿的身上打鬼主意。一天，他来到当铺找管账的账房先生，他知道这个账房先生尚未成家立业，说："我女儿长得如出水芙蓉，已到说婚年龄，媒人是踏破门槛，我一个都没看上。我看掌柜的一表人才，想把女儿许配于你，不知意下如何？"说完，哈欠连连。账房先生想到整天关在账房里，连相亲的机会都没有，于是满口答应下来。"你先拿出五十两银子做定金，到时从聘金中扣除？"

一开口就是五十两银子，是不是太狠了吧？要知道，在当时这是行情价，"聘金三百二，猪肉两百四"。娶个媳妇确实不易，所以古时候，不管大户人家或是一般人家，早早就

---

①九楒（gào hiā）：楒：葫芦瓢做的水勺。九，不定数，表示多数。

②鸦片仙（ā piàn xiān）：吸食鸦片的人，也用来形容身体过分消瘦的人。

会为儿子抱个"头对"——童养媳。一来长大了可以帮家里干点儿活,二来给他们圆房可节省不少银两。账房先生说:"好啊!要成亲好啊,五十两银子先定下来。"婚约定下来后,不到十来天,五十两银很快被"鸦片仙"吸完了。

这天,"鸦片仙"烟瘾上来了,浑身骨头如蚂蚁乱啃般难受。正无计可施,他突然想起,祠堂里不是有个私塾先生吗?"鸦片仙"立马赶到祠堂,东拉西扯地和私塾先生攀谈起来:"先生可曾成家?"几番话把私塾先生说得美滋滋的,立刻拿出五十两银子交到"鸦片仙"手中。"鸦片仙"如获至宝,掉头往家里走去。

"鸦片仙"烟瘾愈来愈大,本来是一天几口就能满足,到一百两银快吸完时,已是不可"三餐无此君"了。此时,他听到猪圈里的两头瘦猪饿得直叫,那声音往耳朵钻得难受,从床上爬起来喊:"死猪,再叫就把你们卖掉!"话刚喊完,屠夫找上门了。他从乡下来到"鸦片仙"家里,谈起生猪收购生意。两人讨价还价生意还没谈拢,"鸦片仙"问:"师傅这几年生意怎样?"

屠夫回答道:"这几年生意还可以,我也攒了点钱,想娶个家室在家帮忙烧水做饭,可总是高不成,低不就的。真难啊!"

"哎呀,巧了,那有何难,我家里就有现成的一个。""鸦片仙"接口压低声音说,"小女芳龄十八,正想替她找个婆家,早早嫁了。"

"那……"屠夫还没接下话茬。

"鸦片仙"急不可耐地轻声说道:"这样吧,看你很有生意头脑,女儿跟定你一辈子肯定享福,你先拿出五十两定金,行吗?"

屠夫正求之不得,两眼直往屋里盯着,想看看女子到底长相如何?可哪里有如此眼福,付完定金回家做美梦去了。

还没等到"鸦片仙"故技重施,冬至一到,先生差人来说,他已拿到了束脩准备回家过年,啥时候送聘,好择良时吉日上门迎亲。这下子,"鸦片仙"着实着急了,烦恼啊!一个私塾先生就够受了,再加上账房先生、屠夫,可怎么应付得了。烦恼啊烦恼,饭也吃不下,觉也睡不着。

女儿看到老父几天来神经兮兮,日渐消瘦,心疼地问:"阿爹!阿爹啊!你最近怎么整天吃不下,睡不了啊?""鸦片仙"说:"女儿啊,我是自作自受啊。"女儿说:"父女间没有不能说的,就是天大的事,我们也可以想办法解决!"

"鸦片仙"就将事情经过如实说了,女儿一听,差点晕倒说:"阿爹,你怎会做出这种事来啊?"回想一百五十两是没办法退了,气也没用,伤心也没用,还是先想好对策要紧,女儿说:"阿爹你明天办些酒菜,将这三个人都邀请过来后,你就到后院里磨刀,我自有安排。"

早时候,闺中小姐是不随便让外人看到的,小姐躲在闺房中。中午时分,三个人陆续到来,酒足饭饱后,正你看着我,我看着你,互相猜测着。"鸦片仙"也溜到后院里磨刀去了。这时,小姐传话出来,吩咐父亲把刀举到三个人眼前,说:"当时我老爸向你们三个各收了五十两银子,要将我嫁给你们。我一个人怎么嫁给你们三个?现在,如果你们三个都不能原谅,这把刀已经磨得挺锋利,刚好又有一个杀猪的,你们就将我剁成三块,各分一块回去。如果你们三个能原谅的话,我就出个对子,你们谁对准了,就先把我娶走。"

那三个人交头接耳了许久说:"一个如花似玉的人怎么可以砍成三块,各分一块?断断不行的。"提到第二个条件,三个人开始各怀鬼胎。账房先生想,我是管账的,"三下五除二"我不输于别人,可猜谜、对对的,我是门外汉,也没办法,就照着做吧,兴许运气一来……屠夫想,我一个杀猪的,平时白刀子进去,红刀子出来,可从来不做纸面文章,我肯定不行,不过碰碰运气也好……私塾先生是手持着山羊胡须,摇头摆脑,一脸把握。三个人异口同声地说:"好吧!那就出对子吧。"小姐说出对子:"门篱白日霜,门联一点红;抱枕双双对,风吹门篱房内藏。"

听到小姐出对了,他们互相推让,都想让对方先对,好让自己多点时间思考,账房和屠夫说:"先生熟读诗书,比较内行,先生先对。"私塾先生蛮有把握地对了出来:"竹纸白日霜,朱笔一点红;磨墨双双叫,满腹文章胸内藏。"

屠夫也想好了,把刀往桌子上一砍:"猪油白日霜,猪血一点红;猪腰双双对,噗风灌水肉内藏。"①

"两个都对得这么好,看来我是不行的,我付了五十两银,连个小姐的面都没看到,那不就亏到底了。"账房先生问说:"小姐!你可不可以让我看一下,若看你一面,赔了五十两银我也心甘情愿!"

小姐早在闺房里透过竹帘把三个人的长相、风度都看了个遍,三个一比较,私塾先生太酸,屠夫太粗鲁,账房先生还说得过去,说:"可以啊!就让你看。"账房先生掀起帘子

___

① 噗风灌水(bún huāng guàn zuì):猪肉灌水的意思。噗风:吹风。

窥视着,笑嘻嘻地说:"抹粉白日霜,胭脂一点红,目睭双双对,十月怀胎肚内藏。"①

小姐说:"某君汝真势,阮无嫌汝做事猴②。"

原来小姐出的对,谜底就是她自己。私塾先生、屠夫自感没趣低头走了。

---

①目睭(vǎd jiū):眼睛。
②做事猴(zuè sī gáo):意即同意其为丈夫。

白银七个

　　明朝末期,有一善良老汉,姓高名尚,字文钦,家住同安沿海刘五店。高尚老汉为人正直忠厚,不幸早年丧妻,膝下并无子嗣,以讨小海为生,一生省吃俭用,积得白银七个,用楠木板钉了个枕头大小的木匣,小心翼翼地收藏。这楠木枕头小巧玲珑,日为藏物之匣,夜当枕头之用,甚为神秘。庚巳年七月初七日丑时,高尚老汉睡梦中忽听木匣里传来白银说话的声音:"七夕在刘五店高尚枕头,明天归金门'洪记肉包店'灶头。"高尚老人听后甚为奇怪,待至天明,急不可耐地起床,打开楠木匣子看看白银,木箱一打开,七个白银"锵!锵!锵!"一齐飞出木匣。高尚抓也没抓到一个,白银银光闪闪地朝东南方向飞去,高尚老汉看得目瞪口呆,一时丈二和尚摸不着头脑!

　　高老汉并未为白银飞逝而伤心,心里暗暗想道:莫非此银不该为我所得,金门离此不远,何不去看个究竟?

　　孤帆远影,几个时辰后,高尚老汉来到金门,多处打听洪记肉包店,好在金门肉包店并没有几家,经人指点,终于找到"洪记肉包店"。

　　"洪记肉包店"掌柜洪德福以为顾客上门,热情接待高尚老汉,询问其来意。高尚老汉迫不及待、开门见山就问:"不知洪掌柜清晨时节在贵府灶头是否见到七个白银?"洪掌柜心想:神了!我也是早上起床刚发现的,查看了店门也没什么异样,不像有人进店落下的,这人连白银的数量、位置说得一点不差。"你是?"洪掌柜问道。

高尚打了个躬,回道:"在下清晨从对面刘五店那边过来,只是想问个究竟,并没其他意图。白银这东西,该得的不求自到,不该得的……"

洪掌柜接着说:"早上敝人下厨准备做肉包,忽见灶头白银七个,一个在前面,作两列排得整整齐齐,闪闪发光,心想,不知何人所失?怎在我灶头之上?故忙用黑布裹好,放置于厅堂中案桌上,好等待失主来取!不知老伯如何得知白银会出现在我的灶头上?"

听到此,高尚老汉惊喜交集,仰天自叹:"啊!钱财乃身外之物,该得乎?不该得乎?怪哉!怪哉!"

洪掌柜听其叹言,一头雾水,忙问其故。高尚老汉将昨夜所闻,天亮所见款款道来,表明自己的态度道:"此银虽是我一生所积,若非我所得,自然是洪掌柜行善积德所得福报!请洪掌柜收下受用吧!"说完即行告辞。洪掌柜连忙抓住高老汉的手,心诚意切地挽留道:"既然如此,老伯也不用急着回府,不如在这金门岛上玩上几日,登太武,游料罗,清心清心。看来我俩也甚有缘,也好让敝人多尽点地主之谊,老伯意下如何?"高老汉心想:也是啊,难得有机会来到金门,家中又没什么要事,遇上如此古意人①,也就答应下来。

农历七月十五日中元节即将来临,在七月十五日这天,同安人都要回家准备三牲礼品做普度,祭拜列祖列宗和五路鬼神。高老汉向洪掌柜禀明事由,准备赶回刘五店。这风俗大家心知肚明,洪掌柜也就不再挽留。

————————————

①古意人(gô yì náng):热情好客,诚挚待人的人。

几天的相处，洪掌柜得知高老汉无妻无子，鳏夫一个，做人却忠厚、诚实、顺天意，积善心，可怜又可敬，决定将七个白银归还高老汉，让其老来有所依靠。心生一计，特别做了一个特大的肉包，把白银藏于里面，让其带回，肉包面皮还特意盖上一个红色"洪记肉包店"印记。

临别这天，高老汉对洪掌柜赠送的肉包坚辞不受，心想：洪掌柜人品正直，几天来受之盛情款待，怎可"连食带张"①，再三道谢，就速速起身告辞。这时，洪掌柜也不好言明其中之意，只好亲自送高尚到金门海口码头，遥望着一帆船影缓缓远去……

后来，洪掌柜与高尚老汉成为好朋友，亲如兄弟，经常来来往往。特别是洪掌柜隔三岔五见刘五店有人到金门走亲戚，做生意，即便托些海产或银两转寄高尚老汉，高尚老汉也省吃俭用，时常带些土特产托船相送。

刘五店与金门一衣带水，这对老人的兄弟情谊，如同海水一望无际，永不间断，成为两岸百姓茶前饭后的美丽佳话。

---

①连食带张(liǎn jià duà dniū)：意思是已吃饱了，又拿人家的食物.

草鞋当神笺

宋朝年间,翔安母亲河九溪上船帆点点,商人络绎不绝,溪畔东面的半山腰有一个小小的村庄,它就是隶属同安十三都翔风里的吕厝村。这里住着二十几户人家,村民一富九贫,过着饥寒交迫、牛马不如的生活。直到明末清初,一场瘟疫夺去百余条人的生命,幸存下来的也都背井离乡,不知所终,吕厝从此成了废村。可是,这个偏僻的小村庄却有一个动人的故事至今还在九溪两岸一带流传。

村里一户吕姓人家,生活困苦,早已捉襟见肘,好几天无米下锅了,加上老婆孩子都生了病,一家之主吕护松整天屁股不贴椅子,双手捧着脑袋,如无头苍蝇在屋子里东碰西撞,家里拿不出什么像样的东西为妻儿作点吃的,照这样下去还能挨几天?自己的肚子也整天咕咕叫。傍晚时分,所谓"穷则思变",吕护松决定出门做贼,他搂着一个小箩筐,翻山越岭,来到西林村的梯田里,想偷挖几块地瓜回去给老婆孩子熬点地瓜汤喝。

向来为人忠厚老实的吕护松一路上忐忑不安,要偷人家用辛勤的汗水换来的东西,心里实在感到非常内疚,但妻儿躺在病床上的呻吟声一直在自己的耳朵里回响,何况自己也饿得天昏地暗,四支无力。他不得不迈着沉重的脚步,偷偷摸摸地来到地里,心想:我得先向土地公讨个"准",求得土地公的许可,方好动手挖几块地瓜。于是,他摘下破毡帽,捧些沙土装上,权作香炉;在田埂上折了两支干芒草,作为檀香;脱下破草鞋,当作神筊。一切准备就绪后,他点燃芒草,双膝下跪叩了几个响头,开始唠叨:"土地公啊,土地公,吕氏弟子妻儿因病在床久卧,家中无米可炊,实为可怜,恳请土地公恩准弟子偷人家几块地瓜回去作点地瓜汤,好为可怜的妻儿糊口养病。"

正在此时,巡山捉贼的柳贵早已蹚过崎岖蜿蜒的田间小路来到自家的地瓜园,突然听到不远处传来自言自语的声音,定睛一看还有几点火星闪烁。他静静地来到吕护松的背后,找个地方隐藏起来,想看个究竟。

吕护松把一双草鞋合起来扬了扬往地上一放,伸手一摸是"阴杯",赶紧双手合起草鞋道:"土地公啊!弟子实是不敢做贼,迫不得已,请土地公救弟子全家性命。"说完又伸手一扬,这下是个"笑杯"。吕护松急忙合起草鞋往周围望望,夜里伸手不见五指:"土地公啊!再不恩准,连弟子也饿死在这里了。"草鞋一拂,双手随即往地底下一摸,竟摸到一堆地瓜,吕护松高兴得掩口前俯后仰,低声自语道:"土地公果然准了,土地公果然准了。不用偷了,不用偷了!"

天边露出了鱼肚白,刚才吕护松的一席话,柳贵全都听得一清二楚,贫疾交加中的吕护松让他的同情之心油然而生,摸黑从自己的地瓜园里挖出几块地瓜,趁夜色堆在吕护松的前面。柳贵的出现让吕护松着实吃了一惊,他手掩着地瓜连忙说:"不是我偷的,不是我偷的。"

柳贵立即扶起吕护松安慰了几句:"护松兄,你的家境我都知道,刚才你说的话我都听在耳里。哎!这世道真是让人难过啊!"吕护松望着柳贵,一时不知说什么好,两眼一湿,潸然泪下。

草索拖阮公

"草索拖阮公,草索拖阮爸"是闽南俗语①,其中有一段故事。

春仔的阿公八十几岁了,耳朵发聋,儿孙们说什么他都听不见,正是所谓"耳根清静";口齿也不好,牙都掉光了,说起话来一家人都听不清楚,只模模糊糊听到说的是"好啦,好啦"。

八十多岁的人,躺在病床上,一躺就是两年半,就像一堆肉或是一根木头一般,只剩一点游丝。有时儿子、媳妇拿来饭菜喂了几口,还没下咽,老头儿就把头一偏,歪向一边,轻轻干咳几声:"好啦,好啦。"老头儿瘫在床上,平时一把尿一把屎不能自理,惹得儿媳妇总在儿子面前抱怨。春仔的父亲心想,这老头儿够拖累的,该死不死,这样直拖下去可不是办法,不如早点打发他上山②。

这天,春仔的父亲搓着一条结实的草索,看来还有点良心,一边搓着草索,一边眼泪鼻涕直往下流,还连连叹息。这时,春仔刚从外面玩耍回来,看到老爸正搓着一条粗大的草索,好奇地问道:"阿爸,搓这条大草索干嘛,绑猪或是捆羊?"春仔的父亲擦干脸上的泪水:"走!走!走!小孩子不懂事,问这么多干嘛?"春仔傻站在一边看着。春仔的父亲

①草索(cáo sò):稻草搓成的绳子。阮公(gg ù n gōng):我爷爷。
②上山(jniǔ sunā):此处特指山上埋葬。

109

搓好草索说:"春仔,把那边畚箕拿来。"

春仔拿来畚箕。

春仔父亲抱起病床上的老父亲整团放在畚箕里,连着底下的木板捆了个扎扎实实,一边捆,一边自言自语地说:"不是儿子不孝,今天送您上山。"

老头儿口牙不清地:"好啦,好啦。"

一切就绪,春仔的父亲叫来春仔,说:"春仔,今天把阿公拖上后山去!你跟我送送阿公。"

春仔很听话,果然在前面用草索拖着阿公一路来到后山山坳里,望了望父亲。春仔的父亲说:"春仔,就让你阿公在此吃吃新鲜空气吧。"说完转身掉头就要下山,回头看到春仔站着不走:"春仔,还不回去,呆站在那干什么?"

春仔解开父亲搓得结结实实的草索说:"阿爸,这条草索搓得这么结实,只用一次太可惜了。"春仔解下草索正要带回家。

春仔的父亲不解地问道:"春仔,你要这条草索干啥?赶紧丢了!"春仔笑眯眯地说:"刚才我用草索拖阿公,以后我就用这条草索拖阿爸。"

春仔的父亲大吃一惊地"啊"的一声,一句话也说不出来。春仔以为阿爸还不明白,瞪大眼睛看着老爸。

春仔的父亲听了脸红到耳根,为自己的所作所为感到惭愧,抢前几步说:"春仔,把阿公抬回家。"

于是,父子俩又把阿公抬回家里。春仔的父亲抱着老父亲痛哭了一场,从此痛改前非,尽心服侍病危的老父亲。

哭歹命，哭好命

阿西大伯公过身了，按照习俗，远邻近舍的妇道人家都要过来哭灵，以表难舍、可惜、悲痛之情。大伯婆在众人眼前，不敢大声啼哭，躲在挽幛后暗自抽泣。因为大伯公积闰九十有余，是寿终正寝，驾鹤成仙，享乐西方去了，是上上好的命，儿侄孙辈、远亲近邻都多多少少会沾点福气，大可不必大哀大悲，否则好命哭成歹命。不过，人生常态，来哭灵送终的妇人往往牵诗拔调，明里哭的是死者，暗地里哭的是各自内外的丧亲，惹得蹲棺底的孝男孝孙陪着枉流了不少眼泪。

亲堂婶拿着一叠纸钱，头披白缌麻巾，俯着身哭着进奠堂，双膝一跪，膝行数步，一曲"大哭调"哀号起来：

哎——哟——啊！心肝伯啊——呐！

阮怎会者尼歹命咧，！

汝怎会放阮母子卒汝去啊，

阮母子今后要怎样啊。

哎——哟——啊！心肝性命啊——噫！

汝会带阮做阵去否。

阮是真无想要活咯啊。

汝紧返来焦阮做阵去啦欸。

哎——哟——啊！心肝性命啊！

若是日子歹过托梦阮知咧，

……

亲堂婶还没哭完，堂嫂也披着红布巾条，手拿纸钱，听到堂婶哭调，揉红眼睛也学着哭了进来：

哎——哟——啊！心肝性命啊！

大伯公啊好命成仙去了。

阮怎会天光起来无糜食咧。

大家洗碗，目睭激圆圆啊，噎！

哎——哟——啊！大伯公——噫！

汝升仙后要将阮照顾咧。

阮衫未穿好未赴捾水啊，

大倌无水泡茶，面臭臭咧，噎呜！

哎——哟——啊！大伯公——噫！

阮怎会这尼歹命咧，

呣是阮天光没想早起啊，

阮尪揪住呣阮起来啊。

……

大伯公的孝男孝孙跪在灵前，越想越不对味，头靠头轻声议论起来，亲堂婶新寡，触景生情，不哭大伯公哭亲堂叔，哭得眼泪鼻涕直流，情有可原；这堂嫂不早起做家务，还哭什么哭？连房里事也哭出来，实在是哭好命。

目金钱做人①

明朝正德年间，同安垵山山头有位寒儒，名叫林希元。他家道寒微，生活困窘，四十开外的年纪，两鬓早已微霜，眼角镂刻鱼尾纹；衣衫褴褛，蓬头垢面，显出一副寒酸相。为了糊口，他曾央三托四，想坐馆当塾师，谁知人家瞧不起他，一再被婉言谢绝。正好井头村缺教师，幸亏荐头的情面大，才补了这个缺。

话说端午佳节，村里迎神赛会，龙舟竞渡，热闹非凡。敬神的鞭炮声从观音庙传来，此起彼落，空中散满幽微的火药香。孩子不来上学，嘈杂的书院变得寂然无声。闲来无事，林希元见骄阳似火，怕书籍被虫蛀了，就把柳条书篓搬到院里，让太阳晒。

回到厨房，他正想淘米做饭，可是瓮底朝天，只好熬熬地瓜汤。虽说有了菲薄的薪俸，却仍难以度日。常常早晨以腌菜下饭，晚上蘸盐水佐餐。好在邻近的九婶婆怜悯他，不时叫孙子水龙送些地瓜、芋头和萝卜干，才勉强支撑过去。

"咯，咯，咯……"一只黑母鸡带着一群小鸡，奔进院里。林希元见鸡要来觅食，不禁失声笑道："鸡也瞎了眼，我连隔夜粮也没有，哪有残羹剩饭呢？"后来，鸡啄书蠹，他怕弄坏

---

①目金钱做人(vàr gīm jní zùe náng)：目金：势利眼，眼睛很亮，很会观世态。钱做人：有钱有势，做人就很容易。

书和篓子,就"唏、唏"连声呵赶。但馋食的鸡子,东飞西跳,在院里跟他兜圈圈。费了好大劲,小鸡才被赶出院,那只黑母鸡却跳到矮墙上,虎视眈眈,"咯咯"直叫。

林希元关上院子的门,又回到厨房,一边烧火一边想,人家过节吃鱼肉,我何不削根木鸡腿,蘸盐水佐餐呢?于是,他拿了一块小木头,用菜刀细心刻着……

再说水龙看完赛龙舟,蹦蹦跳跳地跑回家,吵着要粽子吃。九婶婆递给他一菜篮粽子,哄着他先给林先生送去,再回来吃饭。

水龙拎着菜篮,一溜烟来到书院。他见院门紧闭,以为林先生外出,正打算往回走。这时,从书院里传来林先生的笑声:"哈哈,妙哉!鸡肉猪蹄排满桌,可惜无人来对酌。我何不独饮几盅……"

水龙一听,暗自诧异,林先生日食难度,哪来的鸡肉和猪蹄?他好奇地从门缝窥探,只见林先生提着鸡腿,吃得津津有味。他不好意思敲门,就折转身回去。

水龙回到家,把菜篮子一放,嘟噜着:"林先生关门吃鸡肉,害我空跑一趟。"

"我不信,林先生哪里有钱买鸡吃。"说着,九婶婆又把篮子塞给水龙,"你撒谎,快给我再拿去。"

"我不去……"水龙趁九婶婆不注意,抓了几粒粽子,撒腿就跑,不料却把正在找鸡的刘嫂撞得打了个趔趄。刘嫂丢了鸡,正在气头上,被这一撞,无名火起三丈,一手拧住水龙的领子,破口大骂:"蛮撞鬼,去赴死,阎罗王叫你……"

水龙撞到刘嫂,犹如老鼠见猫,噤若寒蝉。刘嫂的丈夫在衙门当差,平时仗势欺人,无事生非。村里人惹她不起,暗地里却叫她"母夜叉"。水龙忙赔笑脸,弯着腰说:"可没把您撞坏?对不起。"

"母夜叉"找不到鸡,满肚子气无处泄,就怒悻悻地吆喝着:"你娘没生眼睛给你,慌里慌张跑什么?"

水龙为了脱身,只得把刚才的事说了一遍。"母夜叉"听说林希元吃鸡肉,就生疑他偷鸡,马上拉长脸,像泼妇骂街似的嚷开:"夭寿短命,偷抓鸡,不得好死。老娘要问问他,吃鸡肉会塞牙吗?"

来到书院,见大门紧闭,"母夜叉"往门缝一瞧,看得真真切切,林希元手里拿的不正是鸡腿吗?就怒不可遏"嘭嘭"敲门。

一听到敲门声,林希元怕被人看到他吃木鸡腿,落为笑柄,受人奚落,慌忙收拾碗筷。"母夜叉"见门迟迟不开,更觉蹊跷,把门擂得更响。

林希元开了门,见是刘嫂,心想"母夜叉"闯上门,不知又要惹什么是非,就赔着小心拱手作揖道:"刘嫂光临,有何见教?"

"母夜叉"气歪了脸,一手叉腰,一手指着林希元的鼻尖,活像酒壶,唾沫四溅:"你给老虎借胆,竟敢偷我的鸡?!"

"你污人清白……"林希元丈二金刚摸不着脑,张口结舌。

"什么清白?""母夜叉"两目圆睁,鼻孔朝天,盛气凌人地斥责道:"你做狗不吃屎?我问你,刚刚吃什么?"

"我吃木……鸡……不,不是,我吃……"林希元欲要申辩刚才吃的是木鸡腿,又不好意思,一时支吾说不出话来。

"你吃,吃什么?吃鸡腿嘛。别脸黑展屁股白,实话告诉你,我的鸡不是好吃的!"

"你……你血口喷人!"

这时,九婶婆送粽子上门,见两人吵得不可开交。她问明了缘由,知道水龙多嘴闯下的祸,就劝解地说:"林先生读书晓理,手无缚鸡之力,绝不会干偷鸡摸狗的事。人家都说观音庙的签诗很灵验,还是去求佛祖给我们指点吧!"

观音庙里钟声连连,香烟缭绕,敬香的善男信女摩肩接踵,纷至沓来。

林希元蒙受不白之冤,含着悲愤,拈香跪拜道:"弟子林希元含冤受屈,望佛祖赐签裁夺。"

祷告完毕,就走到签筒旁,两手一拢,用力一提,把那根跳得最高的竹签拿起来,三人一同找庙祝圆签。

庙祝翻开签诗簿,口占一诗:

佛是南海大慈悲,吉凶祸福我先知。

若无瓜田李下事,何必劳君占签诗。

庙祝念完签诗,沉吟一下,问道:"欲问何事?"

"信女家中丢掉一只鸡,求佛祖点醒。""母夜叉"抢先指着林希元说:"他没买鸡偏有鸡肉吃,你说,按签诗而断,该是他偷的吧!"

庙祝谙熟人情世故,深晓"母夜叉"的厉害,得罪不得。于是,轻蔑地瞥了一眼破衣敝屣的林希元,就拉长声调地说:"瓜田不纳履,李下不整冠。欲问偷鸡事,自在占签人。"

没想到观音菩萨也指鹿为马,颠倒是非,林希元气得脸色变青,双手微微战栗,愤愤不平地说:"佛祖啊,佛祖!你嫌贫爱富,有眼无珠,说什么大慈大悲,普度众生!你不察人情枉为佛,遍食烟火为谁忙?!我家徒四壁,也是至圣先师的门生，诬我窃鸡，除非观音庙的石槛弯！"

"母夜叉"不容分说，扭住林希元就往书院拖。九婶婆怕出事，颤巍巍尾随着，一些好事之徒也跟着赶来。

搜遍书院，连根鸡毛也没有。突然，"母夜叉"看到院里有鸡屎，更咄咄逼人地说："有鸡屎，就有鸡。快说，鸡在哪里？"

"唉"，九婶婆拉着"母夜叉"劝解地说："会不会被别人捡去，何必一口咬定是林先生呢。"

"哼！佛祖的签诗判得分明，不是他，还有谁？"

"母夜叉"仍不死心，又在书院里东张西望，看到床下有一个书篓，就俯身下去，伸手要去拖。林希元见她翻动心爱的书篓，就愠怒地说："真是欺人太甚！这个书篓才晒过，刚从院里搬进来，岂有藏鸡之理。"

"我偏偏要瞧瞧！"说着，"母夜叉"用力一拖，书篓倒地，盖也掀开，一只黑母鸡使劲扑棱着翅膀，"咯、咯、咯"飞跳出来。

这时，书院里挤满人，"母夜叉"要出泼妇的淫威，朝林希元脸上"啪啦"几下，左右开弓。林希元气得话也说不出来，两眼噙着泪花，脸上泛起受辱后的愤懑神情。

过后，林希元再也无法教书，只得回家发愤读书；但观音菩萨却声誉鹊起，香火更旺，香客络绎不绝……

光阴荏苒，冬去春来，不觉又是大比之年。林希元赴京应考，名登龙榜，授南京大理寺评事。

林希元在南京供职，有一天正在书房玩赏古籍，无意间看到伴随多年的书篓，不禁勾起悲伤的往事，心绪似滚滚东流的江水，愤恨难平：有朝一日，荣归故里，定要废掉观音庙，以泄胸中不平之气。适巧，皇上开恩，赐他回桑梓省亲。

林希元一路兼程到同安，没先回家，而是打轿向井头村出发。

知县早就派人通知庙祝，林老爷要来观音庙进香。一大早，庙祝便在庙前恭候。林希元一下轿，庙祝慌忙上前拜见，然后弯着腰，蹑着步，恭恭敬敬在前引路。

要跨上前殿台阶时林希元身子故意晃动一下，庙祝忙着要搀扶他，低声下气地说："老爷，当心。多年失修，路不好走。"

林希元睥睨他一下，不屑置顾，拂动衣袖，反唇相讥："观音庙的门槛弯了多年吧，你为何早不留神呢？"

"老爷明鉴，门槛弯了。小人失职，该死，该死！"庙祝听出林希元的弦外之音，早就捏了一把汗，诚惶诚恐。

进到庙里，林希元坐在太师椅上，随后进来一个家人，手里捧着一座用红绸遮盖的木龛，站着听候。

庙祝心里七上八下，不知林希元葫芦里装的什么药。此时，只见那位家人把木龛放在供桌上，掀开红绸巾，露出一尊菩萨，酷肖佛龛里的观音佛，只是整尊的佛身用铜钱缀成，双眼嵌着黄灿灿的金子，闪闪发光。

人们听说林老爷进香，都争相奔告，赶来看热闹，人头攒动，围得水泄不通。水龙挤在人群里，瞧见林老爷就是当年的林先生，忙奔跑回家。

此刻，林希元站了起来，走到庙前，向众乡亲拱手道："下官不才，曾借贵村宝地设馆教书，蒙众乡老提携关照，感激不尽。现在，我无以奉赠，塑了这尊观音佛，谁能猜出寓意，就赠送他。"

话音刚一落地,人声鼎沸,大家面面相觑,谁也猜不出。这时,刘嫂走到林希元的跟前,头也不敢抬,唱个诺:"林老爷,万福!"

"刘嫂,你说说,这尊菩萨有什么寓意?"

"依愚妇看来,这是炫耀老爷前途无量,金碧辉煌。"

"刘嫂,我有这样前程,不是也有你的一份功劳吗?"林希元语含讥讽,"呼"的一声,蓦然从太师椅上站了起来,对众乡亲说:"想当年刘嫂丢掉一只鸡,佛祖断我偷窃。那时,我落魄穷困,刘嫂岂容我分辨呢?虽然,鸡是在我的书篓里,却非我所窃也,乃是啄蛀虫误入篓中,盖又适好合上。一时疏忽,我又把晒好的书篓端进书房,放在床下。这样,我就蒙受了多年的不白之冤了。"

说到这里,林希元从袖管里摸出一小截木头,黑黝黑黝的,状若鸡腿,然后又说:"刘嫂说我没有钱哪有鸡肉吃,殊不知我啃的是这只木鸡腿——说来见笑,那时穷得只有用木鸡腿蘸盐水佐餐。"

庙祝和刘嫂被林希元数落一阵,脸色时红时青,羞愧地恨地无缝可钻。

再说水龙气喘吁吁奔回家,向老祖母说了林先生回来进香的消息。九婶婆马上挂着拐杖,要水龙扶她到观音庙。

一到庙前,人集若市,熙熙攘攘,怎能进去?幸好有个差役在巡逻,九婶婆央他进去禀报。

林希元得知,马上迎了出来,把九婶婆和水龙接进庙里。九婶婆正要作揖,林希元连忙扶住,说:"何必多此一举,坐,坐坐。"

九婶婆在旁坐下,林希元就指着供桌上新塑的佛像说:

"您老该会了解愚仆的心意,您说说,这有什么寓意?"

九婶婆凑近一看,见塑的是观音佛,林希元穷途潦倒的情景浮上脑海,悲愤之情郁结胸臆,就应声道:"老爷塑这尊佛像,岂不应了俗话说的'目金钱做人'吗?"

"说得好!"林希元走到供桌前,把那尊用铜钱和黄金缀成的菩萨,双手递给九婶婆,不无感激地说:"当年,您老节衣缩食资助我,如今又道出我心中的不平,这微薄之物聊表寸心,望您老笑纳。至于欺世盗名的佛祖,岂容她再招摇撞骗。来人啊——"

随从们一听老爷吩咐,都垂手恭立着。

林希元面孔一沉,"啪!"地一掌击在桌上,大声喝道:"把这被铜臭熏黑良心的观音废掉!"

于是,一声令下,那尊泥塑的观音被砸得粉身碎骨,宫庙也被废掉了,人们无不拍手称快。

泰山石敢当

在闽南一带乡村经常看见长方形体的石碑，立于地面或嵌入墙中，石面上刻有"泰山石敢当"或"石敢当"几个大字，主要安放于乡村的直冲村口、交叉路口或门前巷口，作为避邪厌殃的神圣之物。

也许现代人对"泰山石敢当"知道得甚少。民间对于泰山石敢当的来历众说纷纭。石敢当有两种传说比较在理，其一，黄帝时代，蚩尤残暴，头角无人能敌，所向之物，玉石不存，黄帝屡遭惨败。某天，蚩尤登泰山而渺天下，自称天下无敌，谁敢当！女娲闻言，投炼石以制其暴，上镌"泰山石敢当"，蚩尤溃败。黄帝乃遍地立石敢当。蚩尤每见此石，畏惧而逃，后在涿鹿被擒，因于北极。其二，源于殷周时期，石敢当即石将军之名，因从姜子牙辅佐西岐文、武王灭商纣有功，死后遂被谥封"泰山石敢当"，其神执守鬼门关道。有诗赞曰："甲胄当年一武臣，镇安天下护居民，捍卫道路三岔口，埋没泥土百战身。"

如何使用"泰山石敢当"？南安水头镇金厝村近代堪舆大师许宗代（此师名闻闽南大半省，现已故）曾嘱言道，泰山石敢当来势凶猛，须命理强硬者方可下笔，"清秀命"者千万不可[①]，触犯鬼神者必遭殃。泰山石敢当须以石镌字，方可

---

①清秀命（qīng xiù mià）：命理清洁秀气，不沾污垢。

有效。《鲁班经》曰："凡凿石敢当,须择冬至日后甲辰、丙辰、戊辰、庚辰、壬辰、甲寅、丙寅、戊寅、庚寅、壬寅此十日为龙虎日,用之吉。至除夕用生肉三片祭之,新正寅时立于门首,莫与外人见之,凡有巷道来冲者,用此石敢当!"故而一般人不敢随便立此石。

为什么乡村路口、交叉路口随处都能见到"泰山石敢当"呢?《阳宅十书》对民居大门直冲路有这样描述:"南来大路直冲门,速避直行过路人,急取大石宜解镇,免教后人哭声顿。"明明白白地说明房屋建在大路中或大门直冲路必遭殃害,属凶宅,务必以石敢当镇之。大家想想,这个说法也不无道理,一是堵塞交通,影响视线存在安全隐患,犯众人之气;二是路上车水马龙,尘土飞扬,影响身体健康,犯病灾之忌;三是与村容村貌不能协调一致,犯景观之美;四是接受规划,拆除改建,才是科学道理。

几千年来,人们在长期的生产、生活中,渴望与大自然和谐统一,逐渐地产生种种禁忌,这种禁忌通过风水地师或各门派的神化、演变,应用在生活中。科学尚未发达,为了消除百姓心理障碍,只好依赖那些具有特殊符号的数字形式以抚慰人们的恐惧心理,以求逢凶化吉,使心安理得,逐渐形成民俗文化。其实,闽南人驱邪、镇鬼、制妖、降魔有多种方式,除了泰山石敢当外,还有风狮爷、两仪、八卦、虎头像、五帝铜钱、照妖镜、令旗、法绳、符令,等等。

宋代葬俗遗物

翔安区文化部门派员对古墓葬进行抢救清理，于某墓室内发现许多棺骸及其遗物。除了墓志铭，还有模印几何形、菱形、三角形锦地花纹的垫棺砖和青釉瓷钵，"万历通宝"铜钱。较富有的先民之祖墓还在墓桌前建小墓室，安放锡制的小明器，包括床、桌、椅、锅、桶等生活起居日常用具。棺木内常见的陪葬物，男性多为毛笔、墨块、宣纸、砚台、茶壶、酒杯；女性多为铜镜、扇子、牙梳、发簪、金银首饰。一般墓主可能是草草入葬，不过几百、上千年，就尸骨无存，只剩一抔朽土。

宋代吴公墓室，是一座三室一夫一妻一妾墓，墓室的砖质、风格和画像砖都很特别，墓中出土的彩绘画像砖为方形红砖，以红、白、黑三色绘出站立的人物像，砖上人物戴着前低后高的长翅官帽，身着长袍，双手执笏于胸前，保存完好，色彩鲜明。这应当是吴姓墓主的画像。棺木内死者头部旁放置着一块小石头，小石头下一块尺二方砖，砖背墨书行楷："为人堂堂，口吃天仓，福至主受，祸来我当。""为人堂堂"，说的是死者生前是一官宦，在世仪表堂堂，可以一呼百应，倘若不是命官，也应该是有权有势的人。"口吃天仓"，后代希望墓主于寿棺中，仰天开口，不动四肢，食禄无尽。《晋书·天文志》云，"天仓六星在娄南，仓谷所藏也"。"福至主受"，这句不必细解，福气来了墓主可尽情享受。"祸来我当"，尽管墓主已经长眠，无人侍候，后辈还是担心墓主在阴间受人欺负，或是墓主生前做了亏心事怕人报复，不如预先在头侧放一块石头，脑袋总硬不过石头啊！有祸石头担当，小小一块石头俨然成了阴间地府里的"石敢当"。

短短四句，生时高官厚禄，享尽荣华富贵，死了还想饭来张口；一辈子想的是福禄寿全，直到死了还贪生怕死。

闽南语高深莫测，有时一句话就包罗万千，"早死早盖活"短短五个字，是一句怨叹，以发泄心中的哀怨、不满。人在世间受苦受累，不如早点走完人生历程，这也包含着人人对由死到生的奢望。

早死好吗？肯定不好！鸟之将死，其鸣也哀。既然死了，暴露于人世间，当然不好，不如早早盖棺。盖棺定论后，又盼望着能"活"过来。早知想的是活，又何必早死。有时真是莫名其妙。

斤求两

在小学，大家就学会加、减、乘、除四则运算。在日常生活、市场交易中都懂得一斤等于十两。但是，很多人不知道一斤等于十六两吗？

敝乡耆老，八十多岁的老会计许德和曾有趣地聊起"斤求两"歌诀。许德和说，我国度量衡单位以一斤十六两为标准用了两千多年，直到一九五三年才改为一斤十两计算。同时，以前的数学计算是用算盘打珠的，为了便于计算，劳动人民总结出"斤求两"歌诀，计算既方便又快捷，在日常生活中，随时都可应用。

如按每斤一元钱，列出"斤求两"歌诀：

一退六二五（即买一两东西，就是六分二厘半）。

二退一二五（即买二两东西，即一角二分半）。

三退一八七八。四退二五。五退三一二五。六退三七五。七退四七五。八退足五。九退五六二五。十退六二五。十一退六八七五。十二退七五。十三退九一二五。十四退九七五。十五退九三七五。十六退一。

十六两共十六句。元、角、分、厘，币制单位俱全，甚至精算到"分、厘"非常精确，以示不占人家便宜。

据相关记载：秦始皇统一六国之后，为了巩固统治权力，在政治、经济、文化等领域实施改革和创新。秦颁布了律令，特别在经济方面实行土地私有制。按亩纳税，统一度量衡,统一货币,统一车轨驰道。负责制定度量衡标准的是丞相李斯。李斯很顺利地制定了钱币、长度等方面的标准,但在重量方面没了主意,他实在想不出到底要把多少两定为一斤才好,于是向秦始皇请示。秦始皇写了四个字示下"天下公平"。算是给出制度的标准,但并未给出确切的数目。李斯为了避免以后实行中出问题而遭到罪责,决定把"天下公平"这四个字的笔画数作为标准,定出一斤等于十六两的十六进制重量标准。谁知这一标准在此后两千多年一直沿用。

当时,市场交易中使用的是十六两秤,又叫十六金星秤。十六金星由北斗七星、南斗六星、福禄寿三星组成秤星。所谓秤星,就是杆秤上用铜钉钉在秤杆上的准星。杆秤根据杠杆原理制成,分秤杆与秤砣两部分。古代的秤是一斤十六两,秤杆上有十六个刻度,每个刻度代表一两,每一两都用一颗星来表示,故谓"秤星"。秤星的颜色是白色或黄色,不可用黑色,表示用秤做生意的人心地要纯洁,不能昧着良心,黑心欺客。

秤的前六星代表南斗六星,象征四方和上下,后数七颗星代表北斗七星,象征用秤者立于天地间,心要公正,要像北斗七星指示方向一样,毫不偏颇。秤的尾端是"福、禄、寿"三星,用来告诫生意人要诚实信用,不可欺诈,短一两无福,少二两少禄,缺三两折寿。

后珩童乩

民国初期，兵荒马乱。同安县绥德乡同禾里七都新圩后珩村有几个游手好闲、好吃懒做的人。他们种田怕累，见到太阳头就发昏；做工艺没本事，受不了三年后出师的辛苦；经商没本钱，四体不勤哪来钱币。这几个人穷得叮当响，嘴却馋得像猫一样。哪一家祭祀、拜神稍微有个风吹草动的，这几个人就会不约而同不请自到。日子一长，村里人受不了他们，看到他们远远地低头另走他路。

有一天，他们又聚在一起，合议搞歪门邪道。其中一人出主意，以后不再四处串门找吃找喝，讨得人家嫌弃，而要让村里人乖乖地把家中好吃的东西拿出来"孝敬"。

"村东边不是有座小庙吗？很久没有香火了，我扮个童乩①，你们就当'营下'①，提前想好办法，约好暗语，装神弄鬼，骗几个钱下酒。"出主意的人说出主意，几个人听了大声叫好，一件见不得人的事酝酿出来了。

第二天，他们敲锣打鼓喊叫起来："各位乡亲，咱们村王爷公今天显灵了，各乡亲每人出钱五角，各家各户备办'三牲'敬奉王爷公。"②人们心里狐疑，又怕王爷公，只好出钱，

①营下（ngiǎ ê）：配合乩童进行仪式的下手，一般五人，俗称"五营"，负责烧符令，催咒，跳神舞。

②三牲（sǎm xīng）：牛、羊、猪为大三牲，猪、鱼、鸡为小三牲。翔安农村一般仅用小三牲或五牲。有时简单一点，猪肉、鸭蛋、面线也是三牲。

提着三牲来到小庙前供奉。

农历七月二十，在村边小庙前的大埕①上，童乩果然赤着上身，腹围红兜，手持令旗、神剑、法索，左颠右撞，三步一撇地跳起神舞；两个营下抬来一座大轿围着大埕晃了起来，越晃越神；一个营下拿把竹帚跟在童乩身后乱挥乱舞。突然，童乩两手抓紧轿沿，飞身跳上轿辕，一手拿把神剑在身后比划着。神轿沿着大埕时进时退，转了三圈，在一片鞭炮声、呐喊声中童乩跳下神轿，低着头，踏着马步，又围着大埕手撑脚蹬地跳着，好不威风！

这时，童乩把神剑插在地上，一手拿过法索，用力往前甩了三下，紧接着又从地上拔出锋利的神剑，在背后比划着，每过一会儿就气势汹汹地往自己背上比了比，好像用力要砍下去的样子，三个回合后，乩童真的把剑往自己背上砍了，但往往此时，手拿竹帚的营下心中有数，到了第四回合就眼疾手快地把竹帚往童乩背上一垫，利剑正好砍在竹帚上。乩童照样跳着，眯着眼偷偷往周围一望，村里人果然信以为真，纷纷倒地叩拜起来。

这场主角与配角默契配合的精彩表演，让童乩心里美滋滋的，眼看几桌酒肉就要到手，锣鼓声也越来越急，按照说好了的，再过几个回合就要"谢幕"了。这时，场上出现两个打拳卖膏药的人，他们也被村里的热闹场面吸引了，以为真的有什么社日，也拿出道具变起戏法来，想赚几个小钱。打拳卖膏药的吆喝几声，营下虽说还舞着竹帚，眼睛却直往

———

① 大埕（duǎ dniá）：屋前平整过的空旷地，可用于晒谷物。

卖膏药打猴拳处看得出神①。童乩再次比划了三个回合，第四回合就要往自己的背上砍下了，营下竟忘了数数。等到第四回合，童乩以为这一剑砍下去就大功告成了，使劲往背上砍去。霎时，背上裂出一道一尺多长的血口子，皮开肉绽，血流如注，童乩嚎叫着钻进八仙桌底下，再也爬不起来。

从此，新圩一带的人，每做一件亏心事，就以"后珩童乩——乞丐成了"作比喻。

_____

①卖膏药打猴拳(vuě gō yò pà gǎo gún)：江湖艺人，以打拳吸引人的注意力，从中贩卖自制药膏。

话说"不成龙"

自古以来,"龙"为天下至尊,皇帝就是天子,也就是"龙",享有天下至高无上之尊贵,只有皇帝才能穿龙袍、戴龙帽、睡龙床、坐龙椅、住"龙宫"。龙也是吉祥物,象征聪明、才智、英勇、纳福、富贵、吉祥。天下百姓无不称羡与向往,都奢望子女能够出人头地,当官发财,事业有成,故有望子成龙之说。

但是,"龙"也不是万能的。据传说,龙生九个儿子,都不成丁①,呆头呆脑,傻神憨面,奇形怪状,虽为神龙,却不能得到重用。他们依次为囚牛、睚眦、嘲风、蒲牢、狻猊、霸下、狴犴、负屃、螭吻。龙王只好命他们去监管各大寺庙,立在屋脊顶,为庙神收风挡煞。经过大寺庙的时候,不妨看看寺庙脊顶上有一"龙吻",立于规带脊的最上端,龙吻下有剑靶、背兽、吻座。规带脊成弧线至规尾然后安上角尖或草花尾,在距脊尖大约一米五的檐脊顶经常看到前头一个仙人骑鸡的陶瓷塑像,后面跟着四个至五个不同骑兽的人物,他们就是龙的儿子,前面的仙人就是太白金星,叫仙人带路,整座庙宇从上至下,分别安上龙、凤、狮子、天马、海马、狻猊、押鱼、獬豸、斗牛、行什。为庙宇建筑增添神秘而威严的色彩,也使庙宇显得富丽堂皇。

---

① 不成丁(bù xǐng dīng):无法成为有用的人才。

　　"不成龙"给人们启迪——因果随缘，上善若水。"花无百日红，人无百日好"，在荣誉面前，不要骄傲自满，高高在上，得意忘形，狗眼看人低；在失意的时候，不要悲观失志。"鸡膏下土也有三寸烟""一支草一点露""歹马也会一步踢"①，天无绝人之路，振作精神，继续奋斗，"憨人一定有憨福"。

---

①鸡膏（guē gō）：鸡的稀屎，色褐黄，质粘，味臭。

喊头声

俗语说，"仙公猜，行到才会知"①。

马巷镇位于翔安的中心点，交通四通八达，当时同安东界三里稍微有点头脑的生意人，都集中在马巷发展事业，富商大贾层出不穷，其中有一陈姓富户，夫妻结婚多年尚未生育。

正在为家财万贯无人继承而烦恼的陈财主，经人指点说，上北辰山仙宫圆梦很准②，于是打点供品上北辰山仙宫圆梦去了。北辰山位于同安东北部牛岭山麓，从马巷起程到仙宫少说也有四十里。陈财主中午到仙宫，上香礼佛后看看天色还早，就往十二龙潭，在朱子"仙苑"题字处游玩了一番，傍晚回到仙宫，用过素食，早早歇息，想讨个好梦。

夜深人静时分，陈财主冥冥之中依稀见到一条飞龙从眼前一晃而过，紧接着有位仙人大呼道："马巷街喊头声的。"③陈财主一觉醒来，再也睡不着，天还不亮就踏着夜色下山。一路上，陈财主心想，仙宫里虽有两三个人圆梦，但就我一个是马巷大名鼎鼎的富户，马巷街富户比比皆是，我又专心经营家业，不喜出头露脸，这"喊头声的"肯定不是叫

---

①仙公猜，行到才会知(xiān gōng cāi，gniá gǎo jià ê zāi)：仙公托的梦就像谜一样，就看你怎样理解。仙公：能托梦给人的神佛。

②圆梦(wǎn mǎng)：理解猜测梦境。

③马巷街喊头声的(véi hǎng guēi huà tǎo xnià é)：意指有权有势，一呼百应，说话很有分量。

132

我。莫非是说我将喜获麟子,我子长大以后必定是出人头地,一呼百应。想着想着,心里美滋滋的,不知不觉北山到马巷的距离缩短了。

陈财主把梦境说给妻子听,妻子也听得满心欢喜,专心致志地展开造人运动,孕育麟子。说来也巧,不久,陈财主妻子果然有喜,夫妻俩掰着指头算计着,今年兔年,明年临盆正好是龙年。龙年生子,又是"喊头声"的,天下的好事都降临到陈财主的头上了。

龙年正月十五,陈财主家的龙子出生了,陈财主高兴得不得了,正月十五状元才,龙年生龙子,马巷喊头声。陈财主为其子起大名陈第一。陈财主夫妻俩晚年得子,视之若掌上明珠,宠爱得如金枝玉叶,只要儿子说"三",夫妻俩不敢说"二"。长大后,陈第一娇生惯养,正经事不想学,学起赌博、嫖娼、吸食鸦片,却是一条龙,整天游手好闲,成了马巷界有名的浪荡子。没几年,陈财主的万贯家财被陈第一挥霍一空。这个陈第一,虽是正月十五的状元才,从小不喜读书,斗大的字不识几个,什么工作也不会干,思来想去,没落的陈财主无奈地给他找了一个公差活,凡是马巷厅有什么安民告示,或是通知里人,或者有人丢个猪啊、羊啊的,就是有丧家出殡,也让陈第一提个锣,走街串巷,敲锣喊叫,告知于人。后来人们才明白"马巷街喊头声的"的意思,"仙公猜,行到才会知",果然不错。

功德做在草上

人世间,有些人忘我地干,拼命地争,到头来两手空空,一无所得。人们会说这样的人是"功德做在草上"。这句俗语带着一个传奇的故事。

嘉庆年间,有个老和尚住在小盈岭的庙里,翔安山区海岛常有善男来请他做"功德",每次做功德回来,老和尚就在庙前栽一棵草,日久天长,漫山遍野的花草生机勃勃,绿油油、繁花似锦的一片。老和尚左思右想,我做了这么多功德,怎么还不能得道成佛?有一天,他将寺庙周边自己种的草全部抠起来,捆成一捆,说是要挑到西天去问佛祖,为什么他功德做那么多,尚未能修成正果。

老和尚挑着草,一步一脚印来到山麓,想要翻过那座高山,抬头仰望,高耸入云,不可攀也,那山后有山,浓烟滚滚,大火冲天。时值中午,老和尚饥渴无奈,背靠那担草,在那歇着。恰好有个屠夫走过来,看他背靠着草,走近问他:"老师傅,你挑这么多草往哪儿去,要做什么用的?"老和尚唉声叹气地告诉屠夫说:"贫僧我一生为他人做了很多的功德,每每做完一次功德就种一棵草,现在草种这么多了,还没修成正果,欲前往西天问佛祖,为什么还不能得道成佛。"

这屠夫,也正要去忏悔,说他不再杀猪了,到了这山脚下,正苦双腿酸痛难忍,翻不了这座高山,现在知道这和尚要去找佛祖,就对和尚说:"老师傅,你成全我!多年来,我宰了成千数万头猪,害死了它们的生命。我这颗头寄你去,我现在要放下屠刀，立地成佛。"话音刚落，挥刀将自己的头斩下来。老和尚想："一个屠夫，你杀生那么多，罪过，罪过！怎能成佛？"扔下屠夫不管，挑起草来就要走。和尚转头一看，烟还那么浓，山还在烧，这担草挑过去，不知道会不会被烧掉？他脑筋一转，把那屠夫头拾起来，心想："先把这人头丢过去看看，看他头毛会烧着不会，头毛若烧不着，就可以过去。"现在有一句话叫做"头毛试火"，就是说像他这样，不知火会不会烧到自身，就先拿人家的头发去试火。和尚把屠夫头丢了过去，头颅还没落地，毛发已被火烧光。和尚一看没法过，就坐地等火熄了才过去。

千里迢迢，和尚终于到了西天，见到佛祖。佛祖明白和尚的来意，答复他说："你是个出家人，所做的事不应该耿耿于怀。你既要讨功劳啊，又都记在草上，你的功德就做在草上。但是你这草的功德又被那屠夫得去了，因为你要过来时，怕草被烧，拿他的头毛试火，他头发烧去了，你做在草上的功德也就让他得去了。所以那个屠夫，是真的'放下屠刀，立地成佛'了。"

这和尚听完，没跟佛祖计较什么，头摇得像玲珑鼓，自言自语地说："罢了，罢了！""功德做在草上"这句话就流传下来了。现在我们说"功德做在草上"，意思是说做事情，讨功劳，既要名，又要利，就像把功德做在草上一样，争名夺利反而没有好结果。

135

王喜卖药

马家巷有一家"王记药店",药店虽说不大,平时来抓药的人却不少。朱府王爷边上有洪氏中医世家,给"王记"带来好生意。

在马巷街北面街市头附近,有一座格思堂,专供奉朱府王爷,庙不大,但很灵验,平时信徒络绎不绝。古山洪氏不知从什么时候就搬迁到格思堂周围居住。洪氏家族几代人专攻岐黄之术,几乎个个是扁鹊再传,华佗转世,仲景在诊。远近百姓只要稍微头烧耳热①,就上门问医求诊。洪氏专攻医学,望、闻、问、切无不通晓,疑难杂症不用一炷香工夫,立马能诊断出缘由,开出的药方也往往出人意料,药到病除,前来看病的人经常是排着长队等候。只是洪氏族人把医道当作神圣的职业,虽然《神农本草》了然于胸,《本草纲目》也背得滚瓜烂熟,深识各味中药的药理。然而,各人有各人的道,每天从早到晚为病人诊断,哪还有闲工夫涉及中药经营,只要自己开对药方,药店抓对药,病人吃了能解除痛苦也就心满意足了,至于中药生意,可是从来不闻不问的。

病人也习以为常,往往拿到药方,就急忙到大宫口的"王记药店"抓药。有时遇到急症,也就就地在药店里煎药治疗。

---

①头烧耳热(táo xiō hǐ ruà):感冒、中暑导致的头痛脑涨等发烧症状。

王老板晚年得一子,是一棵独苗,取名叫王喜。王老板平时只注重药店生意,独苗任由夫人独自管教。王喜渐渐长大,从小娇生惯养,油嘴滑舌,自以为是。一天,王老板药店打烊后,想起教王喜一点什么,以便继承自己的事业,就把王喜叫到身边,拿起一味中药:"这是什么?"

"土豆。"①王喜也不仔细端详,随口回答。

"土豆不是这样的。颜色不同,味道不一样,样子也不同,这叫三七。"

"三七二十一。"王喜随口把他娘刚教他的"小九九",有心无心地应了出来。

王老板哭笑不得,"这小子怎么了? 也不仔细听听,也不仔细看看,随口就来个'三七二十一'。不过还好,不懂药理,今后不管'三七二十一',能打打算盘也好"。

王喜渐渐长大,不学无术,甚至有点儿放荡。

有一天,王老板外出采购中药,吩咐王喜看好药店。一整天,好像大家都安好,没人来买药,王喜在药店里待久了,坐也不是,站也不是,逛也逛累了,正坐在药桌前托着下巴。临近黄昏,来了一位村妇要买牛七和防风。王喜估摸着,牛七、防风——哪里是什么中药,偏偏跑到我的中药店来购买。于是,凭着一点小聪明,来了个顾名思义,牛七大概就是牛蹄七片,随手操起药刀切了七片牛蹄;防风嘛,一定是"灯规"②,这种家家户户都有的东西,也到药店里来买。王喜转入后堂,拿出自家用的,黑乎乎的"灯规"用纸包好,正准备交给村妇。

---

①土豆(tǔ dǒu):落花生。
②灯规(dǐng guī):小煤油灯点亮后,罩着防风的玻璃器皿。

王老板背着中药回来了，拿过桌上的药方一看，再看看儿子包好的东西，顿时气得暴跳如雷，骂道："你这不学无术的东西，若有人来买'附子'，那你就把我们俩都卖了；若有人来买'贝母'，那就把你妈也背去卖掉？不长进的东西啊！"

棺材本

相传，同安县金门后沙有一个小孩叫许盛，父亲早年去世，母亲含辛茹苦地抚养着他和弟弟两人。孤儿寡母，渔狩农耕诸活无法料理，难熬的日子可想而知，生不如死，度日如年。

椿树倒，萱花谢，真是祸不单行，不久许母也撒手人间，许盛兄弟俩抱头哭倒在地，双双来到母亲的娘家报丧，舅父可怜两个孩子，取出白银二两，让他们上街为许母收殓备一副棺材。两兄弟一路上街，长兄许盛屈指一算，哭哭啼啼地对弟弟说："这如何是好？舅父给的钱仅够买棺材一具，所剩无几，不够再买蚝壳灰了，可怎么办呀？"

站在身旁的弟弟哭着回应道："哥哥，我们现在到城隍庙去，庙门口那边经常有很多人围在一起赌钱，反正无法给阿母安葬，不如咱们也去搏几回，看能否为母亲挣几文蚝壳灰钱。"兄弟俩三步当成两步走，拿着舅父给的一两棺材本，兵分两路，上场大开杀戒。偏偏是老天不长眼，或者有眼无珠不成全，真可谓"死爸死母三年衰"①，舅父给的二两白银转眼输光，没得赌了，棺材本也赔上了，该如何是好？兄弟俩灰溜溜地回到茅屋里，想到明天母亲入土，娘家人会来送葬，老母仍摆放在厅堂上，没有棺木入殓，如何面对血缘亲人，兄弟俩这回由衷地哭得死去活来。

---

① 死爸死母三年衰（xí bei xí vô snā nǐ suēi）：父母死后三年里运气不好，走的是背运。

　　话说回来，两兄弟原本是想捞点侥幸钱，买蚝壳灰修造慈母墓室，一步踏错，仙人无救。于是，两兄弟想了又想，家里有个大谷篮，干脆把老母亲抱在谷篮里，抬到村后的山麓安葬。两兄弟说干就干，抬起母亲一边哭一边来到山脚下的深沟里。申时三刻，突然狂风大作，乌云密布，雷雨交加，大雨倾盆而下，越下越猛，两兄弟把老母暂且放在沟旁，跑去避雨，心想等大雨停了再把母亲的遗体抬到山上安葬。天不遂人愿，暴雨狂作，电闪雷鸣，简直天崩地裂，高山上的泥石流披天盖地，把整条山沟都给填满，安放老母的谷篮已被淹没在泥石下，无法清理。正是"想赚壳灰钱，连棺材本也去"。

　　天亮了，舅父也来了，两兄弟带着舅父来到山沟里，一看泥石堆成的墓冢，宛如天葬，舅父鞠了个躬，二话不说，向姐姐告别而去。

　　按《马巷厅志》卷十五："许盛，字际斯，号武岩，后沙乡人。康熙三年自海上率众归诚，授参将衔，屯垦南赣。时三藩蠢动，闽粤荆湖诸寇，�入江右，破郡邑。赣为数省咽喉，盛率屯丁前后二十余载，解宁都、杨家寨、富江等围，复石城、万安、泰和、上犹、龙泉等县。招抚伪将严自明、戴顺、曾惟龙等，斩伪将陈升、凌之亮、何鼎、陈可、韩大任等。夺回男妇无算，以功授南赣总兵，进秩右都督，转左。复剿崖石寨，降其魁朱明，授拖沙喇哈番，予世职。盛少遭乱，失亲骸，至是匍匐悲号墟莽间，乃得其处。二十七年，移镇襄阳，道经武昌，值夏逢龙之乱，幽闭城中，身被四矢，以计脱，随大兵讨平之。后为言者所劾，蒙温旨，许盛矢志忠贞，所奏无据，以原职出镇宣府。两次出口，随征葛尔旦。以老乞归，捐赀三千八百金，修同邑文庙及明伦堂、乡贤祠。"

可见，许盛年少时，就是一个孝子。

门当户对

　　特色鲜明的大嶝古厝成百上千,富有古意风情的"门当"与"户对"却存留无几。"门当"与"户对"是有九架双落大厝的大户人家才用得起的,是身份和财势的象征,是红砖古厝精美绝伦的特色景观。

　　门当是古厝大门前的抱鼓石或石门枕。抱鼓石有磅礴之势,百姓奉若避邪圣物。石门枕又称乞丐石,是大户人家让乞丐乞食时暂时寄坐的石构件,寓意与现实可以各取所好。古厝的户对是门楣上两个扁圆柱体的石构件,不具实用价值,只能装饰门面,但也突出建筑艺术上的和谐之美和对人丁旺盛、香火永续的盼望。

　　门当户对后来变成衡量男婚女嫁条件的成语。门当户对,泛指男女双方家庭的社会地位相近、经济基础相当,适合喜结良缘。门不当,户不对,长辈会持反对意见,认为不适合结亲。金门人讲究门当户对。

　　大嶝岛上流传一则故事:很久以前,四堡后有一户金门过来做生意的人家,家中有两个宝贝女儿。女儿长大,该谈婚论嫁了,这个金门人以为自己是做生意的,应当找个门当户对的人家,偏偏四堡后没有一户做生意的,大户人家又高攀不起。经媒人从中牵起红线,大女儿嫁给一个寨仔山农民,小女儿还好,嫁了个本村的土医生,也算是门当户对。

　　两个女儿原本在家平起平坐，虽说"爸母疼细囝"①，但没多大区别，两个女儿是家务活、女红样样都做。出嫁后，所谓嫁鸡随鸡，嫁狗随狗，一样的嫁人，两个女儿的地位发生巨大变化。大女儿嫁给的是农民，每年一到农忙季节，丈母娘就把大女婿叫来，收获播种，犁田耙地，粗活细活样样都让他干，有时连大女儿也叫过来帮忙。活一干完，也不留下吃午饭，就让夫妻俩双双回家，稍不如意还要遭丈母娘的白眼、杂念②。不公平的是，每到老母鸡"咯咯"下蛋，鸡鸭成熟，丈母娘会叫当土医生的小女婿过来吃肉喝酒，有时小女儿跟着回娘家，丈母娘就会人未到家就先赶到村口笑脸相迎。一样是娘生的，一样是女婿，待遇是完全不同，好在两个女儿、两个女婿，一对老夫妻从来都没有同时相聚，三个家庭也就相安无事。

　　旁观者清，村里人纷纷议论，都是"门当"与"户对"惹的。

---

　　①爸母疼细囝（běi vô tnià suè gnià）：父母都比较疼爱一群子女中年纪最小的。

　　②杂念（zǎm liǎm）：唠哩唠叨，埋怨、琐碎的话说个不停。

豆棚闲间

翔安

豆棚闲话，清巷茶余。

如数家底，似拾珠玑。

轻风宛转，细浪涟漪。

唱满三魁，吟遍九溪。

事无巨细成道理，调有高低辨贤愚。

莫道村语词不雅，桃李不言自成蹊。

大担岛上鸡啼声

天刚亮，翔安沿海的山庄和渔村，耆老早已起床泡茶。老人一上年纪，各有各的生物钟，鸡鸣五更，早早醒来也各有各的事，大家随遇而安，好像与世无争。

可是，有一处山与海交界的地方，一个孤寡老人讲起自己的感受。五更时分左右，有时是北边的公鸡开始啼鸣，"喔，喔，喔"，他透过"五只四空"窗一望①，东方露白，也该起床泡茶了，谁知水还没烧开，南面又传来"无某命，无某命"的鸡鸣声②，一听这声音，早起的兴致都没了。有时是子时未到，南面传来一阵"无某命，无某命"的鸡啼，这一晚可就别想再睡好觉了。老人苦恼啊！

公鸡生性是这样的。山里的公鸡三更开始报晓，一只带动一只，直到黎明五更。海边的公鸡却跟着海水潮起潮落，随汛啼叫。正是，有的报日头，有的报月亮。上山耕作，下海捕鱼，要掌握好时间，全靠你自己的耳朵，不用人家操纵。这山海交界的地方也真是得天独厚了。

翔安民间有一句俗语，"有的啼更时，有的叫流时"③，这句话一点也不假，公鸡喉咙发痒，什么时候啼鸣自有它的规

---

①五只四空（ggô jì xì kāng）：用红砖或条石砌成的窗户。五只：指包外五条窗棂。四空：指四孔窗棂之间的间隔。

②无某命（vǒ vô mia）：没老婆的命。

③有的啼更时，有的叫流时（wū ê tǐ gnī xí，wū ê giò lǎo xǐ）公鸡有的按更时啼叫，有的按潮汛啼叫。

律,习以为常,也就不会管那么多。母鸡啼鸣,那可就不得了,轻者拔毛,重者砍头。老人确实没办法,啼鸣的都是公鸡啊。他摇摇头缓缓道来。

从前,有一个和尚,迁徙到金嶝海域的大担,寝食没有规律,朝夕不知时辰,因此,他想饲养一只能啼鸣的公鸡,好把自己从梦中叫醒。有一天,和尚来到菜市场,看到一只公鸡,惊喜地赞叹着:"嗨!这只公鸡长得这么美!谁家的?一只多少银两,我买定了!"和尚也不讨价还价,付了银两,抱着公鸡回大担去了。

这只公鸡为什么会长得这么漂亮?因为它前世为人没结过婚,死后跟阎罗王计较起来,说:"一样都是人,为什么命就不一样?别人都有很多子孙,我一辈子孤零零一个?"阎罗王解释地说:"你的命,落土时就注定了①。出生时,不是要记'年月日时'吗?这就是所谓的'四柱',至于"八字"也是由'四柱'配比开来。'八字'的作用很厉害的,关键在'时'。'时'有时头、时中、时尾……"阎罗王还没解释完,冤魂不耐烦了:"那就是说,我的歹命就在这个'时'上了?"②

阎罗王忍了一肚子气,继续解释道:"单单这个'时'字,也要好好排比,周文王排八卦,八八六十四卦,每卦六爻,那是多少?还有更多的,每爻又有不同解释。几千年来,你们各有各的创新,各有各的发挥,弄得我生死簿也不好确定这个'时'字了。"

冤魂嚷道:"既然只是这个'时'字,你让我转生,时时记住这个'时'字。"

①落土时(lǒ tô xí):出生时的那一刻。

②歹命(pái mia):不好的命运。

阎罗王摆开笑脸说："好说,好说!这样吧,让你投胎为公鸡?"

"公鸡不好,整天天没亮就要'喔喔'叫的。"

"哎,你不懂!"阎罗王认真说道:"你转生为公鸡,一到人间,时时能注意到'时'字,好排排自己的八字。再说,你不是怨恨无子无女吗?公鸡可是妻妾成群,子女成堆啊!"

冤魂心动了,同意地说:"好吧,但我这身衣服,到人间如何妻妾成群?"

"不用担心……"

冤魂赶赴人间投胎去了,一生下来就是一只漂亮的公鸡。

主人看到公鸡一孵出来,就特别惹人喜爱,心想肯定能卖个好价钱。他带着几只鸡刚到菜市场,小公鸡就被和尚买走了。

和尚抱着公鸡回到大担,大担是海中孤岛,是出家人待的地方,哪有妻妾成群等着你。公鸡此时怨叹了,人算不如天算,每天哭哭啼啼:"无某命!无某命!"

"公鸡真的这样叫的吗?"老人闭口不语。

"你们行船过大担时,可真听过那里的鸡在叫'无某命'?"老人还是不语。

末了,老人说:"自己感受吧!只是我们看别人婚事没说成,就会说,啊呀!你这个人要做'大担鸡'咯!"

恨鸡母不恨耐鹞①

一只老鹰在天空中盘旋,随时注意着地面上的一切,有几次,它想直冲到地面,但又马上打消念头。原来,有一只母鸡带着一群小鸡雏在草地上觅食,空中的老鹰俯冲而下时,母鸡发现了,忙展开双翅"咯咯咯"直叫,小鸡就"啾啾啾"飞快地跑进母鸡的怀里躲藏起来。老鹰不会轻易放弃这顿美食,母鸡也会有疏忽的时候,被叼走一两只小鸡是常有的事。这种情景我们称之为"耐鹞谋鸡"②。

从前,泉州府翔风里十四都有个榕仔头村③,有一个鲁氏乡绅,妻子可谓"虎肚"④,只生一个儿子。一家三口人,田地几十亩,雇了好几个长工,一年四季五谷丰登,吃穿不愁。鲁父常年在外经商,腰缠万贯,富甲一方。公子鲁情既是家中独子,又因家富命贵,整天无所事事,四处游玩。

有一天,邻社塘边村正遇社日,情窦初开的鲁情来到塘边看"半晡戏"。在戏台下,他看到了一位漂亮的姑娘,就主动接近与她攀聊起来。两人一见如故,谈笑间情愫悄然而

---

①恨鸡母不恨耐鹞(hǔn guē vô bùd hǔn nǎi hiò):鸡母:母鸡。耐鹞:老鹰。应该恨母鸡保护不了小鸡,不要恨老鹰吃掉小鸡。比喻应恨自己无能为力,不要恨别人财粗势强。

②耐鹞谋鸡(nǎi hiò vuǎ guē):老鹰在空中盘旋,想吃掉鸡雏。耐鹞:老鹰。

③榕仔头(jīng a táo):村名。榕树的树头部分。

④虎肚(hô dô):传说老虎一生只交配一次,生一胎。形容像雌虎那样,一生只生育一胎,不会生第二胎的女人。

生。鲁情向女子吐露倾慕之情，表示愿意入赘到女子家，做上门女婿。一见面就求婚，还愿意入赘，女子有些惊慌失措，羞涩难耐，转头就跑。女子回到家中后，正巧碰到回娘家吃宴的姑妈，她知道鲁公子是姑妈村中富翁的儿子，就问姑妈："姑妈！你村富户鲁氏独子今日与我偶遇，我俩一见钟情，他径直向我求婚，并求入赘。我家中贫苦，尚有两个弟弟未成年。我与他门不当、户不对，但看那公子情真意切，我亦倾慕于他，如何是好？"

姑妈立即来到戏台下找到鲁情，把他叫到旁边想问个究竟："鲁情啊！你是家中独子，相貌俊朗，家财万贯。愿嫁给你的女子数不胜数，何以唯独看上我家侄女，又欲入赘为婿呢？"

鲁情说："所谓'千里姻缘一线牵'，我俩虽是初遇，但情投意合。今入赘之心已定，若你将我心意告知你兄嫂，愿为侄女做媒，成全我们二人，自是美事。但此事不能让我父母知晓，我自知是家中独子，父母绝不同意我入赘他家。若你不肯，我也只好听天由命。"

一门突如其来的亲事，把这位姑妈搞得晕头转向，竟不知如何是好。宴席散后回到夫家，以为那鲁氏公子只是一时戏言，便淡忘了。

时光一晃就是一年半载，鲁情与李姑娘时有来往，两人感情渐深，彼此山盟海誓，永不分离。姑妈看在眼里，心急如焚，不得已登门上鲁家，将侄女与鲁公子之事告诉鲁母。鲁母一听，勃然大怒，拍案而起，斥责姑妈娘家家教不严，放任侄女勾引其子，又讽其侄女家中贫苦，麻雀也想做凤凰。姑妈羞愧难忍，夺门而出，回到娘家便训责侄女今后不得与鲁公子再有来往。待鲁情回家后，鲁母命长工将儿子反锁家中，不得与那贫家女子再见面。

天下有情之人，如牛郎织女，银河浩瀚也无法阻隔。李姑娘自从被姑妈训责后，便无鲁情消息，整日以泪洗面。鲁情被禁家中，又有长工看守，久不见心爱之人，竟卧病不起。鲁母找来几位名医，鲁情的病情不见起色，正是"心病无药医"。

此时，在外地谈生意的鲁父知道此事，日夜赶回到家中。鲁父知道鲁情与李家姑娘是真情实意，便找来李姑娘的姑妈，见到李姑娘。鲁父初见李姑娘面貌白净可人，虽是家境贫穷，但言行举止得体大方。又见李姑娘每日以泪洗面，日渐消瘦，竟也多了几分怜悯之心。

从李家回来之后，鲁父来到儿子窗前，细问儿子与李家姑娘之事。鲁父苦劝鲁情："她家贫穷我且不计较，你若中意，可上门提亲，娶她过门，为何偏偏欲入赘她家。你是我鲁家独子，当为我鲁家传宗接代，添丁添福。"

鲁情说："别人都称我家富命贵，你与母亲整日打理家中事务，未曾管教过我。你又终日不在家，金银财宝再多，也比不上亲情。我与李姑娘一见钟情，山盟海誓，愿与她白头偕老，相伴相随。况且她家与我家仅一村之隔，入赘她家又有何妨。"

为了不让儿子终日卧病不起，鲁父只得狠下心来，答应儿子要求，成全这桩婚事。怎奈鲁母死活不肯哭诉着："我怀他十月，纵使平日里放任，不曾管教过他。骨肉亲情，他怎可不论。他是鲁家独子，此去入赘别家，教我有何颜面见鲁家列祖列宗？"伤心与羞愧交错，鲁母话音刚落，便要撞柱子自尽，多亏鲁父及时拉住。

鲁父安慰鲁母说："天上飞翔的耐鹞伺机捕食鸡雏，鸡母拼命保护。不是耐鹞太残忍，而是鸡母无力保护自己的孩儿。'恨鸡母不恨耐鹞'，我们夫妻一直放任儿子，从未陪伴管教，才会导致这样。我看那李家闺女，虽是穷苦出身，但面貌娇俏可爱、举止大方，既然他俩情投意合，又是邻村，我们何不遂了少年愿。"

鲁情与李姑娘有情人终成眷属，鲁情一改往常游手好闲的习惯，扶持李家两子长大成人。两家人也终于消除嫌隙，和谐生活，传为佳话。

米岩山脚的故事

王揽敛财——勾俭①

翔安九溪中有三条流经赵岗,一条发源于三魁山的杏坑,经店头、横路,一条从出米岩虎崆坑经官路下、曾厝,一条从金牌寨经桂林、营上、美仙湖,三条溪流在内田交汇。赵岗村就位于三条溪流交汇处的北面,临近马家巷地界,得天独厚,自然地势平缓,土地肥沃,水源丰沛,一年四季不必仰天吃饭。赵岗百户人家,竟也出了一个富翁。

这富翁名叫王揽,也真的是名副其实,虽说是个富翁,但依旧衣着朴素,勤俭持家,总想把金银财宝揽在身边。王揽致富就靠勤,就靠敛,整天待在自家的田园里,照看着地里的芹菜、芫荽……累了,他就挑上自产的蔬菜过溪到马家巷叫买,一天来回几趟,从不闲着,白花花的大洋只进不出。

王揽的蔬菜种得好,销路畅通,并非有什么秘方,主要还是靠九溪里清澈干净的溪水和自家充分发酵熬制的农家肥。菜苗移栽成活后,他就在菜苗周围插上烟杆,以防长虫,有时生菜长虫了,就用手捏。

王揽积肥也自有一套经验,每次挑上蔬菜到马家巷叫买,都要顺便带上几片芋叶,路上看到牛粪,他就用芋叶包

---

① 勾俭(kiú kiām):吝啬,过分俭省。勾:俭。

起来，带回倒在粪池。有一次，他卖完蔬菜，看到集市里新鲜的生蚝和活蹦乱跳的"生担物"，想想家中整天稀饭配豆豉、菜脯，老婆、儿子、媳妇虽不敢有所怨言，但从他们的脸色也看出不高兴。于是，王揽开始询问价钱："这位老兄弟，生担物怎么卖？"

"一斤二十文。"

"怎么这么贵？这位大嫂，生蚝怎么卖？"

"一斤十文。"

"太贵了，五文吧。"王揽讨价还价，看人家爱理不理，"那就八文钱。"

"你买多少啊？"

王揽说："就买八两吧！"

"咸涩涩，勾得打结球①。只买八两蚝，还出五文价，怎么找你钱啊？"

王揽用芋叶包好生蚝，放在畚箕里起程回家，一路上哼着小曲，心想这下家中老小脸上，肯定不会再忧得像咸橄榄②。快到家门口了，他把从路上包回来的牛粪倒进粪池里，整理好担子，正要回家："坏了，八两生蚝也倒进去了。"好在几天没下雨，粪池里牛粪成堆，王揽趴下身子捞起生蚝，摇着头回到家里。

"晚上就熬点蚝仔粥，大家改善改善。"王揽对老婆说。

天色渐渐暗下来，天空中一轮月儿高高地挂在空中，王揽说："今天就不要点灯了。"趁着透过云缝的淡淡月光，王揽一家围着桌子，享受着生蚝仔粥的美味。

---

①咸涩涩，勾得打结球(giǎm xiàm xiàm，kiǔ gà pà gàd giū)：形容不舍得花钱。

②咸橄榄(giǎm gā nà)：形容皱纹多且深。

"哼?"王揽吃到了一尾海蚝,顿时心里有点不高兴了:"浪费啊,像你们这样,这个家迟早会被你们吃空了。"

王揽老婆说:"你不是说要煮生蚝粥吗?"

"我买回八两生蚝,费了四文钱,那可是我半天的血汗钱啊!本想让你多熬点蚝汤,每顿加一点蚝仔汤就好了。你把八两生蚝做一顿解决了,不是浪费是什么?"王揽训斥着。儿子、婆媳眼瞪着眼,一条心计涌上心头。

从此,只要王揽吃到生蚝,心里就不高兴。

从此,婆媳俩心有灵犀一点通。"这个老古董,让他享受,不懂得享受,还一肚子不高兴。以后给他添粥注意着点,不要让一尾生蚝游到他的碗里。"婆婆吩咐着媳妇。媳妇心领神会地点了点头,"'一两臊,三两膏',地道的生蚝粥,老大倌勾俭,唔甘食,就让尪婿多湿润咧"①。

以后,只要王揽买回生蚝,她们就把生蚝放在开水里滚过,用稀薄的蚝汤煮粥给王揽吃。王揽再也没吃到生蚝,也总吃得津津有味,心想这个家终于懂得勤俭了。大家各得其所,王揽不知积攒了多少缸大银。

棋盘比厝——唔输②

王揽的财富在出米岩山脚下是出了名的,但一人富不如众人富。北面的曾厝村可是古同安有名的侨乡,从白云飞经出米岩,一条龙脉蓄势待发,到了曾厝形成一座小丘。

---

①一两臊,三两膏(jìd nìu cō,snā nìu gō):臊:此意为海鲜。一点海鲜就对身体大有补益。唔甘食(gām jià):舍不得吃。尪婿(āng sǎi):丈夫。

②唔输(sū):不认输。

这小丘状如睡牛,故有"睡牛穴"的说法。虽然出米岩四水在曾厝周围流淌,但土地贫瘠,长年靠天吃饭。这迫使曾厝的青壮劳力纷纷下南洋打拼,留在乡里的四五十岁老人,冬天还没到就身穿破袄躲到家庙前晒太阳。

清朝末年的一天,陈可补回乡建了一座十一架出步大厝,又在大厝前南面建了一座三层小阁楼。以后就不再见到陈可补回乡建业,他把房产都布置到厦门港中山路去了,他可是富得流油啊!

宣统元年(1909),棋盘也回到阔别多年的故乡,一心一意想要在养育自己的摇篮里建筑一座别具一格的大厝。他一落脚故乡,就马不停蹄地来到陈可补的大厝,前前后后、里里外外地看了一遍,心里琢磨着,可补陈叔家产何止我的十倍,怎么就建这种不起眼的大厝,镜面墙也不装饰一番,就连凹寿堵两边的"万"字也是素彩简画,墙上石块大小不一,也不稍加雕琢,梁枋间也不见一点精细木雕,光有那么多钱有什么用啊!

棋盘又来到南面荫童师的十一架出步大厝,从宅院的偏门走进院子里,宽敞的院子让他感到内心无比舒畅。他还没踏进大门,往镜面墙左右看了一下,但见两边身堵墙裙由三块一尺来宽长条形的素平条石砌成;条石上腰堵虽然宽不过五寸,但錾砖砌花样繁多,条形烟炙红砖中镶嵌着一块块小型砖雕,有夔龙、蝙蝠、螭虎、花鸟等纹饰,形象多样,富有变化;身堵上葫芦和古钱纹巧妙地结合,显得高贵;最吸引人的是檐板下的水车堵,堵头灰塑纹饰如细线一般,回环缠绕,寓意吉祥,堵内彩绘色彩鲜艳、人物故事栩栩如生。荫童师发现南洋客回来了,连忙迎出大门。荫童师可不是一般的人物，他满口之乎者也，在清朝后期朝廷腐败，大肆卖官的关节眼上，凭自己的实力，考了个秀才，以后对官场也没兴趣，就在家招几个小孩，当起了启蒙先生。

"这还差不多！"棋盘脱口而出："荫童师，你不是很有财，这样的大厝与你的身份才相称。"荫童师的大厝确实比可补叔的好多了。荫童师把棋盘带进前落大厅，三川密格梳仔门朴素大方，彩绘也很别致；出步步柱圆径竟尺，石柱础雕有浅浅花纹。棋盘看完了整座大厝，口里不断地称赞，把荫童师说得个心旷神怡，他边喝茶，边暗暗想着，外面镜面还可以，就是里面装饰比较朴素。

棋盘心中有数了："按我的那块地，建个十一架出步似乎小了点，不过小有小的好处。"打定主意后，棋盘开始请地理师定坐向，又请来泥水匠、木匠等营造十一架展步大厝。宣统二年（1910），大厝终于竣工，棋盘办了十几桌盛宴，请来乡亲。

"棋盘啊，你建的这座大厝，在我们曾厝可是没有人能压倒过你了！"

"你看，这条巷廊，办一桌酒席也不显得挤，也没有那根步柱碍手碍脚的。"不错，确实少了两根步柱，抬头一看，出步柱位置已经被两个精雕细刻的花篮代替了，花篮通体漆金，在灯光的照耀下晃迷了人的双眼。三阳开泰，口悬瑞草，子母狮一座一个姿态。前落三川门按春夏秋冬，透雕出花鸟图案。后落寿堂二十四孝木雕更显得千姿百态、形象逼真。还有那分隔房间的笼扇透雕，题材丰富，有围炉纹、花鸟鱼虫纹、钟鼓鼎彝纹，还有鹿狮百牲、八仙法器、山水亭阁互相组合，彩绘漆金，富丽堂皇。"棋盘啊，我们家庙虽说比你的大厝大,但没有你的大厝美啊!"堂叔放下架子也不禁夸耀起来。

出米岩周围的村庄,统称六乡,棋盘也是个有头有脸的人物,不仅在曾厝一呼百应,就是在六乡中也是乡里老大,他说一,没有人敢说二。"堂叔,没这像样的大厝,我在六乡中也没面子。我还要在西南角建一座五层枪楼,护着我们曾厝,只要登上枪楼远望,六乡都在我的眼皮底下。"棋盘这样说,也确实这样做。大家酒足饭饱,棋盘觉得花些钱请人过来参观参观值得。

不久,一座三房一厅,一字排开的五层双圈楼平地而起,云霞竞远,雕梁画栋。尽管泥水师傅使出浑身解数,竹竿型双圈楼高近六丈,坐北朝南,就如一片纸竖立西北的居高点,东北风袭来,让人有摇晃的感觉。棋盘登上双圈楼极目四望,仿佛白云飞、三魁山、鸿渐山都矮了,微风吹来,白云不时从腰间绕过,飘飘然进入梦乡。

就在棋盘忙着营建五层高楼的同时,东南角的一座大厝悄然兴建,远远望去通红的屋瓦两边镶着五条筒瓦,屋脊上"寿"字窗格和脊堵翔龙飞凤、繁花百草剪粘在阳光照耀下显得格外耀眼,有如皇宫一般,这可是令棋盘意想不到。棋盘急忙从五楼上冲下来,跑到大厝前一看,镜面是泉州白角牌石,精美的高浮雕精雕细琢,鸟儿在枝头鸣叫,蝴蝶在花中起舞,双狮戏球,麒麟献瑞。他走进前厅,觉得还跟自己的大厝差不多。他跨过三川门槛进入天井,低头一看,两侧东厅不起眼的墙脚也各有三幅花鸟百兽泉州白浮雕。棋盘再也看不下去了,木雕还好,我胜他一筹,但那细腻的泉州白高浮雕宛如玉石一般,我却没有啊!

"不行，我不能认输！"棋盘买回泉州白，请来石雕师傅，准备对大厝进行改造，这一来几乎倾尽他的所有。

天有不测风云，人有旦夕祸福，在棋盘即将对自己刚建的大厝进行再装饰之前，一个台风夜里，五层楼被吹倒三层。棋盘晕了，这可如何是好，大厝比不上人家，连这鹤立鸡群的五层双圈楼也倒了……石雕师傅的锤凿声仍旧叮当作响，眼看改造工程就要动工。

棋盘凭自己在六乡中的声望，好不容易从王揽手中借得一笔钱款，五层双圈楼暂且改为三层，大厝还是要改造。

棋盘事事都想出人头地，好像老天专跟他过不去，三层双圈楼刚修好，也许心力交瘁，正当年轻有为，竟然一病不起，驾鹤西归，可惜啊！

益水讲古——练胆

在出米岩山脚下，一条官路从东面的小盈岭驿站，自东向西经三魁山至杏坑口的店头，顺出米岩山脚的营盘口，过七里、沈井直达同安县城，这是一条官道。官路下村就在官路下，一条小路经官路下埔，过菅园就到曾厝。曾厝范围不大，依小丘东面建了几列房子，环护着浯江家庙。浯江家庙庙口是曾厝人休闲的场所，益水辈分不高，但为人老成，村里称呼其为益水伯。益水伯在家庙门口的北面护龙开了一间小店，小店不卖柴米油盐，专为乡人张犁打桶①。小店也是村里老人品茶讲古，娱乐消遣的所在。

清朝末年，出米岩山脚下的地方百姓也不知道大清朝

①张犁打桶(dnīu lué pà tàng)：木工活，制造修理木犁、木桶。

廷如何腐败，所谓山高皇帝远，只是觉得日子一天比一天难过，白日里苛捐杂税带来的负担，让周围的百姓气喘吁吁，抬不起头。一到夕阳下山之际，由于华南虎时常出没，家家户户早早掩灯熄火，大门紧闭，方圆百里死一般静寂。只有益水伯的小店一年四季依然如故，昏暗的臭油猴①在十几平米的阴暗小店里扑闪扑闪，几个老古董围着小茶桌，正品着烘炉上不知熬了十遍、几十遍的大众茶。大家不在意茶的好坏，一心只为讲讲古，说说新鲜事。

一会儿是三国故事，普庵佛祖如何点醒关公不再"还我头来"；一会儿是水浒逸事，西门庆如何勾搭潘金莲。这些都是老调重弹，连桌子底下也时常响起唏嗦声。

说着，说着。一段新鲜而又稀奇的事，慢慢吞吞地开讲了："你们知道昨天发生什么事儿了吗？"

大家都说，没听过。

"昨天，我们几个人巡山，走到营园，突然锁来兄被一个人从背后抱住，幸亏他人高马大，两肘往后一顶，来人才落荒而逃。"

正说着，锁来兄俯着身也来到小店："你们讲什么古，怕我听吗？"

大家你看我，我看你："锁来，你还好吗？"

锁来坐在让开的位置上，徐徐地说："没什么大碍，就受了一点小伤，改天就好了。"说着，锁来慢慢解开上衣，凹凸有致的胸肌夹着几条咧开口，半寸来深的伤痕，展现在几个老人面前。大家顿时"啊"地站了起来："这哪里是为人所伤

---

①臭油猴（cǎo yiǔ gáo）：煤油小油灯。

啊,这分明是虎爪子的伤痕!"桌子底下又传来一阵唏嗦声。

锁来掩上上衣:"昨天我命大啊! 如果不是老天照顾着我,早就没命了。"

几个老古董再也顾不上喝茶,都竖着耳朵,倾听锁来讲昨天不凡的经历。

"我们巡山,都是带有武器的,二十四响别在腰间,远乡近邻没有人敢惹我们。大家知道我是练过武的,别人怕神怕鬼,我一点都不怕,所以巡山时,我总是走在后面押阵。哪知道,走着,走着,突然一个黑影从后面抱着我。我大声一喊'干什么'!"锁来呷了口茶。

"后来怎么了?"益水伯也听入神了。

"我感到来人非同小可,力大如牛,他一扑,两手扣入我的胸肌,还直往我的脖子上咬。我也来不及抽出'大扩七'(驳壳枪),只好使出浑身吃奶的力用手肘往后一顶,把他顶跑了。幸亏昨天下了细雨,我们都穿着棕蓑,头戴大斗笠。嗨! 我回过头来一看,和我巡山的几个兄弟都趴在地上颤抖着。后来我才知道那是一只饿虎。"

听到"虎"字,桌子底下"哇"的一声,几个小子再也躲不住了,从桌子底下爬出来,灰头垢脸,哭声一片。此时,小店外面也传来了呼叫孩子的声音,大家一齐进了小店,益水伯说:"没事,没事! 练练胆。"

春霖显摆——惊人

春霖是村里的头面人物,本来是一个教书先生,后来当了国民党莲花乡乡长。表面上是一个乡的乡长,暗地里却是地下党的人。

有一天，金门来人了。此人名叫诗青，只见他进入浯江家庙拜过祖先后，就来到益水伯小店里："老弟，近来可好？"曾厝陈姓族人是从金门下坑迁到曾厝的，论辈分益水伯也是"诗"字辈："还好，来，喝茶。"

"近来那边可不大好。南海公的墓园都快被人占了。"

"什么，我们金门下坑不是有人吗？"益水伯大吃一惊。

诗青说："是有人，但人丁不大兴旺，往往受人欺负。"

"我叫春霖过来商议商议。"

话说金门下坑陈姓自六郎公从晋江围头迁入，传到南海公已是九世。南海公榜名显，字希文，别号南海，于明洪武五年(1372)高中壬子科乡试第四名，这乃是同安县邑学开科第一人。当时天下初定，人才奇乏，圣旨下来举人自五名以上的免其参加会试，直接注选。南海公被授河南汝州知州，复调山西隰州知州，两任都有德政，后以丁忧去官。起复后，任山东德州知州。文皇帝奉命征右北平，知道南海公的才能，提拔他为掌书记，平燕露布文就是南海公所写的。建文初，南海公逐渐看出燕王的野心，有一次受诏与燕王对弈，乘机旁敲侧击进行规劝，看到燕王篡位决心已定，就托病辞官回到金门下坑。靖难初，永乐帝派锦衣使者到金门召南海公回京为官。南海公佯装就要沐浴更衣随使者进京，在房中吞金而逝，永乐帝知道了，也未责备他。

南海公下葬前，祖婆找来风水先生寻找安葬之地，最终定位在湖前盘坑大石下，说那是一个蟹形穴。风水先生说："这个穴实在很难得，怎么葬你们自己拿主意。'进前三宰相，退后万人丁'。"祖婆心想，就是不想当官，才落到这步田地："'三宰相'有什么好，就退后吧！"当靠近蟹形大石安葬好南海公后,墓后大石一连响了三天三夜,巨石中间裂开一道裂痕,石缝里长出六七寸长的红色小草,一年四季从不枯萎。风水先生看了,摇了摇头说:"可惜啊,太靠近逼裂大石,'万人丁'是有,也不止万人丁,但大都不在下坑安居。"

益水伯请来春霖,三人合议。春霖说:"诗青老大,你回到金门,就说四月二十八日,我们曾厝乡亲准备组织十几人回下坑祖地祭祖,到时我们一群人马都会带上驳壳枪。这个消息让越多人知道越好。"

诗青点点头回到金门,真的把消息传开。一时金门岛几乎沸腾起来,都传说南海公在曾厝的后代不知有几百人,就要回金门谒祖了。偷偷在南海公墓园里葬亲的人也耳有所闻,心里十五个吊桶七上八下,应该不会吧,下坑陈姓就那么几个人,曾厝能一下子来几百号人?不信归不信,他们也都时刻提防着。

且说四月二十八日是南海公的祭祀之日,这一天还没到,春霖一行十六个人起程了。他们一样的装扮,都是清一色西装革履,头戴招瓢①,身披呢大衣,腰间挎着驳壳枪。他们也不急着赶往金门,先到马巷逛了一圈,选了一家酒店,十六人两张八仙桌,喝起了酒来,还不时拔出腰间的驳壳枪擦拭着,玩弄着。

马巷街是一个大集市,每天从各地来赶圩的人不少,他们从来没有见过这种场面,都四处打听,这队人马是想干什么?消息传开了。

春霖带着人来到霞浯古渡口,趁等船的时机,找了间茶

---

①招瓢(jiāo pió):宽沿呢毡帽。

馆喝茶聊天,并不时放出话来:"这次到金门肯定要把葬在我们南海公墓界里的坟墓挖开来,碾碎尸骨投进料罗湾喂鱼。"

春霖等搭渡船向金门岛出发,一行人还没踏上金门岛,消息早在几天前就传遍了。在南海公墓界里葬亲的人连夜挖出亲人的尸骨,另行择地安葬。春霖他们大摇大摆地在金门岛巡视着,来到南海公墓前,墓碑上"南海夜台"四字清晰可见。春霖带领一行人在南海公墓园里走了一圈,看见新挖开的地到处都是,但都填得平平整整,春霖笑着说:"我们正好可以在这些挖开的地里种树。"说完,大家不约而同地拔出腰间的驳壳枪,朝天连放了三枪,回到下坑祭祖去了。

火烧鼓锣岩

后村社区竹浦村西北面有一座小山丘，人们称其为"鼓锣岩"。鼓锣岩山并不高，周围古木参天，郁郁葱葱。庙后两块巨大岩石形状奇特，一块圆腹如鼓，一块薄削似锣，每当农历正月间，岩石就会发出锣鼓之声，鼓锣岩由此得名。

岩顶上建有一座七架二进的庙宇"鼓锣岩寺"，寺里供奉着"开闽尊王"王审知。按《马巷厅志》记载，鼓锣岩寺原本供奉的是古押衙官，不知何时变成祀奉开闽王，但不管是哪一仙，都有善男信女顶礼膜拜，也就不需斤斤计较，刨根问底。

鼓锣岩寺香火鼎盛，由附近十八个乡里的族人轮值，每年农历正月初十日举行庙会，盛况空前。鼓锣岩寺的正大门对着翔风里十五都的顶庄村。清朝初期，顶庄村有一个当官的千金小姐与一个卖货郎偷尝禁果，暗结珠胎。小姐肚子渐渐大起来，被母亲发现，还以为患了什么病症，急着请郎中。千金小姐担心事情败露，赶忙阻止，但又觉得长此隐瞒下去，也不是办法，等到十月临盆母亲会更加措手不及。在夫人的百般追问下，小姐只好全盘托出。在封建社会里，未婚先孕是多么令人不齿的事，是要遭人白眼和歧视的，还要连累整个家族的人都抬不起头来，何况老爷还在当朝为官。夫人一边责骂，一边追根问底。小姐迫不得已编出了一个弥天大谎，说是每天夜里有一英俊少年身披大红衣从天而降与她相聚。夫人教她如晚上再来，就用剪刀把他的大红衣剪下一块为证。

当晚，小姐把事情经过告诉卖货郎，两人连忙定下计谋。

卖货郎无心再与小姐温存，连夜从小姐府第的后门蹑手蹑脚地消失在夜色中，他边走边想，到哪去剪这块红布呢？谁肯轻易让人剪掉衣角？卖货郎一时计上心来，鼓锣岩寺每年都有很多善男信女通过许愿为神像做了大量的红色披风，何不到寺里剪下一块来。

第二天，卖货郎搭渡船过海，沿途风尘仆仆直奔鼓锣岩寺而来。他冲进寺里，举目四周一望，来早了，寺里轮值的还没起床。卖货郎烧上一炷香，倒头就叩了起来："大神恕罪，弟子一时鬼迷心窍，犯下滔天大罪，求大神一块衣角，救弟子三命。"说罢，取出货柜里的剪刀，把神像的大红披风剪下一块。卖货郎收拾好货担，挑出寺门，就像没事一般在十五都乡下走村入户地叫卖。

卖货郎过海来到顶庄，看到小姐府第似有什么大喜日子热闹非常，原来是老爷告假回府。他走近小姐的府第旁，抬头看到小姐梳妆楼窗户开着，用剪下的红布角包起一块小石子，丢进小姐的梳妆楼里。

老爷和夫人正为小姐的事急得如热锅上的蚂蚁，小姐把衣角拿给父母。老爷手拿衣角，问明缘由，断定衣角应是从神像披风上剪下的，一面令家人通报马巷厅署派人侦察，一面到附近的寺庙里逐一排查。当老爷渡海走向鼓锣岩寺时，马巷厅通判也正好来到鼓锣岩。通判见过老爷，一前一后走进鼓锣岩寺，拈香后抬头一看，只见神像披风上缺了一角,老爷取过衣角一比对,丝毫也没差错。老爷顿时暴跳如雷,开口大骂:"你这鬼神,享尽人间香火,不为民谋利,反而为祟人间,干起这伤天害理的勾当。"通判应和着:"大人骂得是,何不一把火把它烧了!"

鼓锣岩寺在一阵噼噼啪啪声中化为灰烬。也许是一种巧合,当天同安境内的北辰山、苏岩、鼓锣岩三座寺庙都同时遭受火灾,毁于一旦。后来,鼓锣岩寺重建,把庙门改为朝着正南的铁灶村。

吕垅文理袋

清朝末年,吕垅有一姑娘嫁到西面的吴里村。吴吕联婚本来是一件好事,但往往好事多磨。结婚当天晚宴结束后,一场闹洞房热烈登场,大家边吃冬瓜茶,边戏闹着:

新娘新妆头戴髻,脚白手幼面如月。

呣知新娘住何处?请将汝厝甲阮说。

乡里结婚闹洞房有不成文的规矩,参与闹洞房的人只许动口,不许动手。新郎新娘只许应付,不许动怒,否则伤了喜庆气氛,都不吉利。这时一个调皮的小伙子也开口了:

新娘新妆双发髻,手幼面白双如月。

一对玉峰双前挂,何时有身甲阮说。

这"冬瓜诗"虽是粗鲁下流一点,但因为是打油诗,多少粘点文气,按习俗也并不出格,都在热闹中,随便说说罢了。谁知言者无心,听者有意,新郎看着新娘裹在新娘妆下的双峰果然丰满肥硕,打心底胡疑起来。

洞房花烛夜,刚才是众人闹,现在换成新郎闹,洞房里的对话没人听到,洞房里的情节不好再说。

第二天,新郎告诉父母说,新娘不是黄花闺女,要求退婚;新娘哭着回到吕垅后,吕垅人认为没有证据,不许随便退婚。此举惊动两个家族的乡里老大,双方经过互访,问不出所以然来。于是两村决定在鼓锣岩进行公开理论,做做公亲,谁输了谁承担一切后果。理论连续了七天七夜,吕垅人都说不过吴里人,吴里人也没有足够的证据说服吕垅人,这事僵持着不好解决。吕垅文理袋听了事情经过后,对乡里老大说:"明天我去跟他们理论理论,你们都不知道谁有理,谁无理。有理说赢人家不算本事,无理说赢别人才是本事。"

第二天,两村的乡里老大又在鼓锣岩摆下茶桌,供上茶点,展开辩论架势,大有先礼后兵之势。文理袋让吴里乡里老大先说,他在一旁悠然自得地品茗茶,吃茶点。直到中午时分,文理袋发问了:"吴里老大,你们都说完了吗?"

吴里老大说:"你有话尽管说来。"

"你们都说完了,该轮到我说了。"文理袋成竹在胸地说:"请问! 你们说,吕垅的姑娘不是黄花闺女,是因为奶头捏了会出奶油?"

"正是这个,你有何话可说?"吴里老大瞪着文理袋。

文理袋狡笑地说:"这样好办,我敢说你们吴里村里的闺女,没一个是正港的黄花闺女! 永远嫁不出去。"①

吴里乡里老大狠狠地齐刷刷站了起来:"那还了得,你是活腻了,敢说这种伤天害理的话?"

"此话出自汝等之口,怨不得别人!"

吴里乡里老大你看着我,我看着你,大家面面相觑,也没人说这种鬼话啊!

"大家既然说了,可不能不承认。为了洗个清白,请你们把自家的闺女叫过来,让大家捏捏看,会不会出油?"

吴里的乡里老大听了,都犯傻了,无言以对,只好认输。

---

① 正港(jnià gàng):货真价实,名副其实。

正所谓"以其人之道,还治其人之身",文理袋得理不饶人地说:"没那么简单,一句话认输就完了,你们明天必须用八抬大轿把新娘抬回去,还要在吕垵演上三天的大戏,消除不良影响,表示道歉。"吴里人也都是君子,一切都照办了。

后来,有人就戏称"文理袋"为"无理袋",他们所在房柱就叫"无理柱"。不好多说,有些事是玩笑不得的。

公鸡克蜈蚣

清朝咸丰年间,同安十五都沿海"汪厝宫"的东面,有一个村庄叫吕垅村。

靠山吃山,靠海吃海,吕垅村占据地理优势,村民大部分过着日出而耕,出海捕鱼,下滩涂挖"黑力子"①、沙蚕的生活,日子还得温饱。大户人家,合股搞起海上运输,做的是买空卖空的生意。日子好过了,当年互帮互助的美德,逐渐被各人自扫门前雪所取代。先富起来的一帮人往往很吝啬,还没富起来的一帮人拼命向富人看齐,都恨不得把一文铜钱掰做两半花。家家户户也都如村名吕垅那样,"茹郎无一片直"②。

一天,夏日的阳光烤得大地直冒烟,吕垅村人停下手中生意,都躲在屋里乘凉纳爽。突然,西北面乌云密布,从马巷方向直压过来,刮起一阵狂风,豆大的西北雨下了起来。一个乞丐模样的外乡人来到吕垅村,被这一场突如其来的大雨淋得像落汤鸡。他急忙跑到一户人家的前凹寿里避雨,前落厅堂里,有一个人正躺在逍遥椅上摇着蒲扇,看到来人,立即从椅子里站起来,走近大门边接连几声:"走!走!走!去别处"!外乡人冒着雨又跑到另一家人的屋檐

①黑力子(ô làd a):参类海产品。
②茹郎无一片直(rǐ láng vǒ jìd pnǐ dìd):做人胡搅蛮缠,不可理喻,无法开导。

底下,也被主人发现了,同样遭受到被人赶走的下场。他来到一间小店前,见店里几个人围着小茶几泡茶聊天,刚走近想要讨杯水喝,以解口干舌燥之困,没想到人还未到,人家早把店门一关,让他吃了个闭门羹。这人憋了一肚子气,村里的人都怎么了?

这可不是一个小人物。难道是什么人微服私访?又没有那么大的来头。这人是府城里的一位风水先生,大户人家请他相风水宝地,八抬大轿抬都抬不去。这天,他有事前往金门,路过吕厝村,因不想太过招摇,把道具装进袋子里,故意打扮成乞丐模样,想不到一进吕厝村,处处遭人白眼。

第二天,外乡人恢复本来面貌,身穿长袍马褂,头戴碗公帽,鼻子上一副圆溜溜的眼镜,又来到吕厝村,看着村头村外忙忙碌碌的景象,对吕厝村的风水大加赞赏。吕厝村自从繁荣起来以后,外地人纷纷迁过来做生意,是一个杂姓之地,没有族长,没有长老,呼风唤雨的是几个地头蛇和地痞流氓。大家一听这个先生模样的人不住地夸耀着本村的风水,一时来了兴趣,都围拢过来,听到先生玄乎其玄的话语,各自沾沾自喜。外乡人忽然话头一转,直喊可惜!大家齐声问道:"可惜什么?"外乡人故弄玄虚地说:"吕厝村是个蜈蚣穴,这蜈蚣二十几对腿拼命招财,你们村是一个聚财宝地,不过……"外乡人话还没说完。有人打断说:"是个聚宝盆,还有什么可惜,不是笑死人吗?"

外乡人说:"你们知道丁、财、贵吗?这'财'字只排在中间,你们村人丁还一般,有没有出过什么贵人?"大家摇了摇头。

外乡人接着说:"就是嘛,想要'丁财贵'齐全,也不是没办法。"

"什么办法?"

外乡人说:"今天我有幸来到贵地,也是我们的缘分。你们看,村的北方空旷,蜈蚣受不了北风的凛冽侵袭,自然产不了多少后代。"

外乡人说着,把众人带到村北,手拿一根树枝边走边画:"最好是在我画过的地方,建起一条围墙,抵挡北方的风煞。就万事大吉了。"众人信以为真,按外乡人的吩咐,围墙建起来了,吕垵村也衰败了,挨家挨户人死了不少,最后变成无人村。原来,风水先生让他们建的这条围墙,像公鸡的鸡冠,公鸡克蜈蚣。

这只是说说罢了,瘟疫才是最可怕的。

后仓送王船

　　明朝中期,同安十五都翔风里后仓,村里王爷宫中侍奉一尊挡境佛。后仓人丁兴旺,王爷宫香火鼎盛,每年王爷公圣诞,乡里人都要备办丰盛的五牲、糕点敬奉王爷公,大家战战兢兢,克勤克俭,生怕稍有不敬引来王爷公不满。特别是蒸糕炸枣时,不管小孩在旁边如何哭闹,没有敬过王爷公都不敢先让孩子解解馋。大家都领教过,哪一家不守规矩,让宝贝孩子吃得高兴,一会儿,就直喊肚痛难忍。做长辈的就要急忙停下手中的活儿,到王爷宫里拜拜,求王爷公手下留情,饶了小孩子的不是,才能逃这一劫。日子长了,乡里人也就见怪不怪,谁叫小孩子不懂事,教训教训也好。王爷公就这事不近情理,其他的,只要乡里人有所求,都有求必应。

　　一个后仓的小媳妇回娘家,贪图和母亲开讲婆家的日常细事,不知不觉已是日落西山,好在两村距离不远,小媳妇匆忙赶回婆家,谁知春天的日子,夜长昼短,还未到村口就夜幕笼罩。小媳妇走在蜿蜒小路上,忽见一大队官兵人马旌旗招展,浩浩荡荡地往后仓方向掩去。小媳妇心想:是不是后仓人惹了官府的怒,连夜派兵围剿,吓得滚下山坳里隐藏起来迟迟不敢回家。婆家人望穿秋水,连忙纠集族人往小媳妇娘家方向一路寻来,在土窟窿里找到小媳妇。小媳妇吓破了胆，语无伦次，说起刚才所见，仿佛旌旗上绣有大大的"兵"字。大伙莫名其妙，哪里有什么大队官兵。

众人一起回家，远处村边王爷宫里火光冲天，宫口几个乘凉的乡里人正跑进宫里。众人顾不上回家，直接赶往王爷宫，王爷宫口香炉里火光正炽，宫里王爷塑像被烧掉了一大半，大家喊着"发炉了"①。

"发炉"本是好事，意味着神灵庇护百姓，香火旺旺。可是，香火烧掉了神像的一半，这一团疑云就像千千个结，缠绕在弟子的心间。此时，只见王爷乩童一路冲冲撞撞直奔宫口而来，众营下也都到齐了。乩童开口道："今日岳王爷到此，小神有失远迎，请王爷恕罪！"顷刻间，乩童连连掌起自己的嘴巴："是，是，是！小神不敢了。小神从此痛改前非，远处修行去了。"说完，仰面倒在地上。众营下慌忙把他扶起。童乩说道："本村的王爷公被代天巡狩的岳王爷降罪，已往他处修行去了。从今以后，本村再也不需要什么童乩，众弟子有事请岳王爷做主，只要众人扶辇，岳王爷答应了，神辇自然向前；如果尚需斟酌，则神辇左右摆动；假使岳王爷不允，神辇就连连后退。"

几杯清茶后，大家说开了，回想刚才小媳妇看到的"兵"字旌旗，哪里是"兵"字，分明是"岳"字，是岳王爷驾到庇护合境百姓安居乐业。

从此，每年农历四月初起，后仓就在村子的各个角落竖起四五十支灯篙。灯篙有五六米高，篙顶悬挂一盏灯笼，中间挂有"网斗""八旗"等，还有岳王爷的"岳"字旗号。一到

---

①发炉（huàd ló）：香炉里的香杆因高温燃烧起来，是一种自然现象，迷信的人会以为是神灵感应，有"旺"的含义。

晚上，村里便是灯火通明，火树银花不夜天，家家户户犒军众^①，喜气洋洋地迎接岳王爷到来。

有"请王"，有"贡王"，自然也就有"送王"，农历四月十六，举行"送王船"活动。停放在宗祠前的纸艺龙船，色彩艳丽，"王船"上王爷、马匹、水手、樯橹等样样俱全，十二生肖分列王船两旁，船上高悬"岳府王爷代天巡狩"旗号，四周五彩旗环绕。凌晨，王船在善男信女的簇拥下，被送到海边烧化。岳王爷不但代天稽查人间善恶，还管理海上亡魂，故岳王爷也为民间航海的保护神。

---

①犒军众(kò gūn jiǒng)：在门口用杂菜犒敬，用陶罐等器皿盛水，水中放着碎稻草，以示犒劳五营兵将。

洪前东山烧汤

翔安新店洪前东山有一口温泉,原名叫"烧汤"①。

当时,东山村附近有一座潘山,山下有一个村落叫潘厝,住着十几户潘姓人家。其中有一个潘员外,家财万贯,牛马成群,田地百亩,堪称富甲一方。潘员外吝啬成性,白花花银子只进不出,贪得无厌,富了还想更富,根本不懂得急公好义,乐善好施。潘员外老父亲仙逝了,他便请了一个风水大师,为老父亲选择风水宝地。大师在潘员外家连住数月,潘员外一心想得到一块好风水,不惜血本,日日夜夜盛情款待。

大师走遍潘山、东山一带,为潘员外选好一个风水宝地叫"风炉穴"②并断言:"此处风水做好四个月后,员外家的母马就会生产两匹马驹,一匹吃谷屙金,一匹吃米放银。"潘员外欣喜若狂,忙取了白银数锭酬谢,但大师却对潘员外提出另外一个要求,这处风水做好后,他本人就会双目失明,今后再也不能替人家看风水,潘员外要把那匹吃米放银的马让给他,以确保日后生活有所依靠。潘员外声声应允,却心怀鬼胎地想着:大师今后真的双眼失明了,马驹出生了,他也看不见,就骗他根本就没有马驹得了。

---

①烧汤(xiō tng):温度高的热水。

②风炉(hōng lô):古代的一种炉具,平底敞口,上下两层各有炉门,木炭、柴火置于上层燃烧,灰烬落到下层。尺寸不一,大小多种,小的用于烧水、煮茶、熬药,大的用于日常生活中炊煮三餐。

风水做好了,四个月过去了,潘员外饲养的母马真的生了两匹小马驹。潘员外整天乐呵呵地忙着拾金捡银。几天以后,家丁传报,有两个人抬着一个盲人来到村里。潘员外知道是风水大师找上门,慌忙派家丁把母马及两匹马驹转移他处。大师被抬进潘家大门,向潘员外索要吃米放银的马驹。潘员外故作伤心的口吻,对大师说:"此穴不灵,四个月过去了,家中母马是怀了双胞胎,但难产死去,一匹马驹也没活下来。"

大师说:"我算准了,是不会这样的!"

"还准呢? 我白白损失了一匹母马,无处索赔,你来得正好,自己送上门了。"潘员外用力拍了一下桌子。

大师听了极为生气,心想自己双目失明无法计较,潘员外却不讲信用,我必想法治治他。大师故意掐指一算,自责地对潘员外道:"啊! 我怎么一时疏忽,害死母马了。"

潘员外竖着耳朵听着,生怕大师留有一手。大师开始"请君入瓮"。

"'风炉穴'不是不灵,是因为炉口湿度过高,穴内热气不足。"

潘员外抢着问:"怎么补救?"

"风炉穴是个聚宝之所,虽有四水归堂,财进得容易,但炉口开阔,出得也快,稍不留神入不敷出。"

潘员外最怕的是散财,一时紧张了起来。

"如果不用三合土把炉口堵住,会——"

潘员外听到这里着急地问:"会怎样?"

大师故弄玄虚:"到时,你就知道了。"说完,便叫人抬回家去了。

潘员外信以为真,忙叫家丁买来壳灰、红糖、糯米,采来溪沙充分搅拌均匀,把"风炉穴"口塞得密不透风,夯得结结实实。自己整天躲在房间里点数着黄金白银。

由于风炉口被堵死,内热无处发散,几天后,炉内温度持续攀升,越升越高。"轰"的一声,整个风炉炸飞数百米,钻入东山下的水田中,沉入地底下。地下泉水被风炉烤热了,热泉憋不住,往上涌出地面,热气腾腾,当地村民称之为"烧汤"。

雷公电母西北雨

只要你是老同安人就会知道，每年的夏季，翔安的天气会有一个怪现象——下"西北雨"，俗话说"发西北"①。

正当阳光灿烂、烈日炎炎，突然间，翔安西北方向乌云密布，电闪雷鸣，乌云越积越浓，由西北向东南方向翻卷，速度非常快，转眼间大雨倾盆；有时却是一晃即逝，雷声大而雨点小，或是大雨只下到三忠村为止，翔安地界仍然烈日当空，当地老农都称这种天气叫"落查某雨"②。正是夏收季节，农民们把收获的稻谷、花生等都摊在砖坪或门口埕晾晒，"发西北"了，如不及时抢收入库，恐被大雨淋湿发霉或被雨水冲走。农民们既辛苦又无奈，凡遇到这样的天气，只能放下手中的农活，与西北雨拼速度，及时赶回村里处理。累得满头大汗，粮食都装袋入库，云又消失得无影无踪，依样是烈日高照，农民们真是哭笑不得。翔安人经常说，西北雨下不过三忠。

这有一段有趣的传说。很久很久以前，雷公电母隐居在同安的莲花山，夫妻不管烈日当空，时时嬉戏喧闹，打情骂俏，惹得莲花山一带不分昼夜电闪雷鸣，扰得村民疲惫不

---

①发西北（huàd sāi bàr）：发：酝酿。翔安夏季的一种自然现象，一般于午后从同安方向开始乌云密布，逐渐向东南方向移动，电闪雷鸣，下起短暂暴雨，经常下到三忠就雨过天晴。

②落查某雨（lǒ zā vô hô）：时雨时晴，如女人时哭时笑。落：下。查某：女人。

堪无法安歇,也惊动了莲花山的土地公。不久,土地公赶上天庭奏明玉皇大帝,带着竹笳篮回到莲花山①,巧使妙计把雷公电母骗入竹篮里,盖紧篮盖,口念咒语,贴上勒令神符,准备把雷公电母带到与南安县交界的曾山释放。

土地公公一路风尘仆仆,很快来到洪塘镇三忠村,沿途劳累,气喘吁吁,汗水湿透花白胡须,豆大的汗珠不住地往下滴着。他一手提着竹篮,一手轻捶后腰,正想坐下歇息片刻,忽觉得竹篮里异常寂静,再也听不到雷公电母的吵闹声。土地公吓呆了,是不是雷公电母已经窒息身亡?虽说雷公电母经常在莲花山一带嬉闹,搅扰得百姓不得安宁,但罪不至死,何况雷公电母也位列仙班,没有了雷公电母,人间赤地万里,可如何向玉皇大帝交代。土地公想到这里慌忙喝退神符,打开竹篮盖,篮盖刚露出一丝缝儿,霎时,"唆"的一声,电母腾空而起,慌不择路地往同安方向飞去。土地公迅速压住篮盖,扣住来不及飞走的雷公,惊叹之余,只好提着雷公往曾山方向奔去。

从此,土地公拆散了这对恩爱夫妻,每到夏天,雷公思念电母,就大喊大叫起来,震得天摇地动,搅得乌云密布,叫得电闪雷鸣。但雷公也是一条硬汉,喊归喊,怒归怒,就是不肯轻易掉下一滴眼泪;电母自逃回莲花山,也日思夜念着雷公,只要东面曾山上空打几个闪,鸣几声雷,一听雷公呼喊,就撕心裂肺,悲情切切地从莲花山飞出来,绕翔安一圈,直奔三忠而来,一路嚎啕大哭,泪如泉涌,一到三忠,哪里有雷公的影子,她失望地回到莲花山。有时一路哭哭啼啼寻

---

①笳篮(gā nǎi):也叫圃篮(pà nǎi)。一种用篾片紧密编织而成的,圆柱体状,有盖,有"门"形提耳的盛具。

到马巷、内厝,却一无所获,又默默地回到莲花山,至于不死心过海寻到大嶝的次数就更稀罕了。年复一年,夏天里,雷公照样大喊大叫,电母依旧哭哭啼啼。

现存于翔安区新店镇东界村的雷公电母石柱,就是佐证材料。

一担白银平息一场官司

从清朝开始,后村就相当繁荣,一条小街道已初现雏形,两旁小商店开了好几间,后村人不用上街市,日常生活必需品只要在本村就能买全,大大方便了乡里人。一到夏天的傍晚,小街两旁的人家就在小店门口泼几盆冰凉的井水,借以消消暑气。入夜了,透过小店窗户照射出来的灯光忽明忽暗,乡里人早已坐在椅子上怀抱琵琶,口吹洞箫,手拉二弦,拨弄三弦,一曲动听的南音就从小姑娘的歌喉里委婉地飘了出来。这种舒适的田园生活堪比人间天堂。不过,天有不测风云,有时也会有一些小插曲,打断小村的宁静。

民国早期,后村郭金锭的"神井药店"生意不错,平时登门买药的人熙熙攘攘,快要踏断门槛。郭金锭生意做大了,店里蚕积着大量药材,也招来老鼠。郭金锭千方百计,用毒药药,用笼子笼,用鼠夹夹,都解决不了问题。一次采购药材回家的途中,他看到一只漂亮的小花猫,想起家中老鼠作祟,就花钱把小花猫买下带回家中饲养。小花猫慢慢长大,老鼠慢慢少了。郭金锭对花猫爱若至宝,平时大鱼大肉侍候。小花猫除了善抓老鼠,光那一身皮毛就很惹人喜爱,特别是那一对阴阳眼,一颗像翡翠般透绿,一颗像蓝宝石那样湛蓝。平时只要郭金锭忙里偷闲坐在太师椅上品茶歇息,小花猫就会跳入他的怀里,扑闪着一对会说话的大眼睛撒娇着。小花猫俨然成了"神井药店"的一员。

一天，浦尾村的一个妇女到"神井药店"里看病买药，一看到药店里的花猫，越看越像是她家丢失的，说是只有她家才有阴阳眼的花猫。郭金锭哪容得下别人对花猫分去他半丁点儿爱意，就是多看一眼也要心生妒忌，双方在药店里争执了起来。这个妇道人家病也不看，药也不买地哭着回家。浦尾人以为是妇女受到后村人的欺负，就把郭金锭告到马巷乡公所。

这一天，后村人、浦尾村人都来到马巷乡公所打官司。后村"合成油坊"的老板郭诛顶在上马巷采购花生的路上听到这个消息，买了两个竹篮，两支扁担，雇了四个人行动起来。他们从马巷街五甲尾开始，沿街每间店面借取十个银圆，不用到街市头，才过大宫口，两篮银圆早把四个雇工压得气喘吁吁，郭诛顶带着银圆向乡公所走去。

原来这个郭诛顶在后村开了间油坊，每当花生收获季节，他就到马巷大量采购花生运回后村库存起来，等到其他油坊歇业了，他的油坊仍旧有工可做，利润倍增，几年工夫攒积了浑厚的家底。郭诛顶为人很讲信用，只要说得出口，就一定能办得到，马巷街无人不知郭诛顶的鼎鼎大名。

郭诛顶带着四个雇工来到乡公所门口，指挥雇工放下银圆，四位满头大汗的雇工涨红了脸，每人收下一个银圆回家去了。郭诛顶指着银圆说："后村的乡亲们，这担银圆是为你们打官司准备的！如果不够花，你们就拿着我这枚私章到马巷街的任何一家商号去借，这些商号都有我的股份。"浦尾人一听，眼都傻了，心想，后村人这么有钱，我们哪有本钱和他们打官司啊？再说为一只畜生打这场官司也不值得，还是撤了诉状回去吧。就这样，一担白银平息了一场官司。

三魁山传说

九十九个和尚

东坡诗句"横看成岭侧成峰,远近高低各不同",说的是名山由众峰群岭组成,只要你有心从东南西北、远近高低的不同角度去欣赏,各有不同的境界。乌营寨矗立于翔安东面,从西往东看,三峰奇秀,为群山冠,古称"三魁山";从南往北看,群峰罗列,向中簇拥,又称"莲花山"。北宋年间,三魁山东麓靠近小盈岭的小小范围内,就有小田湖的田慈宫、观音山的观音寺和广化山的广化寺,真所谓,自古天下名山都被僧尼占尽。

观音寺常住比丘尼一百人,这一百比丘尼还算六根清净,日常静心打坐,不涉五尘,没有纨绔子弟引诱,也就整天木鱼常响,佛经常念。广化寺就与观音寺隔峪对峙,近在咫尺,广化寺常住比丘九十九人。两寺同样香火旺盛,信徒众多。俗语说"一样米饲百样人",在广化寺遁入空门的和尚可是各色各样,良莠不齐。他们当中有死心塌地,恪守八关斋戒的;有偷鸡摸狗,躲避官府追捕的;有好吃懒做,逃避劳动的,难怪历朝历代驱僧毁寺的事时有发生。

且说在广化寺后有一山峰叫"和尚山",山中有一平缓小丘名和尚埔。和尚埔东南侧有一阴一阳两块天然怪石。阴石叫"老婆献花",阳石叫"老公脱现"。两块怪石日久成精，常常于阴雨天气就走合在一起，做那男女交媾之状。这一幕被和尚埔习武的和尚看在眼里，一时心猿意马难以把持，入夜就作那非分之想。好在天理昭彰，一日，和尚埔突然有一道闪电划破天空，随着五雷轰顶，荒淫的阳石被从中劈裂，从此不再作怪。然而，这一声惊雷并没有把和尚从魔障中唤醒，他反而邪念萌生，常常偷偷越过山峪到观音寺附近找尼姑调戏。更有甚者，三五和尚居然溜进观音寺，手摸尼姑头，百般无礼，极其下流。

住持看到了及时上前喝止："你们这些孽障，同是佛门清净地，不修清规，竟然如此无礼！汝等若能集百，方做非分之想。"

"一言为定！"说来也真奇怪，广化寺只要再进一个和尚，就要死去一个，一直不多不少保持着九十九个和尚。

这现象不知延续了多少个年头，广化寺和尚，来一个，死一个，还是九十九个。观音寺讨得几年的清净。

杨文广征闽南十八洞，围剿乌营寨，从三魁山西面强攻，因山势陡峭、怪石参差，多次征剿不克，血流遍山；从小盈岭经山势较为平缓的三魁山东麓偷袭，又往往贼营早有准备，累战失利。杨文广摸清了广化寺有和尚与乌营寨贼众互相勾结，只要稍微风吹草动，贼秃立马向乌营寨通报。于是，杨文广拿定主意剿乌营寨必先灭广化寺。

广化寺九十九个和尚遭杨军围剿，死伤无数，个别逃向凤山的和尚也被预先埋伏的杨军一个不留地斩草除根，广化寺在一把火中化为灰烬。

消息传到观音寺，住持带领尼姑来到广化寺，只见寺成废墟，尸横遍地，住持一声："阿弥陀佛！真是恶有恶报啊。"

众尼大发慈悲，收拾九十九个和尚尸体，集中掩葬在凤山上，取其名为"九十九个和尚墓"。

如今，九十九个和尚墓尚存，却也遭到盗墓，墓碑狼藉一地。让人诧异，和尚墓能有什么宝贝！

兵家必争之地

三魁山地势险要，历来是兵家必争之地。三魁山东面有广化山，山上有广化寺，《马巷厅志》载："寺后有寨，系民人筑以御寇，寨成而寇平，号曰太平寨。"说是太平寨，也并不太平，也许只是一时太平而已。山上时常为匪贼所踞，尽管有官府围剿，也只是换得个暂时的太平。山脚下的官路，白天人来人往，只要天色渐暗，早已了无人迹，"早也歇沙溪，晚也歇沙溪"①。

至明代，倭寇累累进犯同安，其中不乏内外勾结，夕人引诱，同安百姓深受其苦，大嶝谢三御寇、王氏投井就是历史的缩影。嘉靖三十九年（1566）三月至次年十二月，时任同安县令谭维鼎亲率官军主动追击倭寇于浯洲海域，在三魁山下活捉倭寇头目阿土机；嘉靖四十年（1567）六月，倭寇马三岱掠东界，谭维鼎又亲率官军败倭寇于三魁山、出米岩一带。

三魁山东麓的小盈岭更是一夫当关，万夫莫开的关隘，一九四九年夏，同安临近解放，国民党胡琏军队盘踞于马巷、内厝一带，做困兽犹斗之举。在解放军大军压境之前，

①早也歇沙溪，晚也歇沙溪（zà ǎ hiò suā kuē，wnǎ ǎ hiò suā kuē）：沙溪在小盈岭下，以前因乌营寨山贼经常出没，行人商旅早晚不敢从官路来往，只好在沙溪找店借宿。

陈元海领导游击队在新垵、沙溪、莲塘一带组织活动,配合野战军解放同安。农历七月十三日,他们曾与胡琏小股匪军在小盈岭交火。十四日午夜时分,遭胡军伏击,又在新垵埔激烈战斗至黎明,我军及时发炮,敌军方才撤退。七月十五日,胡琏调动驻扎于马巷的大股国民党残兵败将,由"血流山"登山占据乌营寨①;另分兵一部以长蛇阵沿公路直插小盈岭,企图围歼解放军先遣部队和地下游击队。但此时,解放军先遣部队已安全撤离三魁山麓,地下游击队由于熟悉地形,以普通老百姓的身份在其中穿插。凌晨时分,地下游击队员梁尚枞带头在新垵一带活捉胡军的一个便衣侦探。在当时的情况下,虽然是游击队员,但随时可以把武器隐藏起来,换回本地人身份;匪军也可以脱下军装,装扮成老百姓打探军情,可真是防不胜防,村里的平民百姓陈永年就在三魁山南麓被胡军抓捕,至九月十九日同安解放前夕才逃脱回家。

---

①血流山(huì lǎo sunā):乌营寨半山坡,琼坑上面,传杨文广征乌营寨,死伤无数,血往下直流染红山坡,也叫血流沙。

营盘口旧事

下南洋脱裤舂米

在出米岩山脚下的营盘口，贫瘠的山地狗不拉屎。一户陈姓人家，主人生得虎背熊腰，一身武艺。家族祠堂上梁，他双脚轻轻点地，一跃而上，落在一丈多高的墙头。上梁后，只见他又快步飞上灯梁，点完灯，一个后空翻，又轻轻地落在地上，引来祠堂里一阵叫好。陈公娶妻洪氏，生有五个孩子，一个个虎头虎脑，分别取名仁、义、礼、智、信。陈公正当壮年，却撒手西归，家中环境顿时改变，犹如人断了中脊梁。

生前未了事，留于后人补。洪婆娘家正是马家巷朱王宫附近有名的中医世家，好在时常得到娘家接济，五个孩子终于逐渐长大成人。

清朝光绪末年，陈仁、陈义成了家中的顶梁柱，但两把锄头整天在营盘口挖不出几条番薯、几颗大米。看到乡里人纷纷下南洋，村里只留下老人、妇女、孩子，兄弟俩一时心痒痒的，到外婆家借来盘缠，开始了南洋掘金之旅。虽说到南洋掘金，就真有金山银山了吗？初到嘛喇甲做的是咕喱①，兄弟俩白天穿条丁字裤挑米扛糖，经常被两三百斤的

———————
① 嘛喇甲（vǎ lǎ gà）：马六甲。咕喱（gū lì）：南洋引进词，即苦力，搬运工。

重货压得直不起腰来。到了夜晚，也没多少时间休息，嘛喇甲是热带雨林气候，常年高温多湿，入夜总会下几阵雨。兄弟俩深感到南洋不是享受来的，夜夜轮流替米行老板春米，但闷热的环境令人难熬，短裤湿透了再更换一条，可那里有那么多条短裤。兄弟俩索性脱下裤子，继续春米。

兄弟俩把拼死拼活挣到的钱，陆续按月从批行寄回唐山①。功夫不负有心人，几年后，兄弟手中的积蓄渐渐多了起来。到嘛喇甲春米为生，攒钱不多，好在手中有点积蓄，倒不如先开一间米店，白天卖米，晚上春米，兄弟俩拿定主意，说干就干，在嘛喇甲古城附近开起米店来，取商号"仁义兴"。唐山的老三、老四也已成人，陆续来到嘛喇甲，弟弟的到来，更是如虎添翼，生意越做越大越红火。"礼智顺"杂货店、橡胶山慢慢布置开来。想到老母亲与五弟独留老家，陈仁、陈义相继回唐山娶亲成家，把嘛喇甲的生意让给陈礼、陈智料理。在兄弟精心经营下又开了一弄"信有源"胶行。

说来话长，陈仁、陈义回到阔别多年的营盘口，营盘口早变了样，九架、十一架大厝建了不少。兄弟俩走进家里，发现几年不见的母亲苍老得几乎快认不出来，双膝一跪抱头痛哭。以后，陈仁、陈义在家也建了两栋大厝，娶妻生子，打点着让五弟也下南洋学点生意。兄弟俩尽日在老母膝下承欢，生活过得挺惬意的。

不久，陈义的一朵小金花来到了人间，由于盼子心切，虽说舍不得，也不管"招弟"那一套，还是送给了人家，同时抱回一男一女，男的当儿子养，女的当儿媳妇饲。陈仁、陈

①批行(puē háng)：即邮局，闽南语说法。批：信。唐山(dǐg sunā)：华侨对故乡的说法。

义看到老母也有人侍候了,想到嘛喇甲的弟弟也到了婚姻年龄,同时也惦记着米店、杂货店的生意和橡胶的行情,又起程下南洋了,从此,在嘛喇甲和营盘口两处跑。

正是:

南洋脱裤勤舂米,营口建业乐成家。

解脚白挑炭踏车

从宋元朝代开始,翔安一带就有个陋习,以小妇人的"三寸金莲"为美,可"三寸金莲"不是天生长成的。一般女孩子从四五岁开始就要用长长的裹脚布一圈圈、一层层地把两脚紧紧包裹缠绕起来,裹脚布在翔安统称"脚白",没有三两年,不缠个血肉模糊,别想裹出一双小脚,直到脚拇指往正前方尖出,其他各脚指头往脚心里凹缩靠拢,足面成弓状,才算大功告成。为保留"三寸金莲"的模样,生怕解开裹脚布,脚又变大了,在以后的一生中,那双小脚就长年与裹脚布为伴。这双小脚没穿上绣花弓鞋,轻易是不会让人看到的,因此,妇人们晚上洗脚都会躲到阴暗的房间里,一解开裹脚布,哪里是什么三寸金莲,完全是一双残废的脚。就这样用受活地狱般的酷刑,换取男人们心目中所谓的"美",所谓的"爱"。

如今,陈义也算是营盘口的大户人家,自小抱过来的洪氏童养媳,从四五岁也开始裹脚,也裹就了一双三寸金莲。洪氏平时走起路来一晃一晃的,她遵循三从四德,侍候祖母、公婆特别尽孝,但除了做家务,地里的重活是干不了的。

转眼二十几年过去了。陈义一家五兄弟,虽然在老家营盘口又营造了几栋大厝,五兄弟轮流在家陪着老母亲。

大家族中又多了十几个年轻后代，年纪相差不了多少，也都下南洋到嘛喇甲打拼。唐山分家了，分家是形式上的分家，一切家私杂物，都是统一购买，按"宫、商、角、徵、羽"区分开来，各家使用。一个大家庭和和睦睦，"家和万事兴"，陈义兄弟的"和"是同安地界有名的。

一九四一年，日本开始对东南亚大肆掠夺，侨居于南洋的华人自然不能幸免，陈家除了留下几个人照看店面，其他人都躲进深山橡胶园里。在国内，虽然日本侵华占领了金厦两门，营盘口地处出米岩山麓，谈不上深山老林，但只要日本鬼子不敢踏上翔安地界，还算安全。交通不通，原本每月从厦门批行寄来的生活费也落空了，洪氏心想，照这样下去，可怎么过日子，看看自己一双裹脚无法下地干活，于是洪氏解开脚白，想在家里的红砖厅堂里走几步，谁想双脚刚一着地，身子还没站稳，顿时感到钻心的痛，一下子跌倒在地上。她坐起来扭了扭脚掌，张了张脚指头，重新站立起来，手扶半厅红走了几步，豆大的汗珠从额头上滚落了下来。就这样，洪氏如婴儿学步，在家里总是赤着双脚，干着家务活。弓鞋再也穿不下了，脚指头逐渐张开了，

陈义此时正好定居在家，他早年在嘛喇甲潮湿的环境下做劳力，落下了一身病痛，为解除身上的痛苦，吸几口鸦片，就顿觉轻松很多，从此染上了烟瘾。日本南进断了家中的经济来源，陈义毅然戒了鸦片，年纪一大把了，也开始下地干起农活。平时下地戽水，洪氏还可以叫上儿子，但一到干旱季节，洪氏就要上水车踏车，一双裹脚踩在水车的木榔头上，一不小心，就会从水车上跌落下来，也不知跌过多少次，洪氏总是恪守妇德，无怨无悔。为了补贴家用，等到脚

底下磨出茧来,洪氏就准备上锄山挑火炭到马家巷换取日常用品了。

锄山在白云飞山后的山坳里,出米岩一带常常有虎狼出没,从营盘口到锄山总要找一条安全的捷径,经店头转入杏坑,过加奈跳就到半岭。^① 这段羊肠小道顺着山涧曲折难行,路上不时乱石凸起,行人走在这样的小道上是一跳一跳的,所以叫加奈跳。从半岭往上爬,越过三岭宫仔,是一段下坡山路,过了公婆寮才到锄山,全程二十余里。因此,上锄山去也要爬山,回来也要爬山。洪氏一双裹脚穿着草鞋,带着刚懂事的儿子,走在锄山崎岖的小道上,一天一个来回,挑不了几斤火炭,但也暂时帮家里渡过难关。

又过了几年,日本投降了,伴着全世界的欢呼声,洪氏把心肝性命的儿子陈醇也送到嘛喇甲。又是几年,志愿军和美国为首的联合国军在朝鲜半岛打起来了,陈醇不想替英军卖命,自己人打自己人,就偷偷跑回了营盘口。

有诗为证:

脚白脱尽从农事,携子挑炭走锄山。

找泉路化解纠纷

在陈醇回到营盘口之前,陈酿早几年也回到营盘口,这个陈酿也是一个不可多得的人才,他就是陈义抱养的第一个儿子。

当年陈义一家在嘛喇甲的生意做旺,日子好过了,萌生了请先生调教后代的想法,经和乡里老大商议,就在家庙里

① 加奈:八哥的俗称。

办私塾,陈酿就是陈家第一批进私塾的。短短几年,陈酿居然四书五经无不糜熟,兼之能触类旁通,天文地理、化学物理也都涉及。由于他入了"子曰"之门,来到嘛喇甲对家人的经商之道一点也不感兴趣,渐渐失去在十几个兄弟之中老大、老二的地位。但他丝毫也不在意,总觉得只要饱读诗书,就不用担心没一口饭吃。店里断了他的薪水,他干脆拿起报纸,走到海口,坐在椰树底下开始朗读起来,什么时事趣闻、经商秘道,经过添油加醋,进入苦力的耳朵,都觉得非常悦耳。周围苦力大都目不识丁,慢慢聚拢过来,越听越入迷,似乎有所悟,又似乎开窍了,纷纷解囊,掏出一仙两仙权作学费。陈酿也懒得在嘛喇甲待下去,就回到营盘口。

一个陈酿,一个陈醇,不是父子吗,怎么都取了这样的怪名,让人听起来好像兄弟一般?殊不知酒是酿出来的,自然有醇酒有糟粕。陈酿回到营盘口,正值大旱年头,乡里与周围邻村为争水争得头破血流。虽然营盘口在出米岩山麓,但陈姓族人的耕地一直到坡下的睡牛丘、羊尾,源头泉水被喝完了,羊尾自然喊渴,不几日,似有大动干戈的预兆。陈酿来到乡里老大家,把自己想带领族人寻找泉眼的想法滔滔不绝地说出来。乡里老大打心里想,又不是风水先生,又不是地理行家,到南洋逛一圈就想回老家充行家?回头一想,眼下正急着用水,让他试试也好。

陈酿带领几个青壮劳力,第二天天不亮就赶到店头下的横路门口,找到一处低洼沙地,往北端详着出米岩山的来龙去脉,随手点了三个位置,吩咐族人下手。不一会儿,挖不到六尺深,三口小池"哗啦啦"冒出清澈甘甜的泉水。

"酿啊!佩服,佩服!"

陈流说:"啊,你就像千里眼,透过土层看到地底下的泉眼了。"

"难怪我们前天在西面挖了一口三丈宽,一丈深的大池塘,舀不了多少水。肯定水都被你叫到这里了。"陈鲁打趣地说。

"陈酿,你是怎样找到泉眼的?"

陈酿笑着回答:"明天你就知道。这里就叫三井吧!以后再遇到更严重的旱灾,就把这三口井连起来,任你喝都喝不完。"

天刚蒙蒙亮,陈酿又带上族人来到官路下埔脚下,这里可不比横路门口。横路门口是出米岩四水纵横交错的流域,地下水源自然丰沛,找到泉眼容易。官路下埔承接营盘口的"福气",就是春夏之交的雨季,也很难看到雨水从埔上流下来,更何况是干旱季节。陈酿边走边看边思索着,来到一处地方,俯身抓了一把泥土,感到有点湿润,把手捏紧再张开能成团,看看远处草都蔫了,唯独此处的小草生机益然,叶尾挂着露珠,晶莹剔透。陈酿心中有数了,划了五个圈,道:"就这里吧。"

"这里会有泉?"大家打心里嘀咕着。挖了一天,还不见有水。陈酿说:"今天就到这里,大家不用灰心,明天接着挖。"

"还挖呢? 手都挖破了。"陈鲁说。

也是天刚亮,大伙儿就来到埔下,接着往下挖。突然就像划破了一层纸,五口井里的泉水冲了上来,大家匆忙离开井底,笑翻了天。

"怎么样? 这里就叫'五井',明天叫族人把五口井连成一个大池塘。"陈酿说完，带着族人回营盘口庆祝去了。

从此，东一处"三井"，西一口"五井"，灌溉着营盘口的百来顷耕地，陈姓族人不用再与外乡人争水斗闹了。

正是：

泉眼无声吝细水，来龙找准正源头

南洋银到唐山福

转眼又是二十几年过去了。世态变幻无穷，嘛喇甲家庭产业，经历了诸多风风雨雨，陈家的子弟开始从事各种职业，不再经营老旧的"仁义兴""礼智顺"两店，就连一望无际的橡胶山，也因不景气，转手让于他人。所谓"合久必分"，天下没有不散的宴席。

营盘口跃过了三年自然灾害，就如百虫还没从严冬中苏醒过来，又一下子进入十年浩劫。二十年间，营盘口没什么变化，沙还是那沙，瓦砾还是那些瓦砾。房子一间间倒了，再也没看到南洋兄回乡起大厝。

一天，批行里又来人了，陈醇正想着月费不是已经寄来了吗？怎会有这种好事。信使架好自行车，急忙靠了过来巴结着说："醇兄，今天可要好好犒劳犒劳我，多给我几张侨头。"①

"有什么好事，讲来。"

"你家今天从番地寄回了七八万元！我特地来告诉你，也把侨头带来。"

"七八万元，有没说错呀。"陈醇随手撕了几张侨头，遣

---

①侨头（giǎo táo）：侨汇券。

开了来人，急不可耐地看完来信："七八万，七万八。哈哈！"

七万八在当时是何等的一个大数目，"万元户"就很了不起了。想想自己米酒也喝了几十大缸，肚子里也建了几座大厝，从来没见过这么多钱，正为两个儿子没钱娶亲烦恼，真是及时雨啊！

几天后，陈醋家亲戚从南洋寄回十五万元的消息轰动了整个营盘口。

陈醇和陈醋是营盘口陈家的隔几房堂兄弟，他们几乎同时获得祖辈的巨额遗产，这天上掉馅饼的事也传遍整个马巷。

本来陈醇是猪朋狗友成群，有了七万八后，更是前呼后拥地，整天下馆子饮酒取乐，恨不得浸在酒缸里。洪氏把儿子当心头肉，只要儿子健健康康的，酒友一来就马上到灶房里做起下酒菜。陈醇一天到晚醉醺醺的，过的是皇帝般的生活，不过有一件事一直在他心头上缠绕着，就是儿子已到婚姻年龄，总不想找对象。

陈醇带着儿子来到马家巷集市，往四周一望，道："你看，哪个比较惬意。"①

"又不是到市场买地瓜，什么哪个比较惬意。"儿子掉头回家。

陈醇摇了摇头："这小子也不蠢，怎么就谈不上对象？"酒喝得更凶了，几口猫尿下肚，就昏昏乎整天指天骂地。

话分两头，陈醋自从十五万元到手，地位突然高了，眼也高了。堂兄弟虽然都与"酉"为友，却是"一个好烧酒，一

---

① 惬意(qiè yì)：心里认可，符合自己的愿望。

个好豆腐”。陈醋并不喜欢喝醋，只是说话总要带点酸意，这一来，酸味更浓了。一家五口，一对夫妇，三个“和尚”。这三个小子也长得相貌堂堂，不缺胳膊不缺腿的，哪知道在十五万元的荫庇之下，偏偏就遇不到可意的人，家里的砛石都快被媒人婆踩断了，不是东施肥，就是西施瘦的。日子长了，媒人懒了，一家几口就干脆来个守株待兔，白天照样下地干活。只要有人上门提亲，一不如意，酸溜溜的话就从他们嘴里挤了出来。只要有人说不如娶个四川、贵州，或是江西的，他们就气得直咬牙：“不用十五万元，就凭我们这双手，也不会娶那四川、贵州的，你也太瞧不起人了！”一时恨不得把你塞进醋坛子里。大家都怕了，三个和尚总年庚都快一百五十了。

陈醇终于完成了两个儿子的婚事，如释重负。几年来，七万八也花得差不多了，他又恢复了往日的平静，每天喝点小酒，练练手笔字，拿着一把竹椅，来到家庙前看那《万花楼》，对着几个毛头小子，讲讲包青天、狄公的故事。

正是：

南洋钱是唐山福，好用歹用不关天。①

---

①南洋钱是唐山福(nǎm ngǐu jní xǐ dňg sunā hôr)：华侨从南洋寄钱回来是家乡亲人的福气。唐山：华侨对家乡的称呼。

日出照狮喉，日落照狮头

　　翔安西南方向有七座小山丘，南北绵延，最高峰叫狮山。狮山上有一座普陀寺，背西朝东，庙门敞开，形似狮口，庙里供奉着清水祖师，自古有"日出照狮喉，日落照狮头"之美称。狮山南侧有一座小山丘，山顶有棵大榕树，形如狮尾，亦称狮尾山，远近百姓把这几座山叫作狮山岩。狮山古木苍翠，绿树成荫，怪石嶙峋。尤其是狮尾山上的那块大石，周围小石如石茶盘、石茶壶数个。修筑于元代的狮山普陀寺后有一块奇石，石旁一眼清泉，涓涓细水，日夜流淌，取之不尽。相传赤脚大仙到此歇息乘凉，饮茶解渴。饮完茶，立身起程时，左脚踩在狮尾山的这块大石上，右脚一跨踩在金门美人山上。故岩石面这个完好的"大脚印"至今留给后人瞻望。

　　话说明朝中叶，有一个高僧，字长忆，法号施济，是狮山岩普陀寺常年住持。施济法师满腹经纶，精通天文地理、五行八卦，常被请下山去讲经文，做法事，论堪舆，深得周邻社里百姓尊崇。仲秋的一天，施济法师下山路过一个小山村，顺便前往探望多年前结识的林应。不巧，林应正提着木棍，冲着一个刚满十三岁的小孩大打出手，口中骂道："你这懒惰鬼，叫你读书，你撕破书皮；叫你饲牛，你把牛拴在石柱上，今后长大该如何是好！"施济法师见状，忙上前拦住："阿弥陀佛！善哉，善哉！小施主年幼无知，怎可棍棒交加？"林应见是施济法师,连忙一揖道:"不知法师驾临,失迎,失迎!"

林应把施济法师让进屋里,分宾主坐下,随即沏上茶水。施济法师呷口茶,问道:"施主因何受气?"林应摇摇头说:"不瞒师傅!小儿排行第五,头脑灵活,聪颖过人,却不喜读书,又不习耕耘,只好游山玩水。我恐他将来不成器,故持棒惩之,确有失教处,请师傅赐教,指点迷津。"施济法师沉思良久,起身说道:"施主!小施主童心未泯,但心有灵犀,贫僧愿收他为徒,教他四书五经、天文地理、伏羲八卦,将来好出人头地,济世救民,不知施主意下如何?"林应听后豁然开朗,欣喜万分,慌忙起身作揖:"多谢大师!敝人家境贫寒,实是求之不得。"林应叫来老五,当场跪于堂前拜施济为师,施济法师随即为徒取法号圆觉和尚。圆为圆满,觉为觉悟。事毕,施济法师起身告别林应,带着小徒弟一路上山回寺。

次日,施济法师在普陀寺举行收徒仪式,对徒弟约法三章:五更起床,洗刷头脸。烧水洒扫,坐禅念经。日习四书五经,夜研天文地理。壬时熄灯就寝,不忘日常所习。

光阴似箭,日月如梭,眼看除夕来临,林应思子心切,忙托人上普陀寺求过施济法师,希望让孩儿回家一趟。俗话说"每逢佳节倍思亲",圆觉小和尚上山一年来,每天除了烧水,扫地,念经,还是烧水,扫地,念经。师傅又经常下山云游,庙里大小诸事,全由小和尚一人操持。小和尚觉得枯燥单调又繁忙,心里甚是烦恼,早有回家之意。到了大年三十,圆觉小和尚就向师傅请假,请求回家见父母一面,等新年一过,即便回寺,出于朋友至交又小徒年纪尚幼之故,施济法师满口答应,并嘱咐一定按日回寺不可有误!

圆觉小和尚非常欢喜,谢过师傅,即刻下山,三步并作两步,急急赶回家中。见过双亲,抱头大哭,别离之情油然而生。林应擦掉眼泪,拉过圆觉急切地问道:"孩儿,一别经年,可有学得经书道法! 师傅待你如何?"小孩答道:"天天烧水,扫地,整理庙里事务,经书三百本已念近半,从没听师傅传我什么法道。"林应听了心中有数,忙对儿子说:"你还年轻,学艺三年不迟! 你必须安下心来,认真操持庙中事务,好好服侍师傅,多长见识,万事在意。总有一天,师傅会传授真经,引你入道。到时候,你便可跟随师傅云游四海,传经颂道,普度众生。"

大年初一,圆觉小和尚告别双亲即行起身,不违师训,赶回庙中。新春佳节,气氛浓浓,庙里香客络绎不绝,香火鼎盛。有朝拜的,有许愿的,有跟着看热闹的。师徒俩忙得不亦乐乎,维持秩序,发放纸符,接收添油,抄录姓名,烧茶送水,一直持续到正月初六。过些天,师傅又下山去了,圆觉小和尚的日子又依旧是往日的烧水、扫地、念经这平淡的三部曲。

转眼间,冬天又到了,天寒地冻,东北风刮得飒飒响。庙里的烛火被风吹得晃晃摇摇,三百部神秘、深奥、半知半解的经文已被圆觉小和尚念得滚瓜烂熟。盼星星,盼月亮,只盼时光快快飞逝! 俗话说"艰苦一时过",圆觉小和尚经过艰难、独立的磨炼,已变得成熟。施济法师见徒弟聪明好学,遵守庙规,勤于庙务,时而也教一些法事技巧,由浅入深。圆觉渐入法门。

七月是普度月,师傅每每下山都难得回寺。七月十七日这天,地方富贾刘员外准备做法事,派家丁上山请师傅,知道施济法师不在寺中，寺中只有一个习经三年的小和尚，想到日子已定，忙吩咐两位家丁前往普陀寺，不容分说地把圆觉和尚请下山来。

三人一路拉拉扯扯，终到刘员外府前，只见刘员外府第，三落大院兼左右护厝，雄伟壮观，庄严肃穆，红墙碧瓦，雕梁画栋。院前三川门一大二小，一字排开，一对青石狮栩栩如生，把住大门两旁，虎视眈眈。院里男女老少花花绿绿，熙熙攘攘，非常热闹。小和尚从没见过这种场面，手脚如弹三弦①。这时，刘员外满脸春风，喜气洋洋，快步迎出堂前，对着小和尚双手作揖连声说道："欢迎！欢迎！感谢小法师光临赐教！"说完忙吩咐家丁茶水伺候。小和尚却如惊弓之鸟，心里直喊着："师傅！师傅啊！你快来也！"再说，中厅已排好八仙桌五座，桌上羊头、猪头、三牲、五果、香烛、金纸、明镜、斗尺一切准备就绪，只等小和尚上坛。万般无奈的圆觉急中生智，暗暗想道，跑也跑不了，何不用我三年熟念的经和师傅所传一二，来一个鱼目混珠。念错了，谁也听不懂。于是，振作精神，装模作样，手舞足蹈，一下子进入状态，手敲木鱼，念念有词。

黄昏时节，小和尚念了十几本经文，他决心把两年来所背的经文从头到尾念一遍，天已大暗，只好歇息。刘员外见圆觉用心作事，心里甚为欣喜，备满素食，盛情款待！这时候，小和尚也觉饥肠辘辘，忘了规矩，狼吞虎咽，心里美滋滋的。

第二天，小和尚继续做课念经，直到第七天经文全部念完。刘员外感激不尽，称赞不已，忙令家丁取出白银十两。

---

①弹三弦(dunǎ sām hián)：意指因心慌手脚哆哆嗦嗦。三弦，民族乐器。

小和尚见到十两白银闪闪发光，心花怒放，忙接过来，收入囊中。

次日，天刚亮，小和尚忙起床，洗刷完毕，随即向刘员外告辞。刘员外说道："小师傅来时下人强扯，多有冒犯。今天回寺，吾理应大轿相送。"小和尚欢欢喜喜坐上八抬大轿，回寺而去。

话讲大法师施济和尚比小徒圆觉早一天回到普陀寺，发现寺门紧闭，打开一看，里面除了清水祖师佛像，桌面积满灰尘，香烛熄了不知多长时间，寺里一片寂静，不见小徒踪影，心里大吃一惊。莫非小徒不辞而别？心头疑云点点。当晚独自于庙中闷闷不乐。

次日五更，东方已白，一丝日光直照普陀寺，施济法师忙起床，亲自打扫庙院，点燃香烛。这时候，只听寺外人声、脚步声愈来愈近，施济法师忙跨出寺门看个究竟。只见八抬大轿后面跟着四个人，风尘仆仆来到寺前。轿刚停稳，从轿里跳下小和尚朝施济跟前一跪，连声谢罪："小徒私自下山，罪过！请师傅惩罚便是。"施济法师扶起小和尚，问明缘由说："徒儿，你修行已近三年，经文也已熟读。不过那只是皮毛而已，以后还需用心参悟，方不辜负汝父和为师的一片苦心啊！"

从此，西山岩师徒声名大震，普陀寺香火更旺，师徒俩应接不暇。不久，海峡对岸的台湾、金门、澎湖信众也纷纷渡海前来朝拜，请老法师赴台宣扬佛学。施济法师欣然决定前往，留圆觉主持西山岩普陀寺。后来，台湾、大陆两地信众经常来往，每年正月初六日，都有台湾信众到西山岩普陀寺行香朝拜，迎取香火。

出嫁备筛镜

古时候，有一个寡妇，身边只有一个孤儿，名叫彭仔。这孩子孝顺母亲，敬重邻里，人人称赞。有一天，相命先生周公给彭仔算命，断定他的寿命只有二十岁。母亲伤心极了，但有什么办法呢？

有一天，彭仔下地犁田，犁着，犁着，一个桃花女从田埂经过，彭仔怕将泥水溅到她身上，便将牛挽住，暂停犁地。桃花女觉得彭仔很有礼貌，不禁回头一望，感叹道："可惜！可惜！"没再说什么，径自走了。彭仔听到这句话，感到奇怪，即刻回家，把桃花女的话对母亲说了。老妇心中有数，马上对彭仔说："你快快追去，跪在她的面前喊'救命，救命'！"彭仔听母亲这样说，不及多问，便飞跑出去，追上桃花女，跪下直喊救命。桃花女一看是彭仔，便说："本不该泄露天机，但看你诚实可敬，也罢，告诉你罢！八月初八，八仙过海前要在海边山上弈棋，你将阉鸡老酒挑上山去，悄悄献上，等到他们吃了后，再向他们喊救命，他们就会帮助你的。"

八月初八这天，彭仔把一担香喷喷的阉鸡和老酒挑上山。果见八仙弈棋，正杀得天昏地暗……只见八仙两眼瞪着棋子，心无旁骛，忽然闻到一股酒肉之香，引起酒兴，不假思索，举杯便饮。不一刻，八位大仙就把满担的阉鸡、老酒吃得精光。待八仙酒肉吃完了,彭仔连忙跪下高喊:"八仙救命! 八仙救命!"八仙举首一看,原来是彭仔,已知其来意,正待不理,但已吃了人家的东西,欠人家的情。吕洞宾说:"我给你增一百岁吧。"其他仙人也只好各给他加一百岁,加起来,就是八百岁了。后来,彭仔活了八百岁,民间称为"彭祖",这是后话。

彭仔二十一岁那年,周公又碰到彭仔,觉得很奇怪,自己相命从来不含糊,为何至今彭仔还活着呢? 后来才知道是桃花女给指点的。他自忖道:"这个桃花女,坏了我的声誉和饭碗,必须施以报复。"他知道桃花女快要出嫁做新娘了,就想出一计要将桃花女害死。桃花女早就算到会有人要加害于她,就要求娶亲的准备一个米筛,上面画三个圆圈,放在她后面;在她前面走的人,要捧一个镜子照着她走。就这样,后面米筛障了歹人的眼,前面宝镜照得恶徒不敢近前,果然免了灾难。至今,民间还沿袭这种风俗,图个吉利。

遗恨千人洞

翔安和南安交界的地方有座山脉叫鸿渐山。鸿渐山海拔五百余米,山峰气势磅礴,岩悬陡立,古松苍翠,风光秀丽。鸿渐山东南方的半山腰有一个天然形成的山洞,俗称"无底洞",又称"千人洞"。周围草木丛生遮蔽洞口,洞口狭小仅容一人钻入。洞深不可测,地形错综复杂,时宽时窄,弯弯曲曲,洞内冷风嗖嗖,阴阴森森,时有飞禽走兽出没,祖祖辈辈居住在这里的村民谈"洞"色变,至今还流传令人遗恨的故事。

明朝嘉靖年间，奸相严嵩当权，朝政腐败，官员耽于安乐，边境海防废弛，东洋倭寇猖獗，经常骚扰东南沿海，登陆洗劫，杀人越货，无恶不作。

有一次，大股倭寇窜扰莲河、霞浯、珩厝一带沿海村庄。鸿渐山附近村庄的乡民纷纷逃命，扶老携幼躲进半山腰的山洞里避难。倭寇登岸，见沿海村庄，无官兵、民团抵御，未遭阻击，如入无人之境，直抵鸿渐山麓。

山洞内躲避的乡民千余人，正惴惴不安，竖着耳朵倾听洞外动静。猖狂的倭寇搜山逼近洞口时，其中，有一个刚生完小孩不久的年轻妇女正在给小孩喂奶，母亲饥寒交迫，奶水不足，小孩因吸不到奶水，双手乱抓双脚乱蹬，似乎就要大声啼哭起来。洞里上千人一时惊慌失措，意识到大祸即将临头。在这个万分危急的关头，年轻母亲为了不惊动洞外的海匪，保护洞里乡亲的生命，把孩子紧紧地揽在怀里，用干瘪的乳房堵住孩子的口鼻，一手紧紧地捂住孩子的脸，不让他发出哭声。倭寇越来越远，洞里千人的生命保住了，年轻母亲却发现孩子呼吸早已停止。她忍不住失子的痛苦，捂着自己的嘴，撕心裂肺，当场撞死在洞壁上。洞里乡民惊呆了，眼泪簌簌地直往下流。

这时，两只蹲在洞口的家犬发现动静，突然发出一阵激烈的吠声。倭寇闻声寻来，发现隐藏在草丛中的洞口，知道犬吠声从洞里传来，里面必定有人，又见洞里阴森可怕，不敢深入洞里。倭寇发起狠来，就地取材，在洞口堆满柴草，点火燃烧，把大股浓烟扇入洞内。洞里的咳嗽声渐渐虚弱，千余人尽遭熏死。

　　有人说,鸿渐山千人洞与金门岛太武山的山洞相通相连,历史上曾经有两地村民从洞里来往。有人说,古代流传江南有十三洞,"千人洞"就是其中之一。洞里埋藏着金枪一支、金马一匹和数以千计的金银财宝。传说就是传说,从来没人看到。这些都不如倭寇惨无人道的罪行,几百年来一直遗恨民间。

造文笔　兴文运

　　民国初年，同安县析嘉禾里及金门、大小嶝置思明县。次年元月，从思明县析出金门、大小嶝置金门县。金门自宋熙宁年间到置思明县前均属同安县管辖。同安和金门近在咫尺，鸡犬之声相闻，退潮时从小嶝"蹽坻"到金门①，只需半小时。

　　金门岛是弹丸之地，面积不到一平方公里。明朝时文运昌兴，世胄簪缨，考中进士者三十八人，占同安县一百一十五人的三分之一强，万历十七年会试，古同安中式进士八名，金门就占了五名；举人贡生一百八十八人，单嘉靖十年乡试，中式举人七人都是金门人，真是"无地不开花"，西洪有"人丁不满百，京官三十六"之誉。许钟斗双冠南宫（会元）。蔡献臣高风亮节，辞藻过人。蔡复一，经略西南，节制五省。陈沧江（健）三郡岳伯，一代清官。林釬殿试探花（古同安最高的学位），官拜东阁大学士……金门著名的乡贤名宦层出不穷。

　　金门为什么文运这样昌兴，历代众说纷纭。"浯洲各乡凡鸿渐照到者，无不吉利"，明末吏部尚书卢若腾认为金门对岸的鸿渐山"一龙牵入大海"，所以"气脉庞厚，孕毓英多"，受山川灵气之荫，或许是原因之一。但金门岛土地贫

---

　　①蹽坻(liáo dèi)：剩海水退潮，海底露出沙线，两陆之间就可以通过沙线来往。

瘠,盐卤充斥,风沙若霰,不可耕作,这种艰苦的生活环境,激发了贫苦子弟勤奋读书,求取前途,史书所谓"家诗书而户业学,即卑微贫贱之极,亦以子弟知读者为荣"。朱熹主簿同安时,不辞劳苦,多次采风岛上,以礼导民,耕云播雨,把大陆文化播上海岛。他兴学重教,使"日落风沙舞,天寒海月孤"的贫穷之屿变成海滨邹鲁,故岛人对朱熹特别崇敬。清乾隆年间,岛民在后埔修朱子祠奉祀。可以说,金门历史名人的孕育和成长,是大陆文化哺育的结果,是"紫阳过化"的效应。生活的贫困,朱熹的劝学,这是金门文化发展的主要原因。

据传当时同安内陆有人羡慕妒忌金门文运的昌盛,他们请来地理先生观天文,察地理。一位地理先生胡说八道,说什么金门是网穴,张开大网把大陆的膏泽都网光了,要想振兴同安沿海的文化,必须在蔡厝滨海地带造两把刀,以刺破金门的大网,破坏金门的文昌宝穴。另一个地理先生却说,金门是浮于海中的宝砚,这块宝砚蕴育出不少人才,只要在沿海造一支石柱,仿效朱熹簿同时造文笔,兴文运的先例,两地文运自然昌兴。斟酌两种说法的优劣,最终选在蔡厝附近造了一支"文笔"。蔡厝村明代也出了三位文举人,即嘉靖丁酉科蔡士达,任河南鹿邑知县;明朝洪侍郎塾师,万历癸卯科蔡钟有,授河南洛阳教谕;兴国知县,天启辛酉科蔡国辉。陆续出了几个科举士人,嘉靖间,贡生蔡士越,合浦县丞;万历间,蔡云程,益府右长史,倡导修葺通济桥的大乡贤。所谓山川灵气,宝穴之传,皆不可信。勤奋学习才是学有所成的主要因素。

皇帝鱼的由来

　　清顺治三年（1646）秋，清兵进攻福建，隆武帝被生擒，郑成功的父亲郑芝龙，掌握隆武朝廷的军权，在汉奸走狗洪承畴的勾引下，率兵投降清朝。郑成功反对父亲降清，率领部下囤粮募兵，举起反清复明旗号，继而挺进厦门鼓浪屿，于清顺治七年（1650）占领厦门、金门两岛。郑成功以两岛为据点与清军展开生死搏斗，迅速收复福建漳、泉等不少地区，但因兵力不足等原因，城池往往今天收复，不几天又失陷。当时同安城乃兵家必争之地，同安的两个门户——金门、厦门，被郑成功占领，清廷也是寝食难安，因此对同安城特别重视，打起了拉锯战。据《同安县志》记载，郑军部将曾五进同安，民间有"三日归清，三日归明"的说法。郑氏在沿海一带抗清，清廷视之如芒刺在背，但一时也拿他没办法，想到郑芝龙被软禁于京师，就打起招安劝降的主意，但谈何容易。

　　清顺治皇帝旨令郑芝龙说："老父找儿子，父教子传，大经地义，劝子归降，绝对顺利！"要郑芝龙先写家书劝降，郑芝龙只得遵从。郑成功一面回信历数清兵如何攻城陷地，奸淫掠抢，残杀无辜百姓，掳掠金银财宝，粮米堆积如山，中饱私囊。一面积极招兵买马，收款纳粮，死也不肯剃头接诏。

　　顺治十一年（1654），顺治皇帝又心生一计，祭出郑芝龙这张大王牌,吩咐贝勒和郑芝龙同船前往招降,并将旨意传开,说是皇帝与郑芝龙情同手足,郑芝龙已七八年没见过儿子了,想子想得心痛,决定亲自出马。

郑芝龙跟着贝勒同乘一艘大船出发,旌旗飘飘,战鼓喧器,随附帆船几十艘,满载清兵成千上万人和大量武器装备,大张旗鼓地来到厦门海域。

郑成功早已得报皇帝携父亲前来劝降,郑成功和父亲一个在海岸,一个在船上,隔海相望,面对着面。郑成功真想开炮打掉皇帝,又担心害了父亲,正在左右为难之际,只见老父站在船头,一手撑着腰,一手抚着胡子,意思是说,他胡须已经白了,人也老了,没什么用了。郑成功看着老父的姿势,深思许久,最后狠下决心命令将士开始炮击,大炮一响,郑芝龙与皇帝一起沉入大海,皇帝被炸死在厦门五通港海口。

树有根,水有源,皇帝葬身在五通港的烂沙里,后人下海捕鱼时发现海滩上多了一种骨头细少、味道鲜美的比目鱼,联想到传得沸沸扬扬的顺治皇帝被消灭于此,称其为"皇帝鱼"。其实,就是传说中清廷也仅派了一个贝勒爷而已。郑芝龙葬身何处,喜欢追根究底的尽管一路从《海上见闻录》等野史和《清史稿》刨掘过去。

铜针黑狗血

位于翔安区东南部的香山山脉，峰峦叠翠，气势磅礴，风景秀丽。峰上有座千年古刹，奉祀清水祖师，香火鼎盛，灵应四方。庙的左边建有徽国文公祠，右边有口灵泉仙水，涓涓不涸。美丽的香山有个"娘仔墓"，观其穴阴森恐怖，闻其传说神奇怪异、扑朔迷离。

南宋景炎元年（1276），元军逼近福州，南宋小朝廷立足未稳，就又开始逃亡。离开福州之后，小朝廷只能四处流亡，辗转泉州、潮州、惠州等地。景炎三年（1278）春，端宗在逃亡途中病死，年仅十一岁。端宗死后，群龙无首，陆秀夫率众臣便又拥立年方七岁的赵昺为帝，改元祥兴。宋帝赵昺及其皇亲国戚在几位忠臣与御林军奋力保护下，仓皇往南而逃。半路，有跟不上的，有分头逃命的，其中有一皇姑身怀六甲，与部分皇室及官兵逃至同安城附近。由于长途跋涉，担惊受怕，积郁成疾，带着身孕卒于同安城外，后葬于香山山麓。

皇姑墓葬背东朝西，其穴形似皇帝帽。墓对面刚好有两块怪石重叠耸立，与墓碑正面相对，石形似镜，故有"日出照镜台，日落照墓牌"之说。此阴宅经日月精华昼夜照射，受天地阳气之蕴，皇姑竟于墓中复活并诞下一子，依靠陪葬物为生，但却阴阳相隔。母子为雪深仇大恨，反元复宋，就在阴府里招兵买马，时时厉兵秣马，伺机报仇。从此，阴曹地府里，喊杀声震天动地，阴将阴兵鬼叫狼嚎，一时惊动了四方神圣，香山土地神忙报上天庭，玉皇大帝派天兵下凡查探，方知阴间地府事由。

正值寒冬季节，天空乌云密布，冷风刺骨。皇姑看到儿子复仇心切，早练就一身武艺，腰大膀粗，臂力千钧，一把强弩在他手中摆弄起来根本不是一回事。有一天，皇姑令儿子以菅芒为箭，等待五更鸡啼，元朝皇帝上朝坐殿，以弩箭射杀。

玉皇大帝知道大元气数未尽，下旨命通天教主遍令凡间公鸡提前报更。天未五更，更鸡便"喔喔"啼叫，皇姑即令放箭，"唆"的一声，无数菅芒万箭齐发，射向元朝皇帝的金銮殿，正中皇帝龙椅，把龙椅射得粉碎。早朝时辰未到，元朝皇帝躲过一劫，龙颜大怒。天官观察来箭方向，禀明应是从福建方向射来。皇帝下旨东南各路严加勘察，特命福建地方官，就是挖地三尺也不放过一寸地方，朝廷派兵沿途找到香山。一件怪事发生了，一座小小的香山，按理不用几天就可找遍挖遍，挖到皇姑墓园，却是今天挖开，明天又恢复原状，天天挖，天天如此，官兵无计可施！

墓室里，儿子将此事禀报皇姑，皇姑得意地说："伊千兵来掘，咱万兵去囤，只怕伊用'铜针黑狗血'。"①

一个外乡到处流浪的乞丐，这天正好逛到皇姑墓园，躺在墓桌上睡大觉，突然听到墓室里传来母子的说话声，只听见什么"铜针黑狗血"，以为来鬼了，铜针黑狗血有多厉害，

---

①伊千兵来掘，咱万兵去囤（yī cnāi bīng lǎ gùd,làn mǎn bīng qî tùn）：他们千兵来挖，我们万兵去填满。伊，他。咱，我们。

吓破了胆,连忙起身,一路跌跌撞撞跑下山,一边跑,一边唠叨着:"铜针黑狗血,铜针黑狗血。"

乞丐滚到山下,被围山扎营的元兵抓到,口中还念着"铜针黑狗血"。元兵把乞丐带到主帅帐中,正是天意元不该灭,偏偏遇到一个老谋深算的主帅,从乞丐口中陆陆续续的话语悟出剿灭"娘子墓"的办法,带着铜针黑狗血前来,黑狗血一泼,铜针一钉,一声惊雷,把墓前的石镜劈为两段,皇姑再死一次。

马巷元威殿

在翔安区千年古镇马巷街有一座供奉池府王爷的"元威殿",台湾、金门称作"元威堂"。这座庙宇的由来有一则传说。

王爷姓池,名然,字逢春。马巷地界庶民感其正气刚直,舍身救民,便于马巷锡山北麓建一小庙奉祀。有一年的农历六月十八,池王爷神辇大发,不由人意,直奔八里外的内官村,在一陈姓村民门前大显神威,经久不止。主人不知何故,出门一看,原来是当年好友池然到此,大呼一声:"啊,池将军到!"此人正是池王爷同科进士,明万历四十年壬子科举人,任廉州同知的陈大廷。陈大廷此次告假回到官山,本想择日上锡山小庙向池王爷上一炷香,想不到池王爷威灵显赫,倒亲自前来叙旧。

五甲乡绅细听陈举人详述池王爷生平,在陈大廷的带动下,筹划在马巷营造供奉池王爷神位的"元威殿"。殿成之后,按陈举人口述池王爷形象,雕塑神像,供人们朝拜。后来,传说池王爷能镇妖压邪,闽南很多地方都敬奉他,香火被带到金门、台湾、新加坡等地,各地尊马巷元威殿为池王爷祖庙。百姓岁时用奉祀的方式来颂扬池王为民除害,自我牺牲的精神。

元威殿又叫"元威堂",其中又有一段不寻常的传说。一听到"堂"字,人们很自然地会和中药店铺联系在一起。

传说池王爷的二夫人精通医道,擅长医术,于小儿科造诣更深。她经常化身民间郎中为百姓治病,有一次,她到来漳州,途中听说漳州府中一位老爷的小公子病危,病势缓慢,百治无效。二夫人来到府衙,看到可怜的小孩子脸色发青发暗,抽搐、昏迷,阴阳气血俱伤,应属阴虚之症的小儿惊厥。夫人伸手摸摸小儿的额头,有点烫手,起身对官老爷说:"孩子原患急惊风,因反复发作,江湖郎中误用峻厉之药,以致脾阳不振,土虚木旺生风。兼因先天不足,脾肾素亏,长期腹泻,水不涵木,阳气外泄……"当即开了温运脾阳、扶土抑木的药方——加减缓肝理脾汤,内用党参、茯苓、白术、山药、扁豆、炙甘草健脾益气。二夫人不仅擅长小儿科,还能驱邪压煞,标本兼治,仅留于漳州府数日,即药到病除治好了小公子的病。官老爷夫妇感激不尽,连连称道二夫人是小儿的再生父母,询问姓名和乡里,二夫人只答马巷"元威堂"。

此后小儿安然无事,恢复元气,脸色渐渐红润,官老爷夫妇感到应当赴马巷登门拜谢女郎中。他们来到马巷,走遍马巷街,到处打听"元威堂"下落。里人都说马巷只有"元威殿",并无"元威堂"。在百姓的指点下,夫妇俩带着供品来到"元威殿",进殿一看,女郎中正是池府二夫人,马上跪倒行香参拜,添油祈福,并为殿内悬挂"元威堂"匾。

乌山九十九间

　　元末明初,晋江东石石湖蔡氏七世孙蔡文仲迁徙新圩乌山村,为乌山蔡氏开基祖。世代繁衍,蔡氏文仲之十四世孙于乌山村中修筑一座尤其显眼的"大六路"红砖古厝,这座号称"九十九间"的大厝有其由来。

　　乌山蔡氏十四世孙蔡王崇,自幼失怙,母子相依为命。蔡王崇是木匠,常到邻村为一员外打造家具与农具。有一天,蔡王崇如常挑着工具箱来到员外的院子里,把斧头放在一堆木料上,认真地丈量当天要制作的材料。蔡王崇一疏忽,员外的儿子好奇地玩起斧头劈柴,不料斧头脱手飞出,正中到院子来一同玩耍的邻家小孩的头。小孩倒在地上,一时血流如注,抽搐了几下,一命呜呼了。员外之子惊得目瞪口呆,哭着跑进屋里。

　　事发后,邻居难忍丧子之痛,将员外告到县衙,状告员外之子"持斧杀人"。老员外晚年得子,爱如掌上明珠,但他知道"杀人者偿命"这个天理,成天愁眉苦脸。蔡王崇建议说:"都是小孩玩耍,不知危险,是玩斧'甩斧杀人',不是'持斧杀人',应向县老爷申明案由。"

　　开堂那天,县衙里跪着原告、被告,蔡王崇作为见证人也来到公堂。只见县令手举惊堂木一拍:"底下所跪何人,所告何事,快快说来!"邻居想起儿子死后的惨状,叩头大哭起来:"老爷! 员外的儿子在他家的院子里持斧杀人,杀了我儿子。"说完就大哭起来。

员外说:"青天大老爷啊! 不是这回事,那天蔡王羲到我家院子里来做家具,据说是小人儿子贪玩拿起斧头玩劈柴的游戏,是玩斧失手'甩斧杀人'啊。"

县令看着地上跪着的员外儿子,十一二岁一脸天真的模样,顿起怜悯之心:"你有何见证。"

员外指着蔡王羲说:"老爷,这就是木匠蔡王羲,他当时在场。"

蔡王羲连忙跪下,县令又敲了一下惊堂木,道:"蔡王羲! 快把案情经过如实说来。"

蔡王羲也叩了下头说:"禀老爷,那天小人到员外院子里,把木工工具随手放在木料旁开始丈量杉料。回过头来,正看到员外之子手中持斧玩着劈木柴的活,正想阻止他,想不到此时斧头一飞……"

"员外之子在哪劈柴,孩子死于何处,如实说来。"县令又把惊堂木重重地拍了一下。

"员外之子在院子当中劈柴,孩子死于院门外,足有五步之遥。"

"可是如此?"县令看了看员外的邻居说。

"正是如此,老爷。"

县令大声说着:"底下一概人等听来,员外之子贪玩失手杀人,员外有失教纵子之嫌,断赔邻居五百两银子,免予其子牢笼之役,领回去严加管教;蔡王羲有粗心大意之过,其罪难免,来人啊! 拖下去重打二十大板。退堂!"

"谢老爷!""谢青天大老爷!"

皂隶也感到蔡王羿并无大过,懒得出力,轻轻几板下去敷衍了事。

老员外也着实替不幸的孩子感到伤心,但儿子免除牢役之灾,免予一命换一命。蔡王羿倒替儿子受了二十大板活罪,又知道蔡王羿家里常常揭不开锅,母子至今仍旧居住在破旧的房屋里面,老员外资助蔡王羿一大笔银子,让他回家择地建房。蔡王羿也就由此在乌山建起了一座大六路厝,人们称之为"乌山九十九间"。

农民的水浸鸟

俗话说"一只鸟号一种声"，用来比喻人多意见不统一。在大自然中，鸟类不知有几万种，发出的声音各异，褒义地讲是百鸟争鸣，贬义地说叫"乞鸟噪林哺"[①]，意思是非常吵闹，闹得居民无法歇息。鸟的寓意也黑白分明，形容吉祥的有凤凰呈祥、比翼双飞、喜鹊报喜、龟龄鹤寿，形容不吉兆的有"天下乌鸦一般黑""乌鸦嘴，糊累累"，甚至骂人也说"懒鸟"！

唯独有一种鸟叫"水浸鸟"，体形不大，灰赤色，喜欢停留在农村的民居屋檐、瓦角、燕脊尾或是近民居的山林、田畦上，吃的是祸害农作物的小虫虫，发出的声音可报天气，一年四季都是如此，特别是每年农历的四月至五月间，当久不下雨的时候，它就叫："天阿下雨！天阿下雨！随！随！（意思是水），溇！溇！（意思是下雨的声音）。"不出三天，果然就会下雨。久无日出的时候，它就叫："天阿出日！天阿出日！鸟鸟要晒翅！"同样，不出三天，大气就出阴转晴，山大日。

这可不是聊斋讲鬼话！这是现实，这是农民伯伯听声观天气，进行农业耕作的气象依据。这种鸟跟天公是亲戚，跟农民是好朋友，是地地道道爱护农民的好心鸟！

　　[①] 乞鸟噪林哺(kì jiào cà nǎ bô)：麻雀聚集于密林之中，叽叽喳喳，吵得人心烦。乞鸟，麻雀。

相传,水浸鸟是神鸟,原于天庭为官,娶玉皇大帝的公主为妻,是玉皇大帝的第九十九个驸马！在天庭最受诸神仙羡慕。可是,他个性刚强、正直、体恤人间疾苦,经常奏请玉帝恩沐凡间百姓。因触犯天规,被玉皇大帝封为凡间神鸟,贬入凡界,专司民间气象。自此,大自然多了这种神鸟,生生世世,为农民旱时求雨,涝时求日,只吃昆虫,不食五谷,深受人间老百姓的喜爱,称呼为水浸鸟,流传人间。正是:

　　百鸟争鸣它不管,只管人间犁耕除。

　　欲知此鸟真与假,请问田间老农夫。

沉倭潭

明朝时，新圩艾厝村有个首富叫李长者，开办一间手工榨油坊。一个深秋的傍晚，村里来了几个挑着油桶的外地人，自称是来买油做生意的。这伙人直到天黑了还不走，要求在李长者家中借宿。李长者为人慷慨，喜欢结交五路朋友，不但答应他们借宿的要求，还热情地吩咐家人安排酒席款待。

大家忙着招呼这一帮生意人，李长者的妻子张氏看见一个油桶搁在巷廊，挡住过道，碍手碍脚的，便想把油桶挪到一旁。她手触油桶正要挪动时，感到油桶很沉，好像里面装着什么东西，心里感到很奇怪，便用手指轻轻地扣了一下油桶。奇怪！桶里突然有人小声嘟噜几句，张氏一句也听不懂，吓了一大跳，赶忙到厅堂里把丈夫叫了出来，告诉他油桶的怪事。李长者听了，心中有数，断定这些家伙肯定是来抢油的盗贼。这时，他反而不慌不忙地和妻子商定好惩治这些坏人的计策。

酒菜上席了，李长者邀来几位身强力壮的庄稼汉前来陪客。酒席上，他们想方设法消除这伙人的顾忌，轮流把盏，热情待客，把"客人"一个个灌得酩酊大醉，东歪西倒地瘫在地上呼呼入睡。张氏和家人在厨房里拼命往灶膛里添柴火，烧了一大锅滚烫滚烫的开水。李长者招呼几位壮汉拎着一桶一桶热滚滚的开水，轻手轻脚来到所有油桶边。

一声令下，壮汉们猛地掀开油桶盖，直往油桶里灌开水。蜷曲在油桶里的人原以为要放他们出来行动，没想到整桶的开水从头顶上浇下来，刹时杀猪似地嚎叫几声，便一个个都不动弹了。另一边，李长者叫人把那几位醉酒的"客人"一个个手脚捆死，装在麻袋里，连夜把他们沉到村后的黑龙潭里。

原来，自从明洪武二十年（1387）开始，为防倭患，把金门、大小嶝两都的居民尽数迁入内地，大都暂时居住于新圩一带。嘉靖四十二年（1563），倭寇盘踞金门，经常进同安内陆进行抢掠。这十几个买油的生意人，是经常蹿到翔安山区一带抢劫的倭寇。他们内贼结外鬼，在当地几个"假倭"的引导下，前来抢劫李家，没想到"偷鸡不成蚀把米"，白白断送十几条生命。当地群众拍手称快，干脆把村后的黑龙潭改叫"沉倭潭"了。从此，"沉倭潭"的名称一直沿用到现在。

虎怕漏

从前，有一天傍晚，一个贪图赶路错过宿店的牛贩子，拉着两头小牛，望着南山而来，被出来觅食的一只小老虎看见了。小老虎偷偷地跟在后边，等机会吃掉小牛。天色渐渐暗了下来，下起大雨了，牛贩子拉着小牛，进入一间土地庙中避雨。谁想雨越下越大下个不停，牛贩子只得把破庙门关上，把小牛拴在庙里的柱子上，自己找个地方歇息。

土地庙年久失修，破落不堪，屋瓦残缺不全，到处漏雨。牛贩子找到靠庙门的柱子边比较干燥的地方坐下来休息。守在庙外的小老虎，等得不耐烦了，正想破门而入，忽听到牛贩子唉声叹气地说："今晚呀，我鬼都不怕，虎也不怕，只怕漏啊！"小老虎一听心想，这个人真怪，鬼没见过，人人都怕老虎，他不怕，就怕一个"漏"？到底这"漏"是什么东西？厉害不厉害？还是回去问问母老虎再说。小老虎急忙跑回虎穴，把看到的和听到的对母老虎说了一遍，然后问道："妈妈，到底'漏'是什么东西？厉害不厉害呢？"母老虎也不清楚这个从来没听过的"漏"是什么东西，就叫小老虎在洞中等待，自己出去见识见识。

母老虎来到破庙前，里面静悄悄只听见打呼噜的声音。它就蹲了下来，把虎尾巴从破门缝里伸了进去，左搔右扰，想把小牛搔出庙来。这时候，牛贩子靠着柱子睡得正沉，忽然感到脸上被毛茸茸的东西搔打了一下，惊醒过来："哎哟，不好了,老虎来了!"他立刻镇静下来,取出腰间锋利的小刀猛地切了下去。母老虎正在乱捅乱捣,突然尾巴被割去一段,痛得大吼大叫,拼命向远方逃去。

虎母气喘吁吁地跑回洞中,对小老虎道:"那'漏'果真是非同小可,幸亏我跑得快,尾巴只被它咬去一段,要是跑慢了,恐怕连性命都没了。"

石花的传说

石花菜是生长在大海中、低潮间带礁石上的红藻,菜体暗红,多分枝,各分枝又生出纤细扁平的小枝,排列成羽状,形似绒鸡毛花朵。

这种藻类叫石花,源于凄美的传说。

小岛渔村中有对恩爱夫妻,妻子名叫石花,美丽而又贤惠,丈夫出海捕鱼晚归时,她总要到海边,站在礁石上翘首盼望。

炎夏到了,在晨曦五彩斑斓的阳光照耀下,平静的海面波光粼粼,石花的丈夫又驾小舟出海捕鱼了。俗话说,天有不测风云,忽然,海面上刮起大风,卷起巨浪,雪白的浪花一个连着一个排山倒海地朝岸边涌来,拍击着岸崖,发出雷鸣般的轰响。听着波涛的轰鸣和狂风的怒吼,石花胆战心惊地来到海边,站在高大的礁石上向波涛汹涌的大海深处眺望。一小时、一小时过去了,石花左盼右等不见丈夫归来。

"他现在在哪里? 会不会出了什么危险?"石花忐忑不安地想着。

中午时分,只见浪花中卷来一个呼救的老渔人。老渔人匍匐着想爬上礁石,石花从礁石上下来,正想伸手拉住老渔人,不料一个浪头打来,又把老渔人卷入汹涌的海里。老渔人使尽最后力气再次从波浪中挣扎出来,借着波浪的推力艰难地爬上礁石。礁石上苍苔斑驳,滑溜溜的,老渔人寸步难行，只好趴在礁石上，眼看又要被汹涌过来的巨浪打下大海了。正在这危急时刻，石花奋不顾身地出手将老人拉上来，自己却失足落入海中，被汹涌的浪潮卷走了⋯⋯

石花的丈夫归来后，闻此噩耗，悲痛万分，跑到石花落水的礁石上痛哭。他的眼泪哭干了，继之以血，鲜血一滴一滴地落在苍黑的礁石上。说来也奇，当血滴下时，礁石上竟长出一朵朵红艳艳的，形似绒鸡毛花朵的海藻来。为了纪念舍身救人的石花，乡亲们就把这种海藻叫作"石花菜"，并一直流传至今。

海鲎成双

大千世界无奇不有，"好好鲎杀到屎流"[①]。鲎肉好吃，鲎却不好杀，因为它有一身盔甲。更离奇的是，捕到的鲎都是一对一对的——雌雄海鲎一旦结为"夫妇"便形影不离，肥大的雌海鲎背驮着瘦小的雄海鲎，在海里游着，在沙滩上蹒跚爬行，在浅滩上筑巢垒窝。看海鲎成双成对，对爱情如此专一，好似陆上鸳鸯，怎么忍心下得了手。更何况人们常说，捕到孤零零的鲎会倒霉，还是不捕为妙。

很早以前，翔安唐厝港海边住着两家渔民，一家在港北，一家在港南。两家不同乡，不同姓，却常常在海湾里一起打鱼，他们很快便结为好友。港北的常到港南的家造访，港南的也常到港北的家串门。两个渔民的妻子几乎同时怀孕，双方指腹为婚，许下诺言，都生男的便结为兄弟，都生女的就拜为姐妹，一方生男，一方生女，便结为夫妻。隔年，港北家生女，取名渔女；港南家生男，取名渔郎。渔郎、渔女自幼青梅竹马，两小无猜，也常随父入港捕鱼，两家串门。他俩慢慢懂事，男欢女爱渐渐有了感情。双方父母看在眼里，正如当初许下的诺言，自然喜在心里。谁知，天有不测风云，人有旦夕祸福，转眼渔郎、渔女到了结婚的年纪，渔女的

---

①好好鲎杀到屎流(hò hó hǎo tǎi gào sài láo)：杀鲎时，要把鲎肠整条完好地拉出，鲎肠壁薄，扯破后鲎屎污染鲎肉，人吃了会拉肚子。比喻简单容易的事办砸了。

母亲却一病不起,与世长辞,父亲为家庭和渔女的弟弟着想,便再续弦。渔女后娘为人刻薄、心狠手辣,经常苦毒渔女姐弟,父亲虽心疼亲生骨肉,但也不敢多得罪后妻,反而忍气吞声。后娘把渔女当成眼中钉、肉中刺,恨不得早早把渔女嫁人,明知道渔郎、渔女天生郎才女貌,又有婚约在先,却偏偏主张把渔女配与东村渔霸为妾。渔女知道了,哭得死去活来,后娘当权,生母离世,父亲惧内,弟弟年幼,有苦无处吐,有话向谁说?一个晚上,渔女乘后娘伤风发烧未退躺在床上,偷出家门,与渔郎在海滨相会,诉说着心中的痛苦,约定第二天晚上再约。

第二天夜幕降临,渔郎先到约定地点,见渔女还没到来,心想试试渔女是不是真心爱着自己,便脱下薯榔衫,放在海边礁石上,然后躲在远处的岩石后面。渔女赶到,看到渔郎的薯榔衫,以为渔郎失足落水而死,双手拿起渔郎的薯榔衫悲痛欲绝,然后纵身跳入大海,沉入惊涛拍岸的大海里。躲在礁石后的渔郎听到渔女的痛哭声冲了过来,已经来不及了,昏天暗地地也跟着跳下大海。渔郎潜入海里找到渔女的尸体,抱在怀里,放弃生的希望,双双沉入海底,死不分离。

两缕怨魂缠绕着向阎罗殿飞来,他们找阎罗王哭说评理。阎王说,他们同年生,同时死,判官生死簿里白纸黑字记得明明白白,毫无冤枉。可怜他俩为爱殉情,阳间并无半点罪过,免予入地狱受罪,赐他俩按死地、死状转生为鲨,永远恩爱,以续奇缘。

豆鸟

不知哪个年代，翔安乡村有一个孤儿叫金明，寄居在叔叔家里。叔叔有个儿子叫金旺，比金明小两岁。哥儿俩从小在一起生活，感情很深。但婶婶出身破落户，心地狠毒，对金明另眼看待；虽然叔叔怜悯他，却时常外出做生意，爱莫能助。这孤苦伶仃的孩子就在泪水里泡大。

后来，叔叔积劳成疾，卧病不起。临终前，他拉着金明的手，含着泪对妻子说："我们这点薄田，也有金明他爹一份。你要把他拉扯大，让他成家立业。"

叔叔死后，婶婶就更肆无忌惮地虐待金明，每天砍不到一担柴就不给饭吃。金旺见妈妈一再打骂哥哥，就在背后劝解她："妈，爸临死前，不是要您拉扯金明哥吗？您不要再打骂他啊？"金旺妈愠怒地说："讲得可好听，拉扯大了，他要跟你分家产哩！"

到了种豆季节，金旺妈把哥儿俩叫到跟前，假惺惺地说："自从你爸、你叔去世，家中没有劳力，日子一天天难过。你们也长大了，要学种田。我们山前山后两块地，你们把它种上豆，一人种一块。看谁种的先发芽，就先回家。如果没有发芽，哼！谁也不要想回来。"说着，就顺手递给他俩各一包豆种。

哥儿俩拿着豆种，带着铺盖，背上干粮，便上山去了。不觉来到五里亭。金明怕弟弟不懂得种豆，打开豆种，正要教他。一看，才发现自己的豆种比弟弟的肥大、比较好，要让给弟弟，就趁他不注意，把豆种换了，便各自向山前、山后的地里走去。

过不了几天，金明的豆种破了土，长得惹人喜爱。他想：弟弟的豆种比我好，早该发芽了，在家里等着我哩，便飞也似的奔下山。

回到家中，不见弟弟，只见婶婶坐在厅堂。婶婶问明了缘由，知道金明把豆种让给金旺，心中暗暗叫苦。原来，金旺妈有意要害金明，从中耍手段，给金明的豆种是煮熟的，哪知道反而害了自己的亲生儿子，忍不住嚎啕大哭，扭住金明的衣服，劈头盖脸地大骂："你……你这个短命鬼，你不找到我的心肝儿，休想再活！"

金明跑到地里，只见豆还没发芽，弟弟也不见了。他急得边哭边喊："吾弟——嘟去——"空荡的山谷，传来凄凉的回声，山高林密，要到哪里去找呢？

可怜的金明一直找到深夜，遇到打猎的老人。一打听，才知道几天前山前出现老虎，叼走了一个种豆的小孩。

金明心碎了，泣不成声。但他仍然往前找，总盼望弟弟还在人间。过了一山又一山，找了一天又一天。饿了，采野果充饥；口干了，饮山泉止渴。风餐露宿，历尽艰辛。他喊着，哭着，眼泪流干了，喉咙嘶哑了，口里吐出鲜血，一滴一滴落在路旁的山花上，花被染红了，金明倒下去了。蓦然间，从烂漫的山花丛中，扑愣地飞出一只小鸟，凄切鸣叫：

"吾弟——嘟去——"

可怜的金明和金旺兄弟俩情谊甚深，虽然生前不同父母，死却同为兄弟鸟，互相寻找，互相哀鸣！每年正月至三月间,正是种豆的时节,时常听到这种鸟叫声:"吾哥,嘟去——吾哥,嘟去——"到了四五月间又能听到:"吾弟,嘟去——吾弟,嘟去——"

人们把这小鸟叫"豆鸟",在种豆时节,它总是这样鸣叫着寻找着弟弟。

不成死鸡假歪尾

提起马巷三乡"先生杉"这个名字，马巷东南西北一带无人不晓。"先生杉"到底有什么奇特的本事这样出名，原来，他是一个靠变卖财产，说大话出名的"败家子"。闽南话叫"了家伙仔"①。这是一个真实的传闻。

大约在清末民初，翔安区马巷镇三乡村有一个目不识丁的游民叫"杉仔"，他游手好闲，好逸恶劳，但很注意形象，爱面子，头发梳成两面倒，油涂得闪金光，长衫搭马褂，鞋袜不离脚，看起来像个读书人；走起路来大摇大摆，威风凛凛，又像村中绅士，村里人看他这模样，暗地讽刺他是"不成死鸡假歪尾"，有的说是"牛鼻子挂蒜头——装象"，人人都叫他"先生杉"，实在是"漏气卡多癀"②，可他却心满意足，觉得名副其实。

"先生杉"的父亲是勤劳致富、朴素敬业的乡里长辈，为了光宗耀祖，也为子孙后代，兢兢业业，先后建了三座大厝，买了近十亩土地，为"先生杉"这棵独苗留下了丰厚的家底。按理说，假使"先生杉"不读四书五经，只要能脚踏实地，好好经营父辈的产业，尽管没有诗书执礼之称，也能图个孝悌力田之名，一代胜似一代，快快乐乐的。可是，偏偏"先生

---

①了家伙仔(liáo gēi hè ǎ)：花完长辈积蓄，连家中杂物也变卖。

②漏气卡多癀(lào kǔi kà gēi hóng)：装得很有气派，还是让人瞧不起。漏气，没有底气，让人瞧不起。癀：帅，气派的意思。

杉"只图享乐，不劳而获，不思勤俭持家，吃喝嫖赌饮，五毒俱全，结果闹了个债台高筑，整天还是想着花天酒地。于是，他开始变卖父辈祖业，还编出一套荒谬的理由对人说："父辈无中用，一生田地不够用，买了又买，房屋不够用，建了又建！现在我什么都有余，还能卖出去！"结果，田地一分一亩地变卖，大厝也卖掉了两座，只剩自己栖身的一座，银两也花光了。

"先生杉"捉襟见肘，打上仅存的那座大厝之主意，他发现外有双扇大门，内有足料的"辇子门"①，这辇子门不是多余的吗？碍手碍脚的，不如拆下卖了。大门、巷头的辇仔门都被他卖光了，又打起阁楼杉板的主意，也没多少东西可放在阁楼里，不如拆下换个酒钱。拆下的杉板、房橼确实没有多大用处，卖不了几个钱。几天以后，"先生杉"又急得团团转，厅堂里空荡荡的，已经家徒四壁，还有什么可拿得出手的呢？他一抬起头来，发现屋顶上是密桷的②，比人家多了一倍的杉桷，心想，父亲也太浪费了，多一半杉桷有什么用，不如抽下来卖了。

抽下的杉桷顶多只能卖给人家当柴火，一座十一架大厝变成九架大厝，转眼又变成七架厝，人字形屋面开始变形凹陷，这个"七月半鸭仔——不知死活"③的"先生杉"还在打

①辇子门(lián jǐ mńg)：闽南九架以上古厝，外门内的二层门。外门向内打开，辇子门由左右向中间合拢，关上辇子门，外门就无法向内打开，可以防盗。
②密桷(vàd gàr)：密桷是整个人字形屋顶都用杉桷密钉，看不到屋瓦。桷是屋顶长条方形杉木板，支撑着红瓦。
③七月半鸭仔——咈知死活(qìd ggè bunǎ ài ǎ，zāi xì wà)：翔安七月十五日中元节，家家户户做普度，常杀番鸭做酸笋汤。七月十五日快到了，番鸭还"嘎嘎"地欢叫着，不知死期来临。

那七架厝的主意,逢人便摇头叹息:"老爸不中用,房产不够用!"在一个台风夜里,大厝倒了,人们从此再也没见到过"先生杉"。

俗话说"子不嫌父穷",只要认真打拼,靠自己的努力,就一定能够战胜重重困难,迎来幸福的一天;反之,如果好逸恶劳,光靠祖辈父辈遗留的产业,尽管是金山银山,也会挥霍一空,永远不够用。"先生杉"的"老爸不中用,房产不够用"成为翔安人茶余饭后耻笑的话柄。

金蝉脱壳穴

翔安，有一座美丽的香山，它坐落在鸿渐山脉南麓，峰峦叠嶂，延绵起伏，山上树木苍翠，风光秀丽。古寺、古松、古榕，神水、神石、神穴，美丽的传奇故事说不尽：有三狮六虎七麒麟，有娘仔墓、仙脚迹、蜈蚣、田蛤①、锦蛇穴②，有九龙环抱、紫阳过化……

古时候，翔安区马巷古镇是闽南金三角的中心，集政治、文化、经济、商贸于一体，也是物流商品的集散地，五路商贩都必须到马巷采购货物。晋江安海镇的商人也会到马巷采货，因没有一条宽阔的马路通往马巷，每次都必须上香山，顺着香客走出的羊肠小道来到马巷古镇。明朝嘉靖年间，安海有一个小商贩就经常从香山经过。

有一次，这个安海"走水"老人③，天未亮就挑着担子走到香山上那条叫"赤土崎"的弯曲小土路上④，发现路中间躺着一个人，走近一看，原来是一个乞丐，死在路上。"走水"老人忠厚老实，心地善良，看着乞丐无人掩葬，非常可怜，心生怜悯。"走水"老人环视四周，发现近处有一空地，后面是一个乱墓冈，两旁山坡数脉延伸至山下，杂草丛生，便把尸

---

① 田蛤(cǎn gàm a)：小青蛙。
② 锦蛇(ggín zuá)：蟒蛇。
③ 走水(záo zùi)：奔波于两地做买卖。
④ 赤土崎(qià tô giā)：红土陡坡。

体拖至中间空地。可是，身上没带任何挖土的工具，一时无法挖埋。他想，等到了马巷买一把锄头回来再把尸体埋了。"走水"老人匆匆赶到马巷，补足货物，买了一把锄头，带了一些纸钱，急急往回赶。到赤土崎的时候，他惊呆了，尸体不见了，是不是被山中的野兽衔去了？他走近定睛细看，一座新土覆盖的坟墓出现在原本搁放尸体的空地上，尸体肯定在里面！"走水"老人慌忙下跪叩头拜过，烧纸钱，祈愿死者入土为安。

原来，"走水"老人把乞丐尸体拖至那空地上，刚好是一块"金蝉脱壳"宝穴。好心的"走水"老人离开后不久，一瞬间，天降大雾笼罩香山，雷鸣电闪，飞沙走石，乞丐尸体被天葬了。说来奇怪，这个"金蝉脱壳穴"先前已被风水地师择用，由于时数已到，金蝉脱了壳，向前挪了一步，乞丐尸体停放位置变为正穴。金蝉正旺，天意助之，自然成为天葬，此墓虽无墓碑石桌，旧址仍存至今。

"走水"老人行善积德，诚信经商，老实做人，又有乞丐亡灵庇护，生意愈做愈大，人丁兴旺发达。三年后便拥有十八间商铺，成为安海古镇闻名的大财主，他的造化和发迹也就成为翔安至安海街头巷尾的美谈。

释迦佛的化身石

清高宗乾隆年间,遥远的海面上漂来一块石头。石头漂至同安近海,搁浅在翔安封侯亭下潭尾的海滩上,山顶头村一位村民恰巧路过,发现滩涂上这块长约七十厘米,宽约三十厘米的石头五彩斑斓,庆幸自己的福气,请来堂亲帮忙,把石头扛回家,拟在建房时把它雕作大厝的门斗。

这位讨海的渔民克勤克俭,终于建大厝了。不用一年,大厝建好了,一家人欢欢喜喜地乔迁新居。家人与往常一般从事农耕渔作,过着日出而作,日落而息的舒适生活,住上新居后,日子仿佛好过了,但一切和从前没有多大的变化。

有一天,用捡来的石头作门斗石的房门时常离奇地自动开闭,尽管特意上了锁,仍然自动打开。有时主人在房间里一觉睡到天亮,起床穿好衣服,想打开房门,房门却从外面锁住了,这可把主人给吓坏了。主人请来了风水师牵罗庚,排屋序,也无法破解。请师公画符禳镇,点断押煞,依旧无法排解。

第二天黄昏时刻,屋主请来挡境佛,营下几道符令过后,随着咒语叨念,乩童勃然跳起说:"贵宅房门门斗石为释迦牟尼佛的化身,他变成石头从海上飘来是为了寻找落脚之处,必须择个风水宝地,建座庙让他栖身。"经过营下的解释,主人听后,心知肚明,自己往日在海边贪便宜捡回的石头，竟然是佛祖的化身石！每天在脚下跨来跨去的，罪过，罪过！他连忙上香恳请挡境佛明示。挡境佛示下，不用担心，佛祖慈悲为怀，不会计较太多。

次日，主人把乡里老大请到家里，仔细察看那方奇怪的门斗石，果然越看越像，那方门斗石上仿佛刻有"佛、法、净"三个字，大家恍然大悟。主人诚惶诚恐，生怕得罪神明，迫不及待地请泥水师傅换下那块海边捡来的石头，先恭恭敬敬地竖在厅堂里，然后通报山亭乡下潭尾周边村子的百姓。在道士的指点下，封侯亭村庄的弟子选了个黄道吉日，于村庄的西北角找了一处龙脉厚实有格的修宫基地，建了一座"释迦宫"，供奉释迦牟尼佛。每年农历四月初八日为佛诞日，吸引八方香客前来朝圣，其香火延续至今，非常旺盛。

如今，那块漂浮于海面的释迦佛化身石精装在"释迦宫"的主殿寿堂正中的墙上，每逢农历初一、十五，许多善男信女们都前往朝拜。

直到如今，只要你仔细端详，一尊释迦牟尼神像就显现在石头上。

帝君公与妈祖婆

帝君公与妈祖婆本来是没有干系的两尊神。翔安民间把这两尊神联系在一起。

保生大帝俗称帝君公，又称大帝公。自宋以来，历朝多次褒封，明朝仁宗洪熙元年（1425），封为昊天金阙御史慈济医灵冲应护国孚惠普祐妙道真君万寿无极保生大帝。神姓吴名夲，字华基，号云冲，同安白礁乡人。宋太平兴国四年（979）三月十四夜，母黄氏梦有神护童子降于庭曰"是紫微神人也"，越辰诞神。神生而颖异，年十七，遇异人授以《青囊玉箓》，遂得三五飞步之法，以济人救物为念。其尤奇者，能呪白骨复生。当是时，神以医名天下，而又不取人一钱。于是，同安令江仙官、主簿张圣者高其义，皆弃官从神游。黄医官、程真人、鄞仙姑尤得神秘授。五月初二日卒于家，享寿五十有八。

妈祖婆，神姓林名默，生于宋建隆元年（960）农历三月二十三日。父林愿，母王氏（一说陈氏），兄妹七人，其最小。妈祖长在海滨，自幼聪颖过人，识天气，通医理，善舟楫，熟习水性，乐善好施。宋太宗雍熙四年（987），妈祖时年二十八岁，于重阳登高，乘长风驾祥云，消失于长空。明崇祯十七年（1644），封为护国庇民妙灵昭应弘仁普济安定慈惠天妃。

传说帝君公和妈祖婆常在各自生日那天互开玩笑。

农历三月十五日是帝君公的生日。这一天,帝君公头戴纶巾,风度翩翩地到民间享祀。妈祖婆知道这天是帝君公生日,不是出诊行医。她知道帝君公生时为拯救黎民百姓病痛,常常越山涧,入深山采药,操劳过度,头发几乎掉光,平时头上总是裹着头巾,就和他开了个玩笑,刮起风来,把他的头巾吹得前后飘拂,抓也抓不住,竟落到地上。帝君公一边拾起头巾,一边嗔怪妈祖婆。妈祖婆笑着说:"今天是你的生日,该你享祀,我祝你一路顺风!"

过不了几天,三月廿三日是妈祖婆的生日,妈祖婆插花敷粉,婷婷娜娜地也到民间享祀。帝君公早有准备,也给她来个恶作剧,他知道妈祖婆虽然年仅二十八就得道成仙,但和自己一样长期享受人间香火,脸也被熏得黑乎乎的。于是,帝君公趁妈祖婆祥云尚未降落人间,及时施法,布云降雨。妈祖婆躲也无处躲,被一场雨洗去了脸上的脂粉,露出一张黑脸,也出尽洋相。帝君公乐不可支地说:"今天是你的生日,我送你一盆水洗洗脸好去享祀!"

年复一年,妈祖婆和帝君公总是开着这个的玩笑。

原来,翔安区域,三月十五日刮风和三月廿三日下雨是常有的自然现象。

东岗弟子——敬汤

三魁山脚下的东岗村有个人身上分文没有，家徒四壁。年逢农历十二月廿三日，农村习俗为送神日。送神必须备办三牲，但不用宴请他人，多少随意，真的拿不出可敬神的物品，三杯清茶也好，所谓心诚则灵。

这个想法在东岗弟子的脑子里是万万不行的，十二月廿三日送神，可是非同一般。这天，家家户户都要把中案桌上供奉着的土地公恭送上天庭，不让土地公吃饱肚子，就没法从玉皇大帝的银仓里多挑些银子回来，下一年不是又要受穷吗？至于清茶三杯，更是行不得，空腹喝茶，空腹上路，一到天庭，一丝力气也没有，怎么挑回银子。

东岗弟子左右思索，无计可施，起码也要备点三牲之类，就是备不了三牲，有块肉也好；眼下自己穷得叮当响，不要说肉，三杯清茶也拿不出；什么也拿不出，不如学那"曾林曾弟子，无鸡杀老鼠"，可老鼠在哪呢？

东岗弟子正在发愁，有个横路村人一脚跨进门来说，他在上山砍柴的路上买了块肉，先寄放着，等砍完柴后，回头带回家中敬神，那人走了半天，东岗弟子还是束手无策，心想，反正一样敬神，我何不借肉献神呢？于是把肉涮熟，正要捞出来上供，哪知人算不如天算，横路村人回来了，他看到肉已煮熟，以为东岗人担心肉坏了，连声道谢，带着肉走了。

东岗弟子收起送走横路村人时装出的笑脸,对着半锅肉汤发愣,实在想不出办法,无肉,汤也好,只好盛满肉汤,敬供土地公。

无巧不成书,同安民安里各户土地公挨挨挤挤地来到小盈岭集中,准备一起乘风上天庭,向玉皇大帝报到。马巷城隍点了一下名,单单缺少东岗弟子家里的土地公。大家耐心地等了大半天,俗语说"送神风,至神雨"①,眼看风就要停了,才见东岗弟子家的土地公气喘吁吁地蹒跚而来。原来,东岗弟子家的土地公平时枵饥失顿②,一下子喝了大半锅肉汤,平时瘦肠里容不下这么多的油水,从上面喝进去,从下面出来,一路上不知蹲了几回。大家乘风起程,东岗弟子家的土地公不得不抓住城隍爷的下摆,一起上了天庭。

几天的天庭盛宴无法弥补东岗弟子家的土地公瘦弱的身体,他向玉帝启奏,想换一个大户人家的土地公做做。可没人想跟他换,玉帝也责怪他占着茅坑不拉屎,还要看看他这一年的表现。直到正月初四至神日,他从天上下来时,仍然浑身有气无力,硬是挤出几滴眼泪,只得央请诸神帮着挑点金银回来送给东岗这个穷弟子,盼望着东岗弟子日子好过了,自己也可享点清福。

---

①送神风,至神雨(sàng xǐn huāng, jì xǐn hô):翔安气象谚语,一般十二月廿三日会刮风,隔年正月初四日会下雨。十二月廿三日送神日,正月初四日接神日。

②枵饥失顿(yāo gī xìd dǎng):一日三餐忍饥挨饿,常常吃不上饭。

沉东京，浮福建

从前，台湾与福建是相连的，中间并没有那道台湾海峡。福建与台湾之间有一个地方叫作东京。东京非常闹热，人来人往，熙熙攘攘，住着很多富人。这些富人都是吝啬鬼，只认钱不认人。

有一个臭头和尚，一身疥疮，抓挠得肤屑到处乱飞，溃烂得浑身血水直流，手托破钵沿街化缘，却没一个人给过一丁点热汤，赏过一枚铜钱，还捂着鼻子连喊带赶："去，去，去！一身臭烘烘，别处去！"和尚化缘化了一天，什么也没要到，有气无力地走出东京城，来到一座山边，山下有一间磨坊，一个年轻人正磨着豆浆。和尚走到门边，静静地伸出一只脏兮兮的手，年轻人看了说："老师傅，今天豆腐还没做好，袋里没钱，如果你肚子饿了，等下豆干、豆腐、豆花随便你吃。"

和尚听到年轻人如此说，就抓起豆干大口大口地吃了起来，吃了豆干，又抓起豆腐吃了起来，喝完豆花后心满意足地伸伸懒腰，哈欠连连："困了，困了，该睡觉啰！"说完就想躺在地上睡大觉。年轻人忙扶着和尚来到自己的床上睡下。和尚衣裤也没脱，破草鞋还穿在脚上，倒头就"呼噜噜"打起鼾来，年轻人用被把他盖好，又重新浸豆，磨豆，做起豆腐。

臭头和尚一觉醒来，看见年轻人还在磨着黄豆，伸手拍拍他的肩膀说:"年轻人,大度量。贫僧没啥可报答你,就送你一句话,你得紧记着。"年轻人问道:"什么话?"

和尚说:"石狮吐血,地牛翻身,沉东京浮福建,救虫不要救人。"年轻人正想问问个明白,臭头和尚已经不见人影。"石狮吐血,地牛翻身",是不是石狮一吐血,就会发生大地震,石狮怎会吐血呢?

年轻人做好豆腐,挑着豆干豆腐沿街叫卖,走到衙门口,就看看石狮到底有没吐血。年轻人每天路过衙门都要看看石狮,一个卖肉的感到奇怪,问他每天都来看什么?年轻人实说了,卖肉的哈哈大笑起来:"石狮会吐血?石狮会吐血?你有没有发烧啊!"第二天,天刚亮,卖肉的想捉弄一下年轻人,故意把猪血涂抹在石狮嘴内,站在肉摊旁,看着年轻人的动静。年轻人照样挑着豆腐担过来,看见石狮嘴里流血了,慌忙扔掉豆腐担,边走边喊:"石狮吐血咯,地牛要翻身咯,走啊!快逃啊!"卖肉的站在一边直笑。地震原本叫做地动,大家都以为是地底下有一头大牛在翻身,所以人们都把地震叫作"地牛翻身"。年轻人一路叫喊着,没人相信,一个个都笑着说:"这年轻人头脑怎么了,真憨啊!"。

年轻人一直走到一座山头,一时乌天暗地,雷响霹雳,豆大的雨劈劈啪啪地下了起来;电光闪闪,雷声隆隆,山洪暴发,直往东京城里淹。年轻人爬上山头往东京城一看,东京城不见了,只见水面上到处飘浮着牲畜家禽、家私杂物,有几个人还在水面上一浮一沉的,眼看救也来不及了。衙门口的旗杆也不见了。年轻人惊心动魄之余,回想和尚的话"沉东京浮福建",果然应验,石狮吐血,地牛翻身,东京沉下去了,自己站在福建这边,面对波涛汹涌的山洪,没被淹着，实在福气，福人居福地，建家立业重新开始，叫作福建真没错。

大水虽然不再往上涨，但水流湍急，一靠近就有被冲走的危险。这时，有一只老鼠，在水里一沉一浮，吱吱叫，好像直喊救命。年轻人把一根竹竿伸过去，老鼠顺竹竿，一节一节爬到山顶。一只蜜蜂飞来飞去无处歇息，快掉水里了，年轻人忙把手中的竹竿伸过去让它栖着。又一根杉木漂了过来，一个人死死地抱着木头，脸色发青，看见山顶有人，开口就喊救命。一个浪头扑打过去，那人连喝了几口水，眼看就要沉入水里。年轻人想起和尚说的"救虫不要救人"，怎能见死不救呢？急把竹竿伸了过去。那人抓住竹竿，如抓到救命稻草一般，险些把年轻人也拖入水里，年轻人赶紧站稳马步，一把一把地把人拉过来，救上岸。

年轻人看看被救的人慢慢回过气来，两人互通姓名，年轻人名叫李义，被救的人名叫王恩。王恩及时下跪，感谢李义的救命之恩，李义此时也跪了下来，撮土结拜为兄弟。王恩认李义为阿兄，两个对天发誓，有福同享，有难同当。

大水虽然退了，东京城再也找不到，变成一望无际的海峡，海边只剩下孤单的一条东京大路。李义照样做着豆腐生意。王恩原本是财主囝，东京一沉，他成为孤儿，已无家可归，就依靠李义生活。附近已无人烟，李义所做的豆干豆腐，得盘山过岭，挑到远处去卖。

这日，李义挑着豆腐来到半山腰。忽然一片乌云停在山头，李义以为要下雨了，抬头仔细一看，乌云消失了，一个妖怪，青面獠牙，背脊上生着一对翅膀，背着一个女子。李义着实一惊，躲进路边草丛不敢动弹，想再看清，妖怪不见了。李义蹑手蹑脚爬到山顶，只见一个山洞，洞口有古井大小，里面黑乎乎，深不见底，阴风嗖嗖，透人心骨。

李义心想妖怪肯定躲进山洞里了，不敢再多想，挑着豆腐担匆匆赶到城内叫卖。入城时节，李义看见官府贴出一张告示："本府千金，花园游玩。被妖摄去，已无影踪。倘若有人救回，有家室者，赏金千两。无家室者，许嫁与他。"

李义卖完豆腐，回到豆腐店，把事情经过都告诉王恩，打算请王恩一起营救小姐。王恩说："小姐只有一个，你我一起营救，救出来是让给你做老婆呢，还是给我做妻子?"李义说："咱就先别急着想这些，救人要紧。"王恩说："是救人要紧，但和妖怪打交道很危险啊。"李义说："不入虎穴，焉得虎子。只要能把人救出来，冒一次险也值得。"

两人准备好筐篮、长索，偷偷靠近山洞，躲在岩石背后观察妖怪的动静。

等到妖怪飞出山洞，李义拉着王恩来到洞口。王恩害怕山洞里不知还有什么妖精鬼怪，毒蛇野兽，就对李义说："你身子比较瘦小，下到洞里去。我身壮力大，在上面等着把你们拉上来。"李义觉得王恩说得有道理，就坐在筐篮内，让王恩把自己慢慢垂落山洞里。王恩不时提着绳子，等到绳子有了分量，忙把筐篮提起来，筐篮一出洞口，里面坐着一个千金小姐，生得水当当①。王恩丢了魂似的也不管李义还在洞底，背起小姐先到官府讨赏去了。

小姐把事情经过向父亲哭说着，说到王恩不把李义拉上来，就有点气呼呼的，哀求父亲派衙役救李义。知府大人

---

① 水当当（suí dāng dāng）：非常美丽，非常漂亮。水：美丽、漂亮。

心想,这下倒好,王恩不救李义,我把他关起来。至于李义嘛,就让他在山洞里待着,一来我不用掏黄金千两,二来我根本就不想把闺女嫁给这样的穷小子。打定主意,不管小姐怎样哀求,总是不理。

李义在山洞里等了很久,没看见王恩将筐篮放下来,喊着王恩也没听到回应,只见到"王恩,王恩……"的回声。正无计可施,满怀失望,忽听脚边吱吱一声,说:"王恩去了,王恩去了。"李义低头一看正是发大水时救的老鼠。老鼠带着李义从密道钻出山洞。李义到官府找小姐和王恩,才知王恩并没和小姐成亲,倒让官府关在监牢里面。

知府大人看见李义其貌不扬,是个做豆腐的小人物,若真的把小姐许配于他,这人就是自己的子婿,门不当,户不对的;如不把小姐许配于他,又要赏他千两黄金。"本大人又没看到你救小姐,怎么知道就是你救的?"于是,知府大人故意刁难起来,叫来一群丫鬟和小姐一起头罩头巾站在篱门内让李义辨认,"认出小姐来,我就认你是小姐的救命恩人"。

往时衙门里,用一个门区分内外,叫作篱门。篱门里住着女眷,不能让人随便靠近,所以才有千金小姐"大门不出,篱门不迈"的说法①。李义站在篱门外正不知如何是好,一只蜜蜂飞过来了,附在李义的耳边说:"我去小姐头上飞几圈。"李义心知肚明直接走过去掀起小姐的头巾说:"这就是小姐!"小姐害羞地掩着脸,轻轻叫了一声:"李义!"说是认出来了,两人又不认识,原来小姐在山洞里早把李义的声音

---

①大门不出,篱门不迈(duǎ mńg cùd, lǐ mńg huà):不走出大门,不迈出篱门,也即千金小姐不可抛头露脸。篱门:闺门。

暗记在心里。知府大人再也无计可施，只好认李义这个上门女婿。

李义这时想起臭头和尚说的"救虫不要救人"这句听起来怪怪的话，恍然大悟，发大水时节救过老鼠、蜜蜂，自己遇到困难，它们都来相助，只有这个王恩，忘恩负义，没良心的人不值一条虫！

溯本追源

本木水源，刨根究底穷出处，
来龙去脉，寻遍民间无谱书。
敦亲睦族，叶落归根意如愿，
孝思追远，敬祖尊宗心不枯。
返璞归真，传统美德诚本分，
教益启发，先人睿智蕴茅庐。

钓矶隐迹钟山下

翔安东南海面几座岛屿错杂排列,小嶝岛位于群岛的东南。这座弹丸小岛,宛如大海中的一个小水泡,漂浮在海面上,隐隐约约,虚无缥缈,若有若无,根本引起不了人们的兴趣。然而,这个"走脚皮讨海"的海岛,却是钟灵毓秀。岛上有一小丘,名曰钟山,这个不起眼的海旮旯,却是明代以来同翔文人逸士缅怀追慕的胜地。

明朝万历十年(1582)壬午科第七名举人,同安县阳田保青屿张日益为灵璧县令,"始至,下宽恤之令,兴利除弊,务殚其猷。时河工兴作,动派里夫,民苦额外之征,十室九窜。日益申文台司,第用币金招募,或愿赴役者,如数优其金。上司急催役,日益具灵璧饥穷状,请宽之。以赋不及格,转王官。老幼泣送之,为立'去思碑'"。

张日益秉承其父张应星的教诲:"与富人言,虽窘勿自说,若见为求也;与贵人言,虽是勿过赞,若见为谄也。"他怀抱中庸,为官清正廉明,体恤百姓,到头来却被贬为毫无实权的京官。明朝万历四十年(1612),闲居在家的张日益想起,前辈蔡献臣(号虚台)重修《同安县志》时,唯独尊崇宋末同安隐士邱葵,这邱葵就住在小嶝岛上。金门与小嶝仅一水之隔,张日益入学开始,就知道邱葵是后朱熹一百余年的理学先贤,每每与同仁谈起他时,却不能详细描述处士隐居的具体情况,深深感到自责。

端宗赵昰景炎元年（1276）十二月初八日，元军进入泉州，泉州提举市舶司蒲寿庚降元，胁迫邱葵的老师吕大奎署降表，吕大奎激于民族义愤拒绝，后被追杀。同时，泉州南外宗正司赵氏皇族三千余人惨遭杀戮。国破家亡，痛不欲生，邱葵闻讯，为表明爱国忠心，特地命长子随"三忠王"中的张世杰入粤勤王复仇。邱葵率妻小逃到同安五峰村，妥善安置后，独自跨海到大嶝隐居，后又迁到小嶝，隐逸于家，过着耕钓自给、著书立说的处士生活。元世祖曾遣使奉币征聘邱葵。邱葵抗节不仕，假托种圃自匿，写下《却聘诗》，内藏斧钺风霜：

> 天子来征老秀才，秀才懒下读书台。
>
> 商山肯为秦婴出，黄石终从孺子来。
>
> 太守免劳堂下拜，使臣且向日边回。
>
> 袖中一卷春秋笔，不为傍人取次裁。

受邱葵影响，终元一朝，金门士子无一人应考科举，也无一人在元廷为官。邱葵风度端凝庄重，如立鹤振鹭，操行纯洁。所著有《易解疑》《书口义》《诗直讲》《春秋通义》《礼记解》《四书日讲》《经世书》《声音既济图》《周礼补亡》等。

这年六月初八日，张日益备好小船，与王茂才等好友相约开始小嶝岛瞻仰之旅。一条小船出金门岛向东缓缓驶出，经过石虎寨之前，停泊于小嶝岛的悬崖下面。张日益一行从船上下来，前面悬崖下是一大片洁白的沙滩。他们足踩细软的海沙，发现不远处有一股清泉从三块岩石中间涌出。张日益走近泉眼，手舀泉水一喝，咸涩难以入口。他拨开泉眼表面的苦涩海水，捧起刚冒出的晶莹清澈泉水，却甘咧爽喉，直沁心肺，此泉即是《泉州府志》中记载"仙人井"。

于是，张日益等人沿着悬崖向西南而行。海滩上的礁石，有的尖峭，有的浑圆，奇形怪状，各不相同，其中有一块方石，周围几尺许，平坦的石面上刻有纵横的象棋局格，对垒两边中间有一条狭长的方格，格中也如楚河、汉界那样镌刻着"万几分子路，一局笑颜回"十字，虽已漫漶不清，但"万几分""回"四字还是明显完整，可供临摹，书写也很工整，显然是邱葵的手笔。越过棋局向西走去，这里有一块邱葵平时垂钓的巨石。从巨石向东步行半里许，为小嶝岛钟山的南麓，有一座始建于宋代的章法寺。寺北就是邱葵故居的遗址，宅地不超过半亩，早已长满杂草。因为从明高祖洪武二十年（1387）开始，倭寇常常侵犯东南沿海，朝廷厉行禁海，尽迁沿海岛民于内地，因此小嶝岛几乎成为废墟。直到明成化六年（1470），才准移民归籍复业。

小嶝岛的邱姓族人都沿钟山山麓营建住宅，邱葵宅子的旧址竟废置于此。张日益、王茂才几人徘徊于邱葵遗址周围，观看附近景象，已无从寻觅几百年前的蛛丝马迹，无不噫吁长叹。他们一起来到邱葵后裔邱朝准的别业里休息，邱朝准捧出自己珍藏的邱葵诗篇让张日益等人拜读，张日益想到邱葵一生著述无数，大多都被元朝御史马伯庸率达鲁花赤搜走，仅存《周礼补亡》和《诗集》四卷，深感叹惜。邱葵洞天人，彻性命，所触发的都是人间真理，而且为生人明大义，为天地辨大分，使朱文公理学真谛发扬光大，其功劳是不可埋没的。

张日益回到青屿后迫不及待地放下手中船桨，走进海云馆，把这次游览过程详细地记录了下来。他希望对后代了解邱葵的史迹有所帮助。

苏王爷随封琉球

清代，小嶝海运商贸非常发达，青壮年都以海为业，以船生利。其中"邱大顺号"是比较出名的海运船。"邱大顺号"是一条尖底海船，船主邱时庵。"邱大顺号"船体高大，长达十余丈，吃水深五尺，借风行驶，每小时能航行十几公里。邱大顺在福州建了一座码头叫"小嶝码头"，以此为基地，航行于天津、大连、烟台、上海、广州及台湾各埠，甚至涉重洋远航琉球群岛。俗话说"行船走马三分命"①，为了祈求神灵保佑，船上都供奉着航海神苏王爷。

道光十八年（1838），琉球王尚育登基，派使者到京请求清廷册封，道光皇帝命翰林院修撰林鸿年为正使，翰林院编修高人鉴为副使，出使琉球。行前，朝廷派钦差到福州征调船只准备远航琉球。其时，邱大顺正好从东瀛（台湾）归航，船泊福州"小嶝码头"。福州港是个大港口，樯如林，舟如蚁，钦差登船一一勘验。传说钦差一上船，其他船只都不堪承载，激烈地颠簸摇晃起来，唯独上"邱大顺号"时船身稳稳当当，任是风浪潮水上下起伏，安稳如同平地，钦差甚是满意。钦差烟瘾发作，钻进船舱抽鸦片，当他吞云吐雾飘飘然之际，发现身边竟躺着一黑脸苍髯老汉。钦差勃然大怒，把

---

①行船走马三分命（gniǎ zún záo vê snā hūn miǎ）：乘小船行驶于水上，随时都有覆船的危险，骑马奔跑稍微疏忽也有掉下的危险。比喻生命时时处于危险之中。

船工们集中起来厉声训斥:"刚才是谁好大的胆子,竟敢和本官共榻而卧,亵渎本官,该当何罪?"

邱时庵和水手们都大呼冤枉:"大人上船时,小的们都赶快上岸回避,谁还敢留在船上!"

"胡说,明明有一个黑脸长须老叟跟我躺在一起,怎说船上没人?"

"苏王爷就在船上,小的们发誓,若说半句假话,落海而死。"邱时庵指着船舱里奉祀的苏王爷赌咒发誓。

钦差顺着时庵所指方向定睛一看,吓得语无伦次结结巴巴:"就就……是他!和……我躺在一起的……他是是谁?"邱时庵禀告钦差,此神是随船奉祀的航海神苏王爷,苏王爷于海上屡显灵异,金门兵商各船均祀香火。海上偶遇危险,一经呼祷,俱获平安。钦差见苏王爷如此显赫,就决定征调邱大顺为出使琉球的船只。

钦差回京复命。几天后,正使林鸿年、副使高人鉴及随员一行来到福州,静候风汛择日放洋,这是清政府第七次为琉球王册封。

夏至日,福建巡抚将敬藏的"定风螺"右旋白螺移交正使林鸿年,供奉在主船邱大顺船上,以祈灵佑。高人鉴登上琉球使者来船,先行开驶,林鸿年坐邱大顺头号主船继发。船队从福州港开航,苏王爷随船奉祀。出闽江口,船队一路东渡,经花瓶屿、彭家山、钓鱼岛、黄尾屿,几天之后,就看到赤屿。一过赤屿来到"黑水沟",原来深蓝的大海变成深黑色的,这里是琉球与闽海交界处。邱时庵请人向林鸿年禀报:"林大人,黑水沟到了,船要过沟了!"按照惯例,要举行过沟祭祀仪式,林鸿年亲手拈香,率随员祭拜航海神苏王爷。命军士投生猪羊各一,泼五斗米粥,焚纸船,鸣钲击鼓,军士皆披甲露刃,俯船舷作御敌状……

祭祀过后,海上忽然刮起五六级的西南风,"邱大顺号"的风帆兜满强风,舟行如飞,一昼夜兼三日之程,琉球的船帆小跟不上,被远远地抛在后面。水手们高兴地说,苏王爷显灵了。只消三日,琉球国首里在望,此时,林鸿年想起临行前好友林则徐的赠帖"披一品衣,破万里浪",激动不已,遂赋诗一首:"琉球敕使去如飞,万里长风一品衣;天赐右旋螺渡海,螺舟嘉号得先机。"(林鸿年号螺舟)

使船抵达琉球国那霸港,受到琉球国官员的热情迎接。两位册封使臣在册封大典上宣读清廷颁发给琉球王尚育的册封诏书。册封完毕后,林鸿年、高人鉴与随员在琉球各地游历,水手们也乘机纷纷下船登岸,游赏异国山水风情。他们在离船不远的一个沟口发现一株倒地奇特的林木,是被山洪冲下山来的,树干苍黑粗糙,墨绿色披针状的叶子刚劲地聚生在茎的顶端。邱时庵让水手把它抬上船,打算载回小嶝种植……同年冬至日,邱大顺从琉球回航,顺利抵达福州,苏王爷随船回銮。

同治三年(1864),为彰显苏王爷护航琉球神功,清廷接受林鸿年等的请封,赐封苏王爷御匾"仁周海澨"一方及御香一盒。这方御匾现在还悬挂在威灵殿里,高高在上。

玉龟玉印两岸情

在翔安新店东园西北面的香山下，有一座刻着"澎湖到祖"的清代"张公墓"。

"澎湖到祖"有含义吗？墓碑上的刻字有点漫漶，与事无关的人不深入考究自然是不清楚的。墓是东园张公的墓，他的子孙自然清楚。

澎湖是一群列岛的总称，群岛外时常波涛汹涌，但澎湖港内却水静如湖，故称澎湖。澎湖列岛是福建沿海与台湾岛海运航线的必经之道，施琅收复台湾，先攻下澎湖列岛，作为跳板，抽一丝而断全绳，软硬兼施；国姓爷的孙子就像被攻破了城墙一样，把自认为岌岌可危的宝岛台湾拱手跪奉给大清皇帝，台湾从此永远离不开中国版图。澎湖六十四个岛屿，有人扎根开发的不过二十个，是宜居的，自占以来是珍珠中的珍珠，是东南沿海一带渔民的产业。张公就是当中的一个渔民，名叫汝武，字勇省。

张勇省是怎样到澎湖的，也许是跟随施琅收复台湾，也许是出海捕鱼漂泊入港，也许是年轻时为生活所迫，与堂兄弟一起东渡澎湖。他们下海捕鱼，垦荒种植，几年以后，张勇省成家立业，生了五个儿子，儿子长大成人，在东吉屿开拓出一个东石村，一住就是二十一年。

张勇省在东石村住久了，年纪越来越大，时时想起大海西边的故里东园，心中对祖先的眷念也越来越强，但他也舍不得东石村的家业,两难取舍,整天吃不下,睡不着,常常一个人跑到海边眺望着家乡。妻子知道他的心事,安慰他说:"你先带聘仔回东园看看吧,我留在东石这边。我们已经开垦了许多田地,留下几个儿子在这边守业。要让后辈记住,以后不管哪边日子好过,都别忘了咱们是一家人。"

张勇省觉得此话有理,但担心海峡风涛险恶,朝廷又行禁海迁界,自己已是耄耋之年,不知能否安全返回。思前顾后,特意找人刻了一对黄玉小龟和一对玉石印章。那对小龟一雄一雌,印章一个刻着"父氏记",一个刻着"母氏记"。张勇省把母龟和母氏印留给妻子,说:"这一去,不知道结果如何,若咱夫妻不能团圆,就让儿孙凭这一对龟印相认吧。"生离是痛苦的,张勇省把雄龟和父氏印纳入胸口的兜里,带着小儿子张聘摇船驶回东园。

张勇省回到老家东园后,因年老多病,经不起海中波涛的淘洗,叶落归根了,不久便与世长辞。小儿子张聘按照他的遗言,将老人安葬在家乡的香山下,为他修了座龟形坟墓,墓碑上刻着五个孝男的名字。坟墓坐西北望东南,日夜望着澎湖的妻儿。张勇省的妻子,人在澎湖,心却跟着丈夫回到东园,虽然膝下儿孙成群,但称心的生活敌不过日思夜想的心理折磨,不久也在澎湖过世了。儿子将她安葬在澎湖东吉岛东石村,也同样修了座龟形坟墓,寿域坐东南望西北。夫妻两座佳城,隔着一条海峡,无泪的眼对着无泪的眼,以示夫妻恩爱之情。

原来如此,只要听了墓主后代的叙述,"澎湖到祖"就不必用心去考究。然而"澎湖到祖"四个字也颇有含义,既是对东园老家的子孙后代交代,自己是从澎湖回来的,澎湖有他们众多的堂兄弟，又是留给澎湖子孙的一条寻根线索。墓主用心良苦，后人聪明透顶。

　　三百多年来，两座坟墓隔海相望，两地张氏后裔，每到清明节，总是互相往来，共祭祖坟。翔安东园村与澎湖东石村的张家子孙在扫墓时，根本就不必凭玉龟、玉印认亲，地下两位老人，几百年来应该放心了吧！

神奇的古松柏林

坐落于香山西南面的吕塘村，与香山佛教圣地近在咫尺，与大小金门隔海相望。在吕塘林边自然村后，有一片面积达一百亩，长着二百六十多棵古松柏树。据《吕塘洪氏家谱》记载：古松柏林植于明洪武二十年（1387），迄今六百多年，是翔安仅存的最古老的松柏林。

吕塘人祖祖辈辈流传下来的许多关于松柏林神奇而美丽的传说。松柏林据说由始于柏埔分居吕塘的祖先所植，相传柏埔（今洪厝村）始祖洪迈为宋"三瑞"之一，有《容斋随笔》等巨著，南宋隆兴元年（1163），任泉州府府宰。其次子洪植，字宣明，号十九郎，与诸从兄弟十六郎、十七郎、十八郎随父定居泉州草埔尾（故居改建洪氏大宗，现由泉州市南建筑博物馆管理）及南安丰州。洪迈因钟情于物华天宝、人杰地灵的闽南山光水色，特意为次子择吉卜居。说来也巧，仙祖托梦带洪迈游览闽南山光水色，遇见一片松柏林，仙祖指点"松柏开花是你家"。此事洪迈铭记在心，耿耿于怀。那年，洪迈乘春节封印，于元宵前夕微服巡视翔安沿海，从小盈岭古道进入翔风里。一天夜晚，洪迈登山远眺，发现九宝山、金山一带丛林里星星点点，灯光闪烁，美不胜收。他随即乘兴前往察看，原来这里漫山遍野都是松柏树，该村名"柏埔庄"。元宵将至，村里的小孩童把"元宵花灯"高高悬挂在松树上，洪迈顿时醒悟，这"花灯"悬挂松柏树上宛如

"松柏开花"，不正好印证了仙祖托梦所指点的吗！洪迈喜出望外，当即为次子洪植择居此地。

"柏埔庄"原住有洪、高、刘、王、林、李、欧阳等七姓，由于洪氏财丁兴旺，成为当地一门显贵，其他各姓陆续外迁，洪氏遂改"柏埔庄"村名为"洪厝村"（古属翔风里十三都），以"柏埔"为分堂号，子孙播衍邻近，有三十多个自然村。洪厝洪氏分居吕塘后，为让后代子孙牢记发祥地"柏埔庄"，牢记神赐松柏树的奇伟之力，发动族众在吕塘林边自然村后山种植成片的松柏，留传至今。说来也奇，苍劲挺拔的松树株株微倾，朝向西南方的祖居地"柏埔庄"。洪氏祖先还谆谆教诲后裔，"大株松树庇荫人"，同时立下祖训："不许随意砍伐；不许毁树建房；不许折枝刮松脂；不许林中生火。"经吕塘洪氏几代人的呵护、精心照管，大部分松柏树长得郁郁葱葱，傲骨峥嵘，成为吕塘村的天然屏障。村民居住在这块夏能避暑热，冬能御风寒的宝地上，风和日丽，四季如春。松柏树那不畏严寒、四季常青、挺拔高傲的铿锵铁骨，正是吕塘人所敬慕的族亲乡贤洪芳洲（洪侍郎）耿直清正、不畏权贵的高贵品质的体现，也是吕塘人性格的真实写照。

吕塘古松柏林，迄今还留下诸多脍炙人口的佳话，广泛流传于民间。据传，古时曾有一股强盗欲对吕塘进行骚扰抢劫，实施夜袭诡计，其人马临近村口，发现村里似有百个巨人，身高数丈，铁甲戎装，严阵以待，令贼人胆战心惊。村民利用松柏作屏障，待这股强盗进入松柏林后，与其周旋，四处出击，打得贼盗落荒而逃，从此，贼盗不敢窥觑吕塘村。历史上同安沿海地区倭寇、红夷猖獗，曾对距吕塘村仅数里之遥的茂林、东园、珩厝、霄垅等村落进行骚扰、抢劫，但从不染指吕塘,群众称松柏为"神树"。吕塘人视松柏若生命,敬松柏为守护神,倍加爱护。民国年间,这片松柏林还是白鹭松鹤的栖息地,足见当时松柏林风光之秀丽迷人。林中点缀着形态各异的铁镜矿石,在阳光照耀下,与之相映成趣。另外,在松柏林登高眺望,即可揭开金门神秘面纱。这片完整的古松柏林,每株松树都竭尽所能地伸展着自己的身躯,在这里你会领悟到什么是顶天立地。在这里,你还能深刻地领悟到生命的美丽永远展现在进取之中,就像眼前的巨松,她的美丽就体现在负势竞上、高耸入云的蓬勃生机中。吕塘古松柏林历史悠久,古朴秀丽,神奇而迷人,其浓厚的乡土气息,令人流连忘返。

"山不在高,有仙则名",吕塘古松柏林以其神奇而美丽的秀姿,假以时日,结合香山佛教圣地和吕塘民间戏曲学校的综合开发利用,必将以崭新的崇尚自然、返璞归真的勃勃生机呈现在世人的眼前,成为厦门市区鹭岛的后花园、生态旅游的新景点。

古龙头李氏繁衍

　　明建文元年(1399)，"靖难"兵起，明燕王朱棣从燕京一路南下，抢了侄儿的大好江山。在封建朝代，篡夺皇位是令人不齿的，燕王抓来当时京城里声名赫赫的大儒方孝孺，想让他起草诏告，以示自己承继正统。谁知这个方孝孺是个犟儒，就是把他的嘴巴割到耳边，死也不肯起草，灭九族也不能动他一毫私念。成祖一怒之下，九族上又加了一族——门生，灭他个十族，把跟犟儒有关的一概亲疏统统从这个世界上抹掉。布网虽密也有漏网之鱼，翔安新店浦园李容是明朝翔安的第一位进士，拜在方孝孺门下，自然是十族之内，不能幸免。朝廷派兵捕杀，好在从京城里下来的李姓捕头手下稍微留情，浦园李氏四散逃难，有的避难逃到澳头，又从澳头渡船逃往金门，有的也许逃到霞浯又乘帆船逃往台湾地区、南洋等地，四百多年前的血腥一幕不用再说了。

　　四百多年前，金门古龙头有一个张姓的村庄。某年的一天，一个李姓青年因逃避官兵追捕，慌慌张张地自海那边逃到浯洲十九都乌沙头，寄居于张姓村人家中。李姓青年生得眉清目秀，忠厚诚实，少言寡语。出入、与人见面都彬彬有礼，深受张姓人家喜爱。由于寄人篱下，举目无亲，年岁渐长却一直讨不得媳妇成家。古龙头张姓富户，生一个独女，年方十八，闭月羞花，妇德女红，甚为孝顺。父母爱如掌上明珠,有意将她留在家中招婿,千里挑一,竟选中了李姓青年。李姓青年举目无亲,又不敢在人前夸耀自己的祖先如何了得,决定入赘张家。良辰美景,两人正好鸳鸯匹配,一个花容月貌,含羞如沉鱼落雁;一个潘安在世,举止似才子风流。入赘当天,李姓青年突然提出一个要求,今后生儿育女一定要冠李姓,张家自恃家族兴旺,又见郎才女貌完美的一对,不假思索地应允了。

几年后,张姓发展迅速,丁财两旺,一个小小的古龙头已有近百人口。为了固本追源,敦亲睦族,光宗耀祖,村里耄耋商议,决定建祠立庙,以显祖德宗功,他们渡船过海往福州聘请了一位地理先生,人人尊称的"福州师",前来择地。"福州师"细察来龙去脉,选中古龙村中一处风水宝地,说这是"鸡母孵蛋"穴,断定往后必是人丁兴盛,财源滚滚。族人非常高兴,丁银不在话下,马上筹银开建。"福州师"把罗庚安置在装满大米的大盘中定准坐山,几个族人帮忙拉着红线确定兼字,下三胎石,奠基开工。一切都在意料之中,不差银子不差工,族人有钱出钱,缺钱出力。转眼间,张氏宗祠已到上梁时候,族人你一言我一语地纷纷言论开来,宗祠到底应该建多高?不提还好,一提此事,大家心中无数,只好暂停兴建。

还是派人找"福州师"咨询为要,闽南话有句俗语叫"江湖一点诀,讲破不值钱"①,又有人说"江湖人一仙一术,讲话

---

①江湖一点诀,讲破不值钱(gāng ô jìd diàm guàd,góng puǎ mǎg dǎd jní):走江湖的总会故弄玄虚,不把奥妙说清,一旦说清楚,也就没什么了不起的了。

留后步"①。"福州师"听完来人用意,笑而不答;来人再三询问,他于是口出玄机,直把来人忽悠得一头雾水,只好捧上银两。"福州师"方才兼顾天父地母,算了寸白:"应该是建愈高对'李'愈好。"因闽南话"你"与"李"谐音,张姓把"李"听作"你",拿不定主意地问:"建愈高愈好了。""福州师"又重复地说:"建愈高对'李'愈好。"经过合族商量,最后,决定把祖祠建到六米高!

宗祠竣工不久,古龙头张姓一个个迁出外地,有的漂洋过海到南洋,到台湾地区,真是人财两旺,但因为宗祠建太高了如母鸡站立,无法保护、温热小鸡,小鸡就纷纷离开自谋生路。

传说归传说。后来,李姓青年生育四个儿子,都以其入赘时说的条件姓李,人口倍增,世代繁衍生息,整个金门古龙头几乎都是李姓。

①讲话留后步(góngg wê lǎo ǎo bô):不说清楚,故意留下玄机。

五百年后通利地

马巷原是荒芜的小土冈,名舫寿山,因其形如一条大木船,据传马巷是船穴,故称"舫山"。明嘉靖二十八年(1549),因避倭患,金门岛上民众基本上都迁入新圩一带。戚继光平定倭患后,内迁的居民陆续回归故里,但也不少人就地安居,马氏就定居于马巷。

马氏从金门内迁时就已在舫寿山上的古宫旁搭茅寮贩卖金帛香烛,当时古庙香火兴旺,邻近的叶厝(后迁莲坂)、潘厝(后迁顶沙溪)、汪厝①、苏厝、山仔尾、蔡厝的善信都来烧香膜拜,祈求平安。马家门庭若市,因此同安东界三里的沿海渔民、山区农民各自带着土特产到古庙附近摆摊设点,互通有无。几年后,渐渐成为农村中的市集,这就是马巷古街道的雏形。

明末清初,郑成功占据厦金,时常攻打沿海各县镇,金门几乎成为废墟,清朝实行海禁,把沿海居民内迁二三十里,违令者杀无赦。直到苟延残喘的南明王朝彻底覆灭,沿海一带才算日渐平静。

清乾隆三十一年(1766),晋江安海通判署移驻金门,金门"文武和协,兵民安辑,习俗渐就朴淳"。乾隆三十九年(1774),闽督启奏,同安东界三里"多属大姓聚居,每恃离城

---

① 至今民间还有句俚话"六间仔临门一开,遍地都是汪(秧)"。

夐远,尤为逞强不法,知县一官鞭长莫及",清朝同意金门通判署迁建于马家巷孔沟,同意"踏石司巡检准其裁汰,改为该通判衙门照磨兼司狱事务"。

在马巷通判署设置之前,踏石巡检司于清乾隆十三年(1748)从金门踏石寨金山宫移驻马家巷五甲尾。《马巷厅志》载:"踏石巡检署向在金门金山宫。乾隆十三年移驻马家巷,在五甲尾。均未建署。"马巷厅通判署竣工后,五甲尾的巡检司就搬进厅署,行使照磨兼司狱事务。

清朝时,舫寿山凹下处有一座小庙奉祀相拔公,由于相拔宫刚好建在街巷的中心,马氏又率先居住在这里,故小街巷出现后就定名为马家巷、马厝巷。马巷建署时已是"店铺栉比,烟火万家"了。马氏后来改业雕塑佛像,定居五甲美"六坎",店号称"马开基"。马家巷设厅后始简称"马巷",属泉州府管辖。另有一说,唐德宗贞元十九年(803)朝廷派陈渊从河南光州固始县带来十二个姓氏的人马,在泉州郡设立牧马场五处,其中金门、马巷都是牧马场。后来牧马场解散,饲马户以职业改姓马,定居繁衍,是为翔安马氏之源,其聚居地也称"马家巷"。

乾隆四十年(1775),马巷厅扩建街道,将街称为"大街",第一站称提督街(康熙二十二年总兵蓝理随施琅平台前曾驻此,后蓝理升提督),池王宫前称"纲子街",出纲子街称"米市铺"。由此而上的广场称"草仔市",越过草仔市叫"地狱铺",是卖水产家禽的贸易市场。以后随着市集的日益繁荣,又在提督街后东北的"后街路"(叫相公宫路)、东西的"东路街"、南面的新街仔内增建店铺。此外又开设以关帝宫北侧通过鸭仔街的"牛磨巷",关帝宫的横街,以及在后街路和东路街中间的"街市头",接下"上元街"和"四甲街",连接"拱市宫"作为街尾。后按照清廷礼典,建起城隍庙、文武庙、妈祖庙和保生大帝庙,为地方官朔望拈香之所。

市集拓展后,工商贸易迅速发展,加上莲河港与台湾开放对渡,商贸更加发达。周边村庄群众闻风相继迁居马巷经商,先后有朱、苏、林、陈、蔡、洪、王、孙、黄、吴、魏等姓族人迁入马巷。在明朝隆庆间,原本迁住新圩的莲塘林程道家族即迁入马巷,到了康熙年间,已六传至林芳德六兄弟。芳德经商致富,号称"林百万",建造了大六路双护厝及梳妆楼,建了数十间店铺,马巷早期的商业中心至此成形。林家还与康熙朝名相安溪李光地家族两次联姻,成为马巷第一望族。

陈姓贩卖纱布赚大钱,又开辟五甲尾至通利庙口原有的大沟两边,建造商店七十八间,扩展为新市场。牛马交易也移到三署衙西侧,俗称"牛圩"。猪仔苗及家禽交易改设在通利庙的东巷内。盐圩设在林姓祠堂口,柴草市设在梳妆楼前的广场上。沿五甲尾至大宫新开为"纱市街""八宝巷",经营金银首饰;蔬菜、鱼类、猪肉的买卖则集中在双关埕中;地瓜市设在曾姓屋后空地上。从此,自下苏起至相拔宫这一带就没有交易场所了。

1928年,国民党四十九师陈启芳团驻防马巷时,协助当地政府规划扩建街道,自街市头至五甲尾的旧大街两边店铺各向后迁退一丈,新街道路面有两丈多宽,两边建有骑楼。还把散居在大街外围的小店铺迁入新街,街道面貌焕然一新。

竹浦帆船寻踪

竹浦，清代属同安县十五都翔风里后仓保，今为翔安区新店镇后村社区的自然村。这个村落东侧有洞庭湖，南侧有通往大嶝、金门的港湾，讨海的帆船往返穿梭不停，是内海的小渔村。

清康熙年间，竹浦村彭氏十三世汝字辈举族由竹浦港乘三艘帆船南迁台湾。两艘先行启程，一艘拖延一次潮水才扬帆起航，以致未能赶上前两艘结伴同行，茫茫大海帆影无觅处。两艘先启程帆船停泊在竹堑（今新竹）红毛港边，一批宗亲先上岸探路，伐木扎营，其他宗亲待在船上。不料夜晚涨潮风大，碇索扯断，帆船被冲离港口，漂流至红毛港数公里远的旧港湾。因此，这两个港口都成为彭氏的聚居地。

岁月流逝，清廷开发红毛港、溪南南寮渔港，大部分彭氏宗亲先后移居于溪南一带，如今六百多人在此繁衍生息、安居乐业。彭氏迁台先祖在南寮蟹仔铺兴建"代天府庙"和"义和宫"，奉祀渡海时保佑平安的中坛元帅哪吒三太子爷与池府王爷。二十世纪六十年代又集资鸠工兴建南寮彭氏祖祠，成为彭氏迁台宗亲敬宗谊亲的殿堂。

第三艘彭氏迁台宗亲乘坐的帆船，因落后一次潮水，追逐不上前两艘帆船，与宗亲失去联系，又在大雾中偏离航道漂至中部二林海岸。他们随遇而安，遂居于二林。但受原住村民的排斥欺辱,乃逐渐向台湾岛内彰化一带迁徙。于今彭氏宗亲有一千余户人家在彰化花仔埔聚居,彭氏族人也在自己的第二故乡兴建"中坛宫",奉祀护航的哪吒三太子爷。

至二十世纪六十年代,新竹南寮宗亲欲建宗祠时,派族亲到彰化花仔埔一带寻亲,经彭氏开启祖宗神主牌论资排辈,发现聚居彰化的彭氏宗亲确是当年失踪的第三艘帆船上宗亲的后裔,分居台湾两地的彭氏宗亲都是翔安竹浦人。同宗同村同迁台,竟然阔别三百年。

麝圃十八路头

　　翔安区新店镇垵山社区山头自然村,清代称同安县翔风里麝圃社,是明代理学明宦林希元的故乡。清末,澳头、刘五店港区"贩海之船,有透北、过台、出洋、广扒四项货船。自五口通商以后,洋船所贩之货,即系出洋、广扒两项船只所贩之货,以致出洋、广扒二项船收帆歇业"。"透北"即载货往北方港口之帆船;"过台"即与台湾通航之帆船。在海禁松弛时,常有渔民冒险犯难"闯关东""下南洋"。麝圃社朝南靠海一带旧地名叫"十八路头",即有十八个泊位,供"大小帆樯之集凑",参与"海上丝绸之路"的航运。

　　十八路头有一座"大六路",祖辈数代人经营花生油坊、南北货船兼骡马队水陆联运。货船停泊码头,骡马队就载货涉过东坑湾浅海经窗东村运货给马巷镇商家。民间传说,有一匹白龙马,每夜都混在骡马群中喝食槽里的水,主人只要多挑一担清水倒在食槽里,白龙马就会衔一枚银圆放在水里,酬谢主人。到了清末,"大六路"两兄弟分家各开油坊,仍属颇有名气的殷实之家。据乡人所传,因经商诚信,收购花生时,马车运来的花生只数麻袋,不必过秤。当年碾压花生的大石碾至今仍躺卧在村边一株大榕树下。麝圃社开办油坊源于清代中晚期厦门油市之盛。嘉庆《同安县志·物产》卷十四载:"油市在海岸内武庙前。每岁自十月起至二月止,每日卯辰,乡间落花生油齐集于此.发兑铺及负贩者。"油市延续五个月,可见花生油产量之丰与销路之广。"大六路"油坊即是乡间花生油生产厂家之一。

常靠泊于"十八路头"的福州船老板的"福船",有一次载来两名日本舞伎随行娱乐。在装卸货期间,船老板和日本舞伎就租住在社里一家幽静的民房里。日本舞伎穿着和服,脸上涂着厚厚的白粉,头发绾着扁圆的发髻,插满首饰,手里摇着小扇子,扭着腰肢,手舞足蹈;东洋乐曲也与南曲迥异。社里的年轻人真是见所未见,闻所未闻,都怀着好奇心想见识见识。有个人心痒难忍,于凌晨时分到日本舞伎住的房子窗口前张望。日本舞伎正在化妆,从镜里觑见,一怒之下竟从镜台上拿起手枪往后一甩,"嘭"的一声,正中那人前额,一枪毙命!

此人因与"大六路"一位孀居的妇女合家①,也算是"大六路"中的一员。那时正值甲午战后,泱泱古国正在患"恐日病",遑论一盘散沙的草民。"大六路"压根都不敢提索赔的事儿,只将这位乡人抬走埋葬了事。社里人也在议论,日本舞伎哪有这么好的枪法,来历恐不寻常。"大六路"整天提心吊胆,担心日本人再来行凶,惨淡经营的油坊不如歇业另谋出路,家里的男人林曾谋、林连丁、林锦上也到新加坡谋生,一去即杳无音信,只剩下一个长年卧病在床的女人和一对年幼的女儿。从此,姐妹俩靠替人剖蚝相依为命。

沧海桑田。随着围海筑埭,十八路头基本变成陆地,盖起民房,开垦为农地,只剩下农民代代相传的十八路头地名和"大六路"遗址。

---

①合家(hàm gēi):这里指鳏夫孀妇撮合一起。

澳头蒋氏北迁

辽宁省锦州市西海口真武庙《建庙碑记》记载：清乾隆五年（1740），福建同安澳头蒋家驾船北方通商，九月九日遇大风，船被刮至锦州天桥厂附近海域，蒋氏登岸后发现该处荒无人烟，杂草芦苇丛生，是一片未开发的盐碱地带，当即请天桥石一位姓才的人作向导，到锦州城勘察地理。蒋氏得知锦州是一个较大的古城，是辽西政治、经济、文化中心，是理想的物资集散地。

蒋氏的船队有惊无险回到澳头后，集族人在蒋氏家庙里议事，有人提议天桥厂附近海域距锦州城大约六十华里，船上物资运往锦州销售甚为方便，还可以从锦州城带回北方的土特产，在这荒芜的海域开辟一个通商口岸非常合适。蒋氏族人议定每房出五条船，五房共出二十五条船组成庞大的船队再次运货到天桥厂附近海域。船队抛锚登岸后，一边销售货物，一边相地形抓阄划分地段，每房建一条街，并着手修建码头。因东面有个东海口，蒋氏就把这无名之地称为西海口。

经蒋氏开发后，西海口码头很快成为辽宁西部繁荣的帆船商港。进港船只来自全国沿海各地，有来自福建、广东的船，称"雕船"、"鸟船"或"红头"；有来自江苏、浙江的船，称"杉船"；有来自天津的船，称"卫船"；有来自山东的船，称"登邮"。货物进进出出，运来的是各地的特产、药物和洋货,运出的是当地的粮食和油料作物,一时有"卸不完的西海口,填不满的锦州城"之称。澳头蒋家开发的西海口码头,不到二十年就迅速地繁荣起来,吞吐量逐年增多,还把当时闯关东的河北沧州穷苦农民组织起来成立十八帮,专门负责装卸货物。

澳头蒋家南船船队都是木帆船,每船载重四五百吨。南船一年走两个来回,每年正月从南方运货到西海口,入秋后载货到南方,十一月中旬第二次到西海口,从澳头远航到西海口大约需要一个月的时间。西海口鼎盛时,蒋氏族人有二百多户一千四百人口。他们除了以"乐安"为堂号外,每房各有自己的商号,分别是锦头、振发、元兴、元昌、元盛。到了清代道光、咸丰年间,西海口发展到鼎盛时期,连东海口的船只也云集而来,桅樯林立,商旅接踵。至清光绪初年,由于牛庄、营口商埠相继开通,又遇京奉铁路启运,西海口海运一落千丈。在西海口的澳头蒋家族人审时度势各奔前程。有的到新加坡发展,元昌号的大部分人又回到南方,留在东北的主要是振发号、元兴号的蒋家族人。

澳头蒋氏北迁开发西海口后,从家乡运去砖瓦、木料,在西海口西面的土山上修了一座真武庙,正殿供奉真武大帝合力像一尊,左脚踩蛇,右脚踩龟,头前将为康、赵二元帅。殿里的装饰雕花镂草,精巧细致,均系家乡艺人所制。每年正月十五庙会,锣鼓喧天,鞭炮齐鸣,真武帝下山巡境。真武大帝巡境只在西海口村,不兴外境,每到晚上,辇夫们就把真武大帝神像抬到对面老会上的娘娘庙过夜,日出而巡,入夜归宿,直到正月二十日,才在一阵锣鼓声中回銮。

大嶝抗倭二寨

明朝中叶,倭寇骚扰我国东南沿海,大嶝岛的地理位置特殊,首当其冲,受害最深。

《金门县志》记载:"小嶝西北海边,有穴曰'东街窿',入口处有石中阻,循左右入,则深不可测。相传明末居民避倭于此,有犬闻寇至狂吠,为寇所觉,乃举烟熏穴,穴内人俱窒息而死,唯一老妪以襟湿尿掩鼻得免。至今窿内尚存枯骸累累。"这段文字记录了当年倭寇屠杀小嶝人民的暴行,读来令人发指。当年倭寇的野蛮行径,至今尚在三岛人民的心灵中留有深深的创伤。这里的居民若遇小儿夜啼不止,常用俚语"倭番来了"来吓唬孩子止哭;人们贬斥无恶不作的人则说"这个人恶甲若倭番"[①],可见倭寇在三岛人民的心目中是杀人不眨眼的恶魔。

面对倭寇的侵扰,三岛人民奋起反抗,他们在险地要隘设立两座寨堡,抵抗倭寇,保卫家园。大嶝田墘《郑氏族谱》里《金嶝实录》一文记载:"嘉靖丙午间,倭寇奔驰,我嶝筑南北二寨,一曰'跨鳌',一曰'虎头'。"文中所说的"跨鳌"就是阳塘村的寨仔山,"虎头"就是东蔡村的虎头寨。《金嶝实录》还详细地记述了那年五月十四日悲壮的战斗情景:大嶝民众在抗倭英雄谢三的率领下,英勇地抗击渡海犯境的倭

---

①恶甲若倭番(ôr gà ná ē huān):像倭寇那样凶恶。倭番,倭寇。

寇,给敌寇以沉重的打击。激战中,壮士谢三被倭寇的踔索踔倒,不幸被杀。我方失去指挥,于是溃退。倭寇则"乘胜劫掠诸乡,谢三母亲亦被害,又有庠生王氏之妻惧辱投井自尽。由是,被倭害而死亡者,已不下千百人。至隆庆始定"。"至隆庆始定"与史实相符,福建沿海的倭寇直到戚继光入闽配合俞大猷作战之后才被肃清,其时正是隆庆初年。可见这则实录"其言直,其实核",它翔实地记录了当年大嶝人民如火如荼的抗倭斗争,揭露了倭寇杀掠奸淫、无恶不作的野蛮罪行。

当年北寨抗倭事迹动人,十余名民勇夜里在北寨虎头寨巡哨守寨,遭数百名倭番袭击,壮士们一面向村里发出警报,一面奋起抵抗,终因寡不敌众,全部壮烈牺牲。古诗《鳌头戴寨》赞云:"平地飞腾接九重,万家烟火仰崇墉。天南海国无双峙,独占鳌头第一峰。"当年的抗倭寨子早已成为三岛人民心中的圣地。

柏坡传芳

明代年间，洪氏游客自北方沿途旅行南下，来到翔风里十三都洪厝一带，发现一片松柏树，松苍林茂，山清水秀，环境优美。他走入松柏林下，坐于一块石上乘凉。憩息中，他举目四处环顾，皆为胜景。南有九宝山磈硱跌宕，地脉相连，形似金龙欲动。北边东坑湾潮起潮落，细浪粼粼，势如银鲤翻腾。东有细泉绕柏林，潺潺流淌，四水尽收艮地。西为出水环山麓，逶迤曲折，沉沉稳稳内敛。洪氏游客于是感叹"真宝地也"，选择在松柏林安居乐业，开始新的生活。

洪姓游客聪明机灵，就地取材，搬来乱石砌墙，砍松柏做屋架，割菅茅编屋顶，先后搭了两间茅屋，利用前有山，后有海，东西有流水的有利条件，养了一群"菜鸭母"①，在空地上开荒种粮，种果。俗话说"福地福人居，福人居福地"，洪姓饲养的母鸭长得又肥又大，开始下蛋。非常奇怪，通常母鸭一天只生一粒蛋，洪姓的母鸭却一天能生两粒蛋。短短几年，鸭生蛋，蛋生鸭，洪姓鸭群迅速繁殖到数万只，每天卖蛋数百斤，财源滚滚。洪姓家底殷实了，娶妻生子，五年连续生了五个儿子，真是人丁兴旺，财源广进，一时成为邻近梓里的首富，人们都称羡他，叫他洪百万。

好事传千里，同安知县大人欣闻松柏林是万人丁宝地，连母鸭也每天生两个蛋。苦于婚后多年不育的知县大人突

---

① 菜鸭母（cài à vô）：蛋鸭。

发奇想,急急选择良时吉日,与夫人一道拜访洪百万,求借宿松柏林过夜。洪百万闻言,心知肚明,非常高兴,满口答应,便吩咐内助备床,好让知县大人一夜春风,早生贵子!果然,第二年,知县大人喜得麟子,本县庶民一时传为佳话。

后来,松柏林洪氏家族发展成几千人,形成一个族群聚落体系,他们为纪念、奉祀开基始祖,阖族商议建宫立庙,发出告示,诚邀天下堪舆高手,择地兴建。有一位堪舆大师,江西人氏,正云游福建,闻听此事,便匆匆启程赶往同安。一天中午,他来到东坑湾海北岸海边,遇潮汛即将退去,见海面上有渡船一条,忙大声叫渡。船上之人见岸上只有一人叫喊,根本不搭理,不靠渡。大师非常生气,忙又高声大呼:"吾乃江西人氏,堪舆大师,千里来此,只为柏坡洪姓排解祖庙择地之急,如误时机,恐洪姓祖庙错过大吉机会。"船上之人闻言,大惊失色,慌忙调转船头,摇橹靠岸,原来这船夫正是柏坡村人。船夫笑脸相迎,客气有加,亲自上岸扶先生上船并安置坐稳,拼力摇橹,急急回村。人还未到,村里耄耋个个出来相迎,当日盛情款待。

经过几天细致地观山形,察水口,辨明砂,审气脉,分阴阳,确定祖祠吉地:坐库看山,山显印斗;四水归堂,人丁兴旺。堪舆大师预言:"不出几年,将出朝廷显贵。"村民们甚为欣喜,忙按其卦速速选择良时吉日,破土动工。村里对堪舆大师厚礼相送,慰留数月款待。

宗祠落成几年后,松柏村洪姓望族果然出了个朝廷命官,就是明朝嘉靖进士、山东巡抚、刑部侍郎洪朝选,自此,洪氏族亲、兴宗耀祖,光照门庭。洪氏宗祠门匾"柏坡传芳"留传至今。

印斗山传奇

　　马巷镇区西侧有一座山形不高，名气却不小的小山包，名曰印斗山。《马巷厅志》载："印斗山，在厅西边。山形延衮，顶如印斗，有巨石仙人迹，居人常于此祈雨。"印斗山并不高，却是马巷的制高点，因其动人传说而名声大噪。

　　《马巷厅志》又载："由施坂折七里山，过路山、曾林至塘仔头，平衍突起，为石茂山铺毯而下，以结厅治。治右为印斗山。"平淡无奇的山脉因为有了厅治而引人关注。印斗山上树木郁郁葱葱，没有高大的名木，却有婀娜多姿的小灌木。秋天一到，一棵棵相思树，粉黄花蕊争奇斗艳，留下相思点点；一朵朵杜鹃花，五颜六色不输风骚，带来蝶影重重。厅官、里人在此祈雨，商贾忙里偷闲到此憩息，士人淑女结伴同游，每一块石头由于经常见面，也就慢慢产生感情，日久天长，石头也有了自己的大名。

　　小丘分为小印斗、大印斗、印斗坳，美丽传说自然不少。就拿小印斗来说，传说小印斗上的一窝金母鸡、金鸡仔，一到晚上，就发出闪闪金光。黄口稚子突发奇想，往往结伴前往，一探究竟，却只能捡回埋藏于地下千百万年的贝壳；古稀老汉更喜单独赴险，时常跟随远处的点点亮光一路狂奔，最终均无获而归。

　　最神奇的应属大印斗上的仙脚印。山上有块露出地面的巨石，光滑可鉴的石头上有一个大光脚丫，脚丫大约有一尺五寸，五个脚趾清晰可见。更奇的是，只要你用手摸摸脚印,就有往前跳的感觉。脚印的前面还有四个深深的小酒杯,相传是大仙坐在石头上居高临下俯视马巷全景时,小酌几杯留下的。大仙喝完酒,一脚踩在巨石上,一脚跨到香山。

印斗山坳更是充满神奇色彩,江夏侯周德兴是朱太祖的结义"阿兄",金厦布防,在中左、金门、高浦建城三所,掘基、刨土、劈石,劳民伤财,导致民怨载道。民间都说闽南的龙脉全让周德兴给断了。

江夏侯俗断龙脉,印斗山不仅其形像印,且为当地的龙脉名山,自然在劫难逃。印在皇家为玺,乃权力的象征。江夏侯发现印斗山龙脉,派人大肆破坏,以绝后患,于是,印斗山上就有被断了龙脉的大坑。说来也怪,闽南地表下面大多为红土,这大坑不管你往下挖多深,都挖不到红土,还真能看到一条条类似脊椎骨的石头,一节节连带在一起像一条龙骨。这应该就是印斗山神奇的地方吧。

江夏侯一生为大明出生入死,功勋卓著,到头来却因子乱宫,并坐诛死。他因不能体恤民间疾苦,导致百姓群起而攻之,南安走担人常呼"勾夜壶,彻"①,把江夏侯戏称为"江夜壶",就在民间传开。如今,因新区开发建设,印斗山现已夷为平地。周德兴在阴曹地府里吃了几百年的消食丹②,不知是否已消气?

---

①走担(zāo dnǎ):民间挑担贩卖、收购的商贩。勾夜壶,彻(gāo yǎ hô,qiè):20世纪六七十年代前,南安商贩经常到同安一带收购夜壶尿垢的吆喝声。"勾":即勾出,与"江"音近。彻:即彻败,败得很彻底。闽南语有"彻败"(qiè bāi)一语。

②消食丹(xiāo xǐ dān):勾出夜壶里的尿垢,经置于锅中,熬煮提炼而成。炖排骨可助消化,去劳郁。

鳌鱼的传说

翔安澳头村是昔日的同安鳌江里，东南临海，西北傍山。村前海域之东的环流段中有一风光旖旎的江流，江中常有龙头鳌身麒麟尾的大鱼，时隐时现，"鳌江"因而得名。

相传清朝嘉庆年间，澳头鳌江中尚有一条长二丈有余的神鳌，鳌鱼出现在阳光下，鳞角闪闪发光，前俯后仰，徜徉于江水之中。渔民倘若有幸见之，当天下海捕捞鱼虾必是大有收获，满载而归。传说云，这条"鳌鱼"常于潮水上升时游到江边，爬上依海南滨沙滩，在岩石间憩息，潮水中平或退潮时跃入江中。沙滩上的那方岩石就在清代澳头苏姓修建的"苏氏小宗"的天井之中。

嘉庆十九年（1814），累官四川总督加兵部侍郎的苏廷玉荣归祭祖时，亲笔在宗祠西北角的大岩石上题刻"鳌石"二字（遗迹至今尚存，已是翔安范围内少有的名胜古迹），从此以后，鳌鱼更加神奇莫测，隐没不见，可谓"鳌翻细浪润华邑，江抱清流拱南疆"。

董水前村大榕王

　　董水前村地处翔安母亲河九溪出海口的滩涂边,董姓村民世代聚居。村前有一棵大榕树,人称"大榕王"。相传这棵榕树是顺治八年(1651)郑成功义军二进同安在董水汛设防时,从泉州石井移植过来的。榕树迄今已历三百年,腰围三米粗,苍虬多筋,枝繁叶茂,覆盖地面数亩。在这古老的榕树下,前来乘凉、休憩闲谈的老人们总会津津乐道传诵郑成功及其董夫人的事迹。他们亲切地称郑成功为郑公子,夫人董友为友姑,并以不容置疑的口气对你说:"郑成功是董水前的女婿。"

　　郑成功军队进驻同安时,在董水设置汛口驻兵布防。从前,九溪水如万马奔腾,直到董水前的六孔桥才汇合潮水流入大海。下泻的溪流与涨潮的海水迎头撞击,白浪滔天,汹涌澎湃,造成的惊涛骇浪危及岸上百姓和士兵的生命安全,搞得人心惶惶。率领军中女眷从事后勤工作的董夫人一直是郑成功的贤内助,为了安抚士兵与百姓,替在前方打仗的夫君分忧,她急忙赶来董水前寻求解决的办法。董夫人顾不得舟车劳顿,一到董水前就马不停蹄地走向村里,一边安抚百姓,一边与村里的老前辈促膝谈心,在与一位老大伯亲切交谈中,一个激动人心的消息让董夫人内心翻腾,久久不能平静。原来这个村的居民也都姓董,自北宋中叶由泉州冷井徙居这里,董夫人听后紧紧地握住董大伯的手激动地说："阿伯，你可知道我也姓董，娘家是晋江永宁沙堤人，同样是冷井董思安的后裔啊！"亲不亲一家人，董夫人当场拜那位老大伯为干爹，董大伯叫过村里的小儿辈称董夫人叫"友姑"。在董大伯的带领下，夫人带着一堆供品来到位于六孔桥的九溪宫，诚心祭拜六姓府王爷，祈祷神明为民排难解危，让百姓早日安居乐业。在当地赫赫有名的风水师指点下，夫人决定于村前植上数棵榕树。植树之日，郑成功还亲自前来举行仪式，带着从石井移植过来的一棵大榕树，郑成功封大榕王为"大将军"，赐名"万古长青"。从此这棵榕树起到掩护工事、防御台风的强大作用。据说自郑成功封赐董水前这棵榕树为"大榕王"后，旁边的一棵梧桐树竟因为嫉妒，气得烂了心脏，从此烂心的梧桐与"大榕王"一同生长，成为董水前一道不可多得的亮丽风景。

天然的不可名状的亲切感，让董夫人在内心深处一直把董水前当成娘家，加上家人已移居金门，她回来的次数更勤了。年逢农历三月十九日，九溪宫六姓府王爷宫生日，她都会带着军中女眷亲自缝制的军服与甲胄前来慰问士兵，特地为"大榕王"做了件大红袍。然而，有一天却发生一件惊心动魄的故事。

那时正值郑成功北伐败北回到厦门，统一已是大势所趋，为之呕心沥血的南明小朝廷却苟延残喘，郑成功内心的悲怆与失望可想而知。为了鼓舞士气，董夫人陪着郑成功巡汛来到董水前，晚上亲自主厨做卤面慰劳士兵，又为郑成功特地做了几样山珍海味。郑成功虽然内心分外感激，想起当下情形，无心享受美味佳肴，独自喝着闷酒。夜深人静之时，夫人正准备就寝，取下发髻上的金簪，不慎掉在地上，怎么也找不着。郑成功俯身帮夫人寻找,终于找到。董夫人不由自主感叹说道:"真是难逃贼眼啊!"没想到夫妻间不拘小节的一句话却激怒郑成功,他悲愤地指着夫人怒骂道:"我反清复明的善作义举被满人骂为贼寇,没想到连你也这么说我。"失去理智,性格急躁的郑成功竟抽出宝剑欲朝夫人刺去,董夫人惊恐地大叫一声,守卫在军营外面的士兵听到喊声冲了进来,及时跪地请求国姓爷息怒。渐渐恢复理智的郑成功无力地丢下宝剑,来到"大榕王"前,抚摸亲手种植的榕树,仰天长啸起来。惊魂未定的董夫人完全理解丈夫内心的悲苦,她没有任何的怨恨和委屈,反过来安慰郑成功。

自此以后,董夫人为人、做事、讲话更加谨慎,她一直随军征战,以慈母般的情怀爱护着丈夫和下属,令人可亲可佩。

翔安吕塘的董水前,那棵古老的大榕树至今屹立,因为有了深明大义的本家姑娘董友姑的动人传说而不再寂寞。

雷公劈石的传说

　　小嶝岛西北陡崖下（现轮渡码头栈桥头）有块高大的礁石，底下有个礁洞，洞里有一条巨大的蜈蚣，它自唐玄宗开元年间就潜身洞中修炼，至宋景炎年间，已历时五百余年，道行高深，变化多端。蜈蚣精七尺长短，身披红袍，自称为"百足仙翁"。除此之外，小岛东北东街窿里盘踞着一条七八米长、斗口粗的巨蟒，自号"常山道长"；前面山深涧下则潜伏着一只笆斗大的蟾蜍，自封为"怒目罗汉"。它俩也都修炼成精，且神通广大，善于变化。

　　此三妖盘踞一方，各不相服，至宋末元初，已成鼎足之势。妖精们为了扩大自己的势力范围，经常相互寻衅，争斗不休。不是蜈蚣精与蛇精斗，就是蟾蜍精上门找蜈蚣精对打，或是蛇精潜入深涧寻蟾蜍精滋事。一开战，常山道长吐信喷毒雾，怒目罗汉突目张血口；一边嘎嘎大叫，一边施放毒液，百足仙翁龇着毒牙百足腾空，播尘扬沙……整座小岛乌烟瘴气。它们势均力敌，谁也降伏不了谁。小岛上至今还流传着这样一句俗语："蜈蚣、蟾蜍、蛇，三不服。"[①]一旦打起来，搅得天昏地暗，日月无光，弄得整个小岛不得安宁，吃苦的自然还是渔民百姓。

　　当时理学大师邱葵正好隐居在钟山北麓，著书立说教

---

①蜈蚣、蟾蜍、蛇，三不服（ggiá gāng、jniú zí、zuá，sām bùd hô）：三不服，谁也治不了谁，互相不服输。

化百姓。于是,岛上渔民们就到邱葵草堂,研究对付三妖精的办法。大师讲了一个故事:唐朝时,韩愈任潮州刺史,听说鳄鱼为患,命属官秦济以一羊一猪投入鳄鱼出没的溪中,还写了《祭鳄鱼文》。数日之后鳄鱼西徙六十余里,从此潮州再无鳄鱼之患。渔民听罢,受到启发要求大师也写一篇祭文,驱除三妖。邱葵写好祭文,效仿韩文公先礼后兵做法,先用牲品祭奠三妖,然后烧化祭文。但三妖冥顽不化,不但不遁迹潜形,反而变本加厉。

葵公毕竟是理学名贤,其祭文感动石源殿中的玄天上帝和顺济庙里的妈祖。二圣广施法力,真武大帝收了蛇妖,将它镇压在后深坂上帝公宫石崖下;妈祖收服蛤蟆怪,用铁链锁在妈祖庙后的港仔口里,只剩蜈蚣精潜逃,钻入巢穴里苟延残喘。此时正是盛夏,骄阳当空,万里无云,只听得晴空起了一声霹雳,震得地动山摇。晴天霹雳真是蹊跷,渔民们正在纳闷。在大坂沙滩三品泉打水的船工慌慌张张地跑回村子,告诉村民们,刚才那个响雷,炸在崖下那块巨礁上,火光迸射,那声巨响把他的耳朵都震聋了,他吓得扔下水桶跑回来。

人们好奇地跑下大坂看个究竟。只见蜈蚣精藏身的礁石,齐刷刷地被劈成两半,像被沉香的开山斧劈开的一样,一罅到底。透过裂缝看,那条蜈蚣精被拦腰斩断,僵死洞中。从此,渔民们就把这块礁石叫作“雷公劈石”。

蜈蚣、蟾蜍、蛇三怪被除后,小嶝岛再无妖精作祟。

仙人迹

　　小嶝西南海滨，有数石破土而出，争为奇状，相垒而下，奔腾斜插入海。石上三处清晰凹痕，状类足迹，其长二尺有余，足迹旁另有如杖点瓺之迹①，这就是岛上民间俗称的"仙脚迹"。此处自然景观，《金门县志·艺文志》有载："浯别称仙洲，所传仙人迹，太武山顶……小嶝西南海边等各有一印迹，大都为二三尺长之石面凹痕。"

　　这三印足迹附丽一则动人的神话故事：宋仁宗在位之时，蔡襄曾为泉州府吏员，亲自主持建造了我国现存年代最早的跨海梁式大石桥"洛阳桥"，因蔡襄是文曲星下凡，故工程惊动众神，纷纷下凡帮忙。东海龙王莅临退潮三天，以便桥墩奠基；玄天上帝收服洛江龟蛇二怪，以靖人间妖孽；观音菩萨化身老妪广施药茶；吕洞宾为了报答蔡襄昔日救命之恩，也赶来相助。

　　吕洞宾请来铁拐李帮忙，二仙大显神通，运用移山大法，合力架起南太武一座石山，腾云而起，正想往洛江方向飞去。不知此山非同一般，岂能轻易移去，一到金门仙山上空，二仙有点累了，看到小嶝西南沙滩平坦，决定暂且落脚歇息。于是，二仙按落云头，顺着金门太武山北麓降下来，扛后头的李铁拐差点碰到太武山，就用左脚蹬了一下山顶，

　　————————————
　　①瓺（dù）：用长条形的东西戳。

于是太武山顶出现深深的大脚印。二仙落在小岛西南岸边，由于山太重了，脚太沉，把岸边的青石踩出三个深深的足迹，李铁拐右脚跛了，就用铁拐支撑，乩了几下，石面多出了几点印痕……

这就是仙山和小嶝岛仙人脚迹的由来。

鸿渐呈秀色　鸿山两准提

鸿渐呈秀色

鸿渐山位于翔安区内厝镇东部与南安交界处,海拔五百一十六米。它与重峦叠嶂的三魁山相对峙,与险峻峭立的福鼎山成犄角,小盈岭夹在其中,形成甲寅风嘴口。唐代建成驿道,宋时称民安道,以后增建民道,两条道路皆是交通要道,泉州府地由南安通过小盈岭进入同安县,向西通往漳州、长泰等地。民国十四年(1925)后,整改建成的泉漳公路依然经过小盈岭。现代的324线国道、沈海高速公路、福厦高速铁路、民安大道,各种交通道路依然通过小盈岭关隘。八一公路也在此交织,横穿鸿渐山前通向沿海线。这里道路四通八达,来往非常便捷。

鸿渐山独秀且有灵气,灵光普照遐迩。宋代朱熹在同安任主簿时,曾登山体察,谶言"鸿渐脑已渡江矣",这句话与三魁山赤脚大仙跨到金门的传说一样神秘,或许是鸿渐山的灵光普照到金门,因而浯洲(金门)各乡鸿渐无不吉利。朱熹也曾几次渡江到金门体察民情,他到丰莲山,留下"此地是山林,他年是儒林"的谶语。《同安县志》记载:"鸿渐山耸拔高骞,如鸿之渐于逵,多产黄菊异花,又名黄菊山。"历经沧桑变化,现在已不见黄菊满山。数百年来自然更替,如今苍松翠柏遍地,灌木丛生,藤蔓绕树抱石,野花翠草引蝶,百鸟枝头吟唱，万物竞春，争奇斗秀，空气新鲜，风景宜人。鸿渐山的山体格外峭丽，虽然不像深山密林有许多雅景奇观，但平地隆起更显一峰独秀。历代吸引许多文人雅客登山游览，有林添筹诗咏："羽仪秀出冠群岗，飞渐东风作势翔。俯览大观空海角，攀跻曲处险羊肠。夕阳幽树琴声闹，秋雨平原菊蕊香。遥忆紫阳曾属望，登临仰止兴尤长。"

鸿渐山特产资源丰富，参天树木覆盖整个山头，多种草药生长遍地。传说鸿渐山中有只金母鸡，经常夜间下山到山脚下的前坡村里下蛋，金母鸡下的蛋可不是平常的蛋，要带有福气的人才能捡到。又传说鸿渐山有支金扁担，隐藏在鸿渐山的山洞里。一传十，十传百，找到金蛋、金扁担不就发家致富了？于是，人们纷纷早起，男人们带上柴刀、扁担，妇女们背上竹篮、竹耙，沿山脚往山上寻寻觅觅，他们都希望有点福气，找到金母鸡和金扁担，从此一劳永逸。然而自始至终，谁都没能如愿以偿。大家失望与不甘心五味杂陈，找金母鸡和金扁担还不如带回一点柴火。俗话说"靠山吃山，靠海吃海"，鸿渐山山麓的村民，农耕时节下地播种粮食以糊口，农闲上山砍柴采药以补贴家用。山上资源丰富，"吃土放金"，祖祖辈辈任取不完，鸿渐山是金山，何止是金母鸡，家家户户都有一支金扁担，村民每日到山上挑回的财富，"前担银，后担金"。这是对现实生活的体会，也是村民们悟出的勤劳致富的道理。

鸿渐山灵光普照四方都有感应，古人并不理解云的飘动、暴风雨的震撼，便把对大自然的变化现象及亲眼所见形成经验而加以累积，他们认为万物有灵性，天地"交感"会在人间显现，于是，鸿渐山就成为远近农耕时节的气象站。每年农历六月初一看鸿渐，预测一年的旱涝情况成了习俗。漳州龙海地区每年六月初一，沿海地带就聚集着许多人，他们三五成群，找船老大商量，不一会儿，一条条小木船就载着这些人出海，他们又不是渔民，出海干什么？原来他们坐船出海都是为了赶在辰时前到海中，观看鸿渐山云彩的浮动状况，来安排夏季的下种和播种最佳时期，如鸿渐峭端晴朗无云，叫"剃光头"，这年雨水充足，定是丰收年；如鸿渐峭端一条云带横穿，叫"披鬃尾"，也叫"跂乌杆"①，这年大旱；如一团白云戴在峰巅，叫"戴笠"②，这年晴雨兼半，属中旱；有云雾掩罩到半山腰，叫"穿棕蓑"③，这年大雨，须防涝。这种习俗一直延续到晚近才慢慢放弃，因为大兴水利，不用再靠天吃饭，可以因地合理安排耕作。

更为奇特的是水田里的水蛭处处都有，有的地方会咬人吸血，有地方就不会，鸿渐山照到的地方水蛭不咬人。同安西界过凤南农场到坂头水库，水蛭就会咬人，所以，漳州龙海农村妇女普遍抽烟，到水田里劳动被水蛭咬住，顺手抓点烟丝压住水蛭，水蛭就自动松口脱落，这种现象的确令人费解。千百年来，人们对于鸿渐山的奇异现象的膜拜，产生许多幻觉。

---

①跂乌杆(kiǎ ô gunā)：旱灾时，在井边竖起桔槔。跂，站、竖。乌杆，桔槔。
②戴笠(dì luè)：头上戴着斗笠。
③穿棕蓑(qǐng zāng suī)：身上穿着棕榈丝织成的蓑衣。

拳拳赤子心

翔安澳头地处滨海,耕地硗薄而又面积偏小,人口三千,依靠农耕收入难填口腹。海面滩涂,仅有百余蚝株,度日艰辛。俗语说"山上无一丘,海里无一株"①,所以老祖宗多以航海为生,建造帆船,涉洋贸易。乡里百姓,家底渐趋殷实,后来社会发展,帆船敌不过汽艇,遂受淘汰,人民生活遍遭影响。大家纷纷向外发展谋求生存,乃为古今不变之方式,因此,掀起南洋热。有的依亲逐戚,有的只身赤手空拳,告别父母妻儿,背井离乡,踏上渺茫的"过番"征途②,以谋生计。初期下南洋,全凭大帆船远涉重洋。

清道光元年(1821)二月十八日,由澳头开出的一艘大帆船抵达新加坡港,澳头移民从此开始。以后的数十年中,抵新加坡、菲律宾、越南、缅甸、泰国等地谋生和定居的移民日渐增加。光绪三年(1877),澳头苏炳普和同安西山后村林岩山、潘土村杨克聿三人结为义兄弟,各自身披一条麻袋,带几根甘蔗乘帆船经二十几天抵达安南(越南)海岸谋生。这一时期,下南洋乘帆船在汪洋大海中航行,要经得起惊涛骇浪,台风来袭,命悬一丝,历尽艰险,也是出于无奈。

---

①山上无一丘,海里无一株(sunā dìng vǒ jǐd kū,hái lǎi vǒ jǐd dū):山上没有一块耕地,海里没有一堆蚝堆。

②过番(gè huān):远渡重洋到南洋群岛谋生。翔安俗称南洋群岛为"番爿"(huān bín)。

后来有了汽船，澳头人下南洋大都由客栈承包船票和途中伙食，大约十块大洋，这在当时也是天文数字，大多要东拼西借，或是找人担保赊账。当时川航轮船有"万福士""安徽"二船号，澳头出外人员经常往返搭乘，和船主"为仔"混熟，赊欠船票就大开方便之门。不过乘轮船下南洋也得一个星期左右，因轮船沿途停泊汕头、香港，时称十三港脚载客①，耽误很多时间，有时要十天左右才能抵达，如果"禁龟屿"，就要更多时日②。到达新加坡的人大都先投靠"咕喱间"，然后形成"八间仔"（先行外出者形成的聚居点）。"亲不亲故乡人"，在此有人帮着料理生活，团结协作，气氛和睦。新客安顿于当中，互相介绍职业。

蒋骥甫幼时家贫，十一岁入私塾就读，十五岁因家贫辍学。蒋骥甫离开家乡澳头村只身南渡新加坡谋生，初任职于出入口商行。不久后，他与陈嘉庚合办橡胶园，后自创信诚橡胶厂，不断扩充营业，改为民生树胶厂有限公司。澳头有不少人在民生就业，聚居武吉知马律七个半石一带，业务发展顺利，遂于槟城等地扩建分厂。蒋骥甫又与陈延谦、黄庆昌、黄卓善、王丙丁等合创大华银行，工商兼营，左右逢源。处境日丰，但蒋骥甫不改常度，节衣缩食，乐善好施。

蒋骥甫发迹后，对家乡公益事业做出贡献。民国十四年（1925）秋，他独资创办觉民学校，先以嘉庆进士、四川总督苏廷玉"进士第"三幢府第为校舍，托管于集美教育推广部。由集美教育推广部委任校长、教师，选派高素质教师。

---

① 港脚（gāng kā）：商埠码头。
② 禁龟屿（gìm gū sī）：龟屿，新加坡外海的一个岛屿。禁龟屿就是下南洋的人要先在龟屿被监视一段时间，无传染病什么的才准入。

学校声誉卓著,邻近诸村学子,纷至沓来。后因生源大增,乃慷慨解囊,耗资两万五千元兴建双层楼房新校舍,校舍宽敞堂皇,设备完善,为当时名著巷南的侨办学校。每逢年关,蒋骥甫必汇款赈济家乡,不分族姓亲疏,每口白米一斗、银圆四元为度岁金①。抗战前,同安匪犯猖獗,蒋骥甫即汇款为家乡组织壮丁义勇队添置枪械,地方以靖。他修建蒋氏家庙、"蒋氏小宗"祖屋、广应宫妈祖庙并自建"我素庐"准备回乡养老。

日本南进,新加坡沦陷后,蒋骥甫不甘效敌,遂皈依佛门,遁迹家园,民国三十三年(1944)年底逝世,享年八十二岁。

---

①度岁金(dô hè gīm):过年用的资金。

雷裂墓

清末民初，翔安九溪出海口的新厝港是晋南同商货的集散地。同安滨海码头连年遭受战火破坏，新厝港地处内陆，是幸存下来的少数几个天然码头之一，所以许多山货、海货都从这里运往各地，马队、驴驮、挑夫也在此云集①。马队、驴驮、挑夫时常赶夜路，把货物搬运到晋江、南安、泉州等地，从新厝港出发，必须经过乱树林，这片树林离新厝港约一里路，里面坟茔星罗棋布，阴森可怕，每每夜幕降临，树林里野兽吼叫，毒蛇横道，路过这里真叫人心惊胆寒。可是为了谋生，挑夫、马帮大都结队成群，经过乱树林时总是你叫我喊，呼唤牲口，借以壮胆，驱赶野兽。

久而久之，新厝港就传闻乱树林里闹鬼。短短几个月当中，连续发生几件令人意想不到的事。几个赶夜路的人昏倒在乱树林里，等大白天醒过来，发现自己躺在宋墓前，吓得尿一裤子，哆哆嗦嗦地跑回家。更甚的是，有几个人竟不明不白地死在乱树林里，尸体上也没留下被人或野兽侵害过的痕迹，脸部的表情十分诡异。人们猜测他们是碰上野鬼而被吓死的。

此后不久，闹鬼的事被那些赶夜路的挑夫所证实。他们走进乱树林，有的不知被什么绊了一下，连人带担摔了个

①驴驮（lǘ dó）：驴子驮货物。

嘴啃泥,爬起来趁月光一看,全身都毛发倒竖,原来一只巨大的脚从路旁的坟里伸了过来;有的不知被什么狠狠地敲了一下头,头昏目眩中仿佛看到从坟地那边伸出一只巨大的手臂,不停地在眼前晃动,魂儿都飞走了;那些赶牲口驮货上路的也被绊得人仰马翻,货物撒得遍地都是,一条大腿还横在眼前,马嘶人嚎的惨象令人不寒而栗。事后,他们从可怕的大腿和手臂伸来的方向寻找过去,原来闹鬼害人的是那个宋墓,上部由壳灰、黑糖、泥沙混合而成的三合土夯成,非常坚固,钢锹、镢头都难以挖开,底下有几个大窟窿黑乎乎的,阴森可怕。相传坟墓的主人活着的时候,因为得了麻风病受到歧视,死后成为厉鬼,对世人进行报仇。宋墓的诡异现象就这样传开,挑夫、马帮再也不敢夜间赶路经过,当地的村民夜里也都不敢随便走近乱树林。

时光荏苒,不知经过多少岁月,乱树林坟地闹鬼的传说越传越神,村民、挑夫、马帮更加迷惘,内心更加害怕,乱树林里简直成为野兽的天堂,荆棘丛生,虎狼出没。

宋墓作恶多端惹怒上天,突然有一天,晴空一个霹雳,几道闪电从空中直插坟地,一声闷雷在乱树林上空回荡,紧接着乱树林成为蓝色火海,大雨倾盆足足下了一个时辰。大雨过后,人们怀着好奇心成群结队壮着胆慢慢靠近乱树林,惊异地发现,宋墓从中被劈裂成四块,从墓心向四周裂开。

显然,它是被闷雷炸开的,墓心底下人们找到用来作道具的大腿大手,大脚是两节杉木连接一起做成关节的样子,大手是竹竿末端插根铁爪子捆绑做成的,也许很久没有使用过了,外面套着的白布套已发霉,一场雨过后也湿漉漉的,原来宋墓上部看似完好无损,墓底早已被掏空。人们议论纷纷,是宋墓作祟吧,一点白骨也没找到?难道是盗贼使用道具先吓破行人的胆,再实施抢劫?

宋墓被炸的消息很快地传开了,人们有的说这是宋墓造孽所得的报应,有的说是强盗装神弄鬼抢夺财物……自从那场雷雨过后,乱树林再也没有闹鬼的传闻,又传来挑夫、马帮的欢声笑语,再次成为通往晋南同的交通要道。

宋帝昺临"白哈" 太武真人"裂屿"

白哈屿,位于翔安大嶝岛与金门之间的海域,素有"浯江明珠"之称。这秀丽的小屿上,流传着一个美丽的传说。

德祐二年(1276)三月,临安城破,谢太后、恭帝被俘,押往大都(今北京),从此,南宋灭亡了。景炎元年(1276),南宋主将张世杰、陆秀夫力挽狂澜,率勤王军在福州拥立九岁的广王赵昰为帝,号"端宗",配合在江西的文天祥大军打起复宋的大旗。经过两年多的奋勇抗敌,仍不敌伯颜所率之元军。景炎三年(1278)十二月,文天祥被俘,宋少帝端宗赵昰也已病死。张世杰、陆秀夫率兵护送刚即位的宋帝昺一行南逃,经小盈岭进入翔安。

这天,探子来报元追兵已逼近,少帝与张世杰、陆秀夫等人匆匆离开出米岩,由同安石浔港口登舟出海。船刚到达大嶝海面,不知何故,方才还是风平浪静、碧波如镜的海面,宋帝昺大船一到,须臾间波涛汹涌,卷起万丈狂澜。几层楼高的巨浪从半空中倾覆而下,桅杆一根根拦腰折断,眼见着就要船毁人亡。宋帝昺君臣忽见茫茫的波涛中突起一座小小的岛屿,亮白亮白的,海外仙山似的。官军们齐心合力,乘风破浪,几经努力终于把船只靠上这座无名岛屿。众大臣携少帝攀上岛屿,暂避狂风巨浪。少顷,风平浪息,心有余悸的少帝刚想喘一口气,忽听得战鼓咚咚,人声喧闹,抬头眺望,东北方旌旗飘飘,元兵战船已近在咫尺。回头一看前方竟是绵长数十里的大金门岛,横亘海面,挡住去路。

　　后有追兵，前无去路，少帝不禁跌坐于地，仰天长叹："败也！败也！天败我也！"忽的，正南方天空中出现一金甲神人，金盔金袍金刚杵，声如霹雳大声喝道："天子莫惊，太武仙人在此！"少帝得太武仙人传授《劈山真经》，口中念念有词，祭起尚方宝剑，"轰隆"一声，还真的把挡住去路的金门岛劈成两半，少帝君臣连忙登船，从窄长的水道穿越而过，直往东山去了。

　　小金门从此得名"裂屿"，那座无名岛屿亦因少帝停驻长叹"败也！败也"而得名"败也屿"，后因忌讳改为闽南语谐音"白哈屿"。

怒烧三署衙

马巷厅署建于清乾隆四十一年（1776），占地面积三万平方米，内设置三个机构——通判署、照磨署、水师千总署，故俗称"三署衙"。

署衙建筑颇为宏大，其主体建筑通判署有六落，东侧护厝为照磨署三落，西侧护厝为千总署，三落，还建了一座演武厅，一列"亲勇"营房。以后，又陆续在署衙邻近营造城隍庙、养身堂（即育婴堂）、元嗣宫（即节烈祠）、四忠烈祠等。这样，在马巷铁器穴之坡（现翔安第一中学校址）矗立起一座座以署衙为依托的建筑群。从乾隆四十一年至宣统三年（1911）的一百三十五年间，这里是马巷地区的政治中心。

马巷建厅署后，衙门中的酷吏凶役不断地敲诈勒索，鱼肉百姓。无论下乡催迫钱粮，还是传讯拘捕犯人，他们所到之处，村民总要大鱼大肉侍候，否则就全村鸡犬不宁。马巷人民对他们的恶劣行径早就满腹怨恨，只是敢怒而不敢言。

清宣统年间，厅署中有个皂役名叫苏斗，绰号叫跛斗。此人依仗权势，狐假虎威，腰间总挂一把牌刀在街上耀武扬威，稍不如意，轻者骂人，重者伤人。有一天，他在马巷六间仔①口用腰刀砍伤了后亭街大户朱阳玉的儿子，竟大摇大摆

---

① 六间仔（làr gnǎi à）：马巷地名，朱姓聚居地，在街市头以东，巷南路以西部分。

扬长而去。这激起后亭街朱姓族人的公愤,也为后亭人怒烧三署衙播下仇恨的火种。

宣统三年(1911)十一月,同安光复,震动了马巷。同盟会洪晓春、洪湛思(名春如,当时为马巷舫山小学堂堂长)等人在马巷鼓动反清,同后亭绅士朱阳斧(俗名火鸟斧)联系,再由朱阳斧联络后亭朱阳雪(俗名葫瓠雪)、朱阳玉、朱阳降,桐梓村朱承温,沈井村陈醒,曾林村蒋买、蒋兴尤,上内田陈教等人联合发起,成立战团武装组织。参加战团的人都具备有一定功底的拳术,是各村骁勇的战将。

1911年12月,冬至过后的一天晚上,由朱阳斧率领战团数十人在石茂冈(现马巷油厂一带)秘密集结。这些来自后亭、桐梓、沈井、姑井、惮林、桂林、草埔宫、内田、赵岗、尾山、内塘、上塘等十几个村庄的壮汉,头戴竹板笠,有的扛着土造火药枪,有的拎着汽油桶,有的拿着长槌短棍,趁着蒙蒙夜色,悄悄地向三署衙进发。朱阳斧、朱阳雪等人首先在后墙下向衙署的膳房和后堂泼汽油,投入火把。顿时,后院大火冲天,映红署衙的夜空。战团喊声如雷,夹着呼呼的风声,犹如千军万马,震撼沉睡中的衙门。

当晚,守衙的只有几个"河南勇"(河南籍亲兵),他们不知底细,都被外面浩大的声势吓得屁滚尿流,在混乱中,簇拥着姓白的通判,惊慌失措地逃出署衙大门。据说,白通判躲进三乡楼仔内陈申家时还穿着睡衣。

战团没遭遇什么抵抗,立即占领通判署。朱阳斧马上带人抄出署府中的文书账簿,堆积在大堂上,举火焚烧。由于火舌直冲屋顶,烧着屋梁,于是,三署衙成为火海。那些成天如狼似虎的官吏和衙役,个个成为丧家之犬。

"干埔"和"诸娘"

闽南方言称男人为"干埔"[①],称女人为"诸娘"[②]。这两个方言的由来有其历史根源。

唐总章二年（669），泉潮之间山民骚乱，高宗诏朝议大夫陈政为岭南行军总管事，率府兵三千六百名到闽南镇抚。次年陈敏、陈敷又奉诏招募五十八姓军校士卒五千多人入闽增援。他们"相视山原、开屯建堡、平定骚乱"，"奠皇恩于绝域"，传播中原文化和先进生产技术，开发闽南，奏置漳州郡，陈政之子陈元光被尊为"开漳圣王"。这是历史上首次中原军民大规模入闽。

唐末，中原动荡。河南固始人王潮、王审知兄弟率数万农民起义队伍南下占领闽地，建立闽国，这是历史上第二次中原人民大规模的南迁入闽。王审知被誉为开闽王、开闽第一。这两次大规模南迁入闽都发生于唐时，随陈政和王审知入闽的大多数是男性军民。他们落籍闽地，成家立业，因此闽台方言称这些中原的男性为"唐部人"，后随方言谐音变为"干埔人"。

秦汉时代，福建的原住民是闽越人，汉高祖封其首领无

---

①干埔（dā bô）：男人。也为"查甫"，"查"是"这"的意思，"甫"是美男子的意思。

②诸娘（zī niú）：闽南方言雅称女子。也为"查某"，"某"即某人，古时女子有氏无名。

诸为闽越王,无诸是春秋时越王勾践后裔。无诸死后,由其子郢继承。西汉建元三年(前 138),闽越发兵围东瓯(浙江越族),与汉廷发生冲突,故汉武帝发兵平乱。迁闽越人于江淮,废闽越国。后又令左翊将军许濙(字元亮、河南光州人)驻防于今同安小西门一带,世代屯守。闽越遗民为纪念闽越王无诸,又唐时中原移民中的男性频频与原闽越女通婚,故把女子称为"诸娘"。"诸"即带有悼念无诸之意。故闽南一带称丈夫为"干埔人"(唐部人),称妻子为"诸娘人"(无诸的后代)。

仙公猜，行到才会知

元朝至元八年（1271），洪道随父亲和族人从中原迁徙到翔安小嶝岛定居。由于小嶝岛面积狭小，岛上也早已有人居住，邱葵就是其中赫赫有名的人物，他的《却聘诗》一写完就在小嶝岛上隐居，其中又有其他姓氏村民也早在这个弹丸小岛上分得一杯羹，有限空间限制着各自的发展。洪氏家族经营得法，繁衍迅速，洪道的次子洪衮荡舟过海捕鱼被窗东一带良好的地理环境所吸引，遂禀明父亲迁徙马巷窗东开基，正如窗东洪氏宗祠厅堂的楹联所写"道祖尊父命荡舟嶝屿首创百业　衮公秉祖意巧赘窗东始传四房"。

弹指一挥间，几百年过去了，人们生出许多遐想，马巷窗东村的老前辈至今还流传着"仙公猜，行到才会知"的故事。

在定居窗东的岁月里，洪衮发现窗东村落有蜿蜒曲折的海岸，是捕鱼赚钱的生财之路；面积广阔的肥沃田地，是播种收获的生活之源，真是鱼米之乡。只要勤奋努力，不畏劳苦，将来必定会飞黄腾达，子孙满堂，欣欣向荣。然而，洪衮刚到这个新的地方，人生地不熟，势微力单。

窗东这个地方，在洪氏来此定居之前，有宋氏家族在这里安家立业好多年。宋氏人丁兴旺，所谓"林子大了什么鸟都有"，各种各样的人，有心地善良、勤劳诚实的；有好吃懒做，专耍无赖的；也有横行霸道、蛮不讲理的。当时，窗东宋姓家族有很多地方恶霸,凭家族人口众多,经常要欺辱洪姓。由于洪氏"孤鸟插人群"①,人了稀少,不敢与其抗争,遇到纠纷常常有理无处诉说,只好忍气吞声,不与计较认输算了。

窗东一个乡村两个姓氏,几乎成了冤家,俗话说"冤家路窄",这里有一个"楷仔嘴"的故事,"楷仔"是闽南方言,指渔民下海时背在身上的用具,用竹子劈成细条竹篾编成,抓到鱼虾,就往"楷仔"里装。窗东是靠海的渔村,村民每当海水退潮之后,成群结队背着"楷仔"奔向海地,有的捕鱼虾,有的挖章鱼。碰到好运气,一个人一潮汐能捕十来斤的鱼虾,除了供家人自己吃,还可以出售,那种高兴的心情,自不必说,然而,不要高兴得太早了。往往洪氏族群的人下海捕捞海产品凯旋,浑身沾满海泥,忘了半天的劳累,正喜悦地往家里赶的时候,姓宋的地方恶霸早已布下天罗地网等着,他们也背着"楷仔"堵在路上,大声嚷道:"过来,过来,大鱼留给我,小鱼拿回去。"姓洪的空手就擒,把鱼虾从"楷仔"里倒出来,大部分拿给姓宋的,担心自己的皮肉受苦,也不敢与姓宋的争长论短。日子一天天过去了,宋姓一直不劳而获。

闽南俗话说"有时星光,有时月光,风水轮流转",姓宋的族群兴旺到高峰之时,天有不测风云,一场瘟疫降临,疾病蔓延,难以控制,在缺医少药的年代,疫情严重地侵袭着每一个家庭,姓宋的便成了"眠昉早起人"②。这时候,宋氏

①孤鸟插人群(gô jiào cà nǎng gún):势微力单,没有地位,没有背景。
②眠昉早起人(mín hng zá kì náng):不知是早上死,还是晚上死的人。眠昉,晚上;早起,早晨。

族长召集家族会,商讨挽救宗族衰落的局面。有人说:"我们祖宗祠堂坐南朝北,北风吹倒中案桌,冬天冻死土地公,不如我们把祠堂的坐向改为坐北朝南,也许能转危为安。"另一位长老提议:"我们同安北部有一座绵延不断的群山,其名称'北辰山',山上有'九龙潭',有一座宫殿俗称'仙宫',传说仙宫抽签非常灵验,仙公占梦预断吉凶很准,我们九个人一起到仙宫睡一夜,看看仙公有什么梦示。"

几天以后,宋姓族长选择了黄道吉日,成群结队一起上路,走了六七个小时路程,到达北辰山,仙宫殿位于九龙潭附近。夜里,姓宋的族长净手焚香,祈告于仙公神像之前,默祷:"仙公啊仙公,我们祠堂原来坐南朝北,现要改为坐北朝南,未知吉凶如何?能否使我们东山再起,丁财两旺,福、禄、寿齐全?"当夜,前来北辰山的宋姓族人,由于白天长途跋涉,一会儿就呼呼大睡,很多人根本没做什么梦,其中有一位老者梦见仙公说的话:"汝若改变祖祠坐向,屋前屋后红彤彤。"老者梦醒高声大喊:"这回我族有望了,可以大展宏图,重新兴旺啦!"

人们流传中的"仙公"是身穿树叶的八卦祖师伏羲,是中华民族的祖先。得到仙公的占梦,对梦境如何理解,不同的人有不同的看法,观点是否准确有待事实的验证。族人一听老者的欢呼,齐声问:"梦见什么了?"老者说:"改变祖祠坐向,屋前屋后红彤彤。"听到仙公示梦,大伙儿联想到生活过得红红火火,认定是大吉大利的先兆,都不约而同欢呼雀跃。于是,他们请来风水先生排罗庚,定坐向,选择吉日良辰,把祖祠推翻,重新奠基建造,过了一段时间,新建的祖祠落成了。

又一个鼠疫横行的年头，病毒迅速在窗东村传染，没几天，宋氏族人大部分的房子已无人居住，有幸存活下来的人也人心惶惶，朝不保夕，只好搬迁到一个遥远的山村居住，同村的洪姓族人不大受鼠疫之害，就在窗东长住下来。这时候，一些宋姓族人如梦方醒，原来的宗祠是顺地势，南面高坡，北面低洼，坐南朝北，背有靠山才是顺应地理。改为坐北朝南，头重脚轻，坐空倒向，难怪要举族迁徙。占梦老者恍然大悟地说："仙公言及我们修祖祠会屋前屋后红彤彤，果然，现在的窗东村屋前屋后都是洪姓的天下，'仙公猜，行到才会知'啊！"

宋姓一下子搬迁到北面的锄山，锄山地处深山，周围群山环抱，是鸟语花香、景色宜人的宜居之地。想想在鼠疫横行的时代里，举族迁徙的例子比比皆是，此地不留人，自有留人处。

后　记

　　《翔安掌故二》说的是过去发生的历史上未记载的故事，所谓过去发生的事，是关于历史人物、典章制度等的逸闻轶事，一直在翔安大地民间流传。翔安是古同安的一部分，地处沿海，不要说唐宋以前没有多少文字记载，就是明清时期，也没多少史籍。古同安多灾多难，明朝抗倭，清朝迁界，同安城几次成为荒无人烟之地，试想，在这兵家相争之中，能有多少史籍保留到今天。

　　文化的传承确实不易，古代民间文化精华难登大雅之堂，本书分"戏曲人生""古风遗训""豆棚闲间""溯本追源"四部分，从不同角度搜集整理翔安历史上的较有价值的掌故、趣闻。"香山文化丛书"已出过第一辑，当中已有《翔安掌故（一）》一书。本次出版第二辑，在翔安众多有识之士的鼎力相助之下，纷纷挖掘翔安这古老土地上的文化遗产，经编者大胆采用，整理出近百个故事，仍以"翔安掌故"为名。所收故事虽经编者大胆增删，但大多未改原作本义，如果违原著初衷，在此敬请初创者谅解。

　　至于掌故，只要能对人有所启发，促人上进，引人深思，一概收入。只要是以前发生的事也就当作掌故处理。今天的新鲜事，一百年过后也是掌故了。

　　乱世藏粮，盛世修书。科学发展，世态变迁。原来存在于古榕下、瓜棚下、闲人间的讲古场面已不多见,取而代之的是电视、电影、游戏。如果古代掌故不加以搜集整理,若干年以后,也许就会从这个世界上彻底消失。随着科学技术的发展,眼前聚众听讲古的人不多了,长此下去,有些约定俗成的话语就是土生土长的闽南人也不知所云,希望寄托于本书的记载,有所价值的话能长存于翔安民间。本书的收集整理得到颜立水、蔡鹤影、蒋大营、蒋才培、蒋承志、郭金树、邱奕清、许其裕、陈常德、郑水忠、洪天轮、张神保、洪晨扶、陈其园、潘再团等先生的大力支持,促成此书能在较短时间里完成初稿,在此深表谢意。

本书中所采用的闽南语方言、俗语,编者都进行注音、注释,是地道的同安腔,对读者读懂本书,多少会有所帮助。不过,方言注音确实不易,现代汉语拼音音调的局限,光从音节上无法正确拼出读音,只要常拼常读,结合闽南方言,习惯而成自然。